십이지신상(十二支神像)

불경을 외우면서 공양하는 불자들을 지키는 신장들로서
12방위에 맞추어 12가지 동물 얼굴에
몸은 사람의 형상을 하고 있다.

• 자(子) – 쥐

• 축(丑) – 소

• 인(寅) – 호랑이

• 묘(卯) – 토끼

• 진(辰) – 용    • 사(巳) – 뱀

• 오(午) – 말    • 미(未) – 양

• 신(申) - 원숭이

• 유(酉) - 닭

• 술(戌) - 개

• 해(亥) - 돼지

지장간 이야기

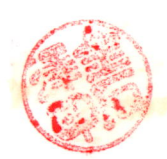

김석택 지음

지장간 이야기

초판 인쇄 / 2011년 07월 10일
3판 발행 / 2019년 11월 05일ˈˈˈˈˈˈˈ
ˈˈ

지은이 / 김석택
펴낸이 / 김경옥
편집 / 이진만 염민정
펴낸곳 / 도서출판 온북스
등록번호 / 제 312-2003-000042호
등록년월일 / 2003년 8월 14일
주소 / 서울시 은평구 은평로 194-6, 502호
전화 / 02) 2263-0360
팩스 / 02) 2274-4602
이메일 / bjs4602@hanmail.net

ISBN 978-89-92364-34-8 (93150)
＊잘못된 책은 바꾸어 드립니다.

지장간 이야기

김석택 지음

온북스
onbooks

머리글

    대자연 속에서 보면 인간은 잠시 다녀가는 손님에 불과한데 자연과 더불어 살아가지 못하고 오히려 스스로의 이로움을 위하여 자연을 파괴하며 살아가므로 이 시대에 살아가는 인간은 대자연의 불청객과도 같다.
    다시 말해 보잘것 없는 손님이 과한 욕심을 가지고 마음의 고향인 대자연을 사랑한다고 하면서도 사실 환경의 중요성을 생각지 못하고 대자연을 파괴하는 어리석은 인간으로 변화한다는 것이다.
    본래 사주의 아름다움은 통변에 있다고 한다. 즉, 통변이란 어떠한 것을 통하여 답을 한다는 것이다.
하지만 여기서는 이를 쉽게 이야기라고 하는 것이 좋다. 즉, 어떠한 틀이 있는 것이 아니고 자연의 흐름을 있는 그대로 통하여 말하는 것이다.
    상담이라는 것은 상대방의 이야기를 들어보고 질문에 답을 하며, 상담자의 마음을 음양(陰陽)과 오행(五行)에 비추어 이야기해주는 것이다.
    한마디의 이야기에 천변만화(千變萬化)의 생각이 일어나는데 역학인들은 그러한 것들은 무시하고 자신이 배운 방식에 의하여 일방적으로 이야기하고 과정은 무시하며 언제쯤 운(運)이 온다고만 이야기 하는데 이러한 것은 어떠한 학문의 틀을 통하여 답하는 것으로 통변이라고 한다.

그래서 역학 상담을 전문으로 하는 이들은 과정은 모르고 결과만 가지고 상담을 받고자 찾아오시는 분에게 운(運)을 논하여 주고 그로 인하여 상담 받는 이는 그때만 기다리게 된다.

　이 얼마나 어리석은 행위인가.

자신의 운명(運命)을 알고 자신의 됨됨이를 알고 그렇게 살아간다면 무슨 운이 필요하나.

　자연의 흐름에 자신의 운명을 실어놓고 욕심 없이 자연과 더불어 살아간다면 이러한 학문이 최고의 학문으로 자리할 수도 있으련만 부질없는 욕심에 삶의 방편으로 이용하다 보니 값어치 없는 술객으로 전락하고 학문도 타락한 것이라 무시당하는 것이다.

　자연의 이치를 모르고 학술(學術)적인 법칙에서 상담을 하니 다양한 이야기는 할 수가 없고 단순한 학문적인 것을 통한 통변술만 익히는 것이라고 할 것이다.

항상 상담자가 원하는 것을 생각하여 넘치거나 모자라지 않게 상대의 변화에 따라 답하여 나가는 것이다.
상대가 강하게 주장하면 자신이 부드럽게 답하고 가급적 상대와의 기(氣) 싸움은 피하는 것이 좋다.
　자신의 주장이 너무 강하면 상대방은 기(氣)가 죽어 상담의 요지를 알지 못하고, 상대가 자신보다 강해 보이면 심한 충돌이 발생할 수 있으므로 마음수련이 필요하다.
　상담자의 생각에 따라 마음을 읽어야 하고 이러한 변화를 음양오행(陰陽五行)에서 살펴서 대처하는 것이 이야기의 묘미(妙味)다.
　아무리 강한 사람이라도 알고 대응하면 부드러워지고 아무리 약한 사람이라도 알고 위로하면 엄청난 용기를 가지게 되는 것이 자연의 법칙이다.
　태극의 원리는 간단하다.
자신이 약하고 상대가 강하면 거슬리지 말고 그대로 흘려보내는 것이며 이를 주(走)라고 한다.
또한 상대가 약하고 자신이 강하면 점(粘)이라고 하는데 이때 상대방의 움직임에 따라 자신도 움직이며 기(氣)를 올려주는 것이 태극의 원리다. 그러므로 태극(太極)은 음양이고 음양(陰陽)이 태극이다. 즉, 주점(走粘)이 하나다.
음(陰)이 강하면 양(陽)이 따르고, 양(陽)이 강하면 음(陰)이 따르는 것은 당연한 이치이다.
수많은 임상을 통해 경험하고 음양오행(陰陽五行)의 이치를 알고 태극의 원리를 깨침으로 자연의 법칙에 자신감을 가지고 변화하는 자연을 물 흐르듯이 이야기를 한다.
　상담자와의 거리가 좁혀지지 않으면 무상무념(無想無念)으로 자세를 바르게 하고 상담자와 호흡을 맞추어보라.
상담자의 허(虛)와 실(實), 그리고 강약(强弱)을 알 수 있으며, 따라서 상담자의 움직임에 따라서 많은 변화를 답할 수가 있다.
　통변에는 다양한 방법이 있는데, 용신(用神)과 격(格)국(局)으로 통변하는 방법과 음양(陰陽) 오행(五行)으로 통변하는 방법 등이 있다.
이것은 오행이 어느 쪽으로 기울어져 있나 혹은 오행이 어느 방향으로 강하게 흘러가는가에 따라 억제해주거나 설기 또는 흐르는 방향의 오행을 중심으로 잡아서 운(運)을 통변하는 방법이다. 눈치가 빠르면 눈치로 통변하는 예도 있는데 이는 상담자의 이야기를 유도하여 스스로 답을 알고 부연 설명하는 방법이다.

   가장 좋은 방법은 자연의 흐름을 그대로 읽어내어 이야기하는 방법이 최고이다. 음양오행을 자연으로 전환하여 상담자의 생각과 마음을 우선적으로 알고 묻고자 하는 것에 답하는 방식이다. 이렇게 이야기를 하려면 지장간(地藏干)을 잘 활용하여야 한다.

   자연은 어떠한 공식에 의하여 흐르지 않는다는 것은 누구나 잘 알고 있듯이 지장간 이야기도 여기 중기 정기를 여러 방향으로 이어가면서 이야기하는 것이 정확하다.

   인간의 사주팔자는 자연처럼 변화무쌍 하듯이 사람도 환경에 따라서, 생각에 따라서 또는 흐르는 과정에 따라서 변하는 것이다.

   목(木)이라는 것은 고정되어 살아가는 것이고, 화(火)는 위로 올라가려고 하며, 토(土)는 변화가 없다고 하며, 금(金)은 강한 것이다.

수(水)는 더러워도 낮은 곳이나 한곳으로 모이려고 하는 것이 자연의 이치이다.

역학을 공부하는 사람이 지장간(地藏干)을 알지 못한다는 것은 선비가 붓 없이 칼을 쥐고 있는 것과 같다.
　이제는 몫을 알고 자신이 가야할 길을 가고 또한 자식의 장래를 알고 가자.
　학식에 뜻이 별로 없어서 문장이 약간 이상한 곳이 있을 수도 있으니 이해하여 주시길 바란다.

청암 김석택

| 목 차 |

머리글 •8

1장. 무극(無極)과 태극(太極)

1. 무극(無極) •24
2. 태극(太極) •27

2장. 음(陰)과 양(陽)

1. 음양(陰陽) •32

3장. 오행(五行)

1. 오행 •38
   1) 목(木) 2) 화(火) 3) 토(土)
   4) 금(金) 5) 수(水) 6) 오행속의 음양
   7) 오행의 속성 8) 간지 속성 활용법

4장. 천간(天干)

1. 천간의 배열순서 • 52
   1) 갑(甲) 2) 을(乙) 3) 병(丙)
   4) 정(丁) 5) 무(戊) 6) 기(己)
   7) 경(庚) 8) 신(辛) 9) 임(壬) 10) 계(癸)

2. 천간합(合) • 60
   1) 갑기합토(甲己合土) 2) 을경합금(乙庚合金)
   3) 병신합수(丙辛合水) 4) 정임합목(丁壬合木) 5) 무계합화(戊癸合火)

3. 천간충(冲) • 70

4. 천간극(克) • 70

5장. 지지(地支)

1. 지지의 배열(配列) • 75
   1) 자(子) 2) 축(丑) 3) 인(寅) 4) 묘(卯)
   5) 진(辰) 6) 사(巳) 7) 오(午) 8) 미(未)
   9) 신(申) 10) 유(酉) 11) 술(戌) 12) 해(亥)

2. 사주(四柱)세우는 법   •85
　1) 월(月)건 조견표   2) 시(時)간 조견표

3. 대운(大運) 찾는 법   •88

4. 세운(世運)   •89

6장. 십신(十神)

1. 십신(十神)과 육친(六親)   •94
　1) 십신(十神)과 육친(六親)비교 조견표

2. 십신(十神) 도표   •99
　1) 비견(比肩)   2) 겁재(劫財)   3) 식신(食神)
　4) 상관(傷官)   5) 편재(偏財)   6) 정재(正財)
　7) 편관(偏官)   8) 정관(正官)   9) 편인(偏印)   10) 정인(正印)

3. 십신(十神)의 관계성 이해   •140
　1) 공간(空間)   2) 거리(距離)   3) 인연(因緣)
　4) 사회(社會)   5) 재물(財物)   6) 승(勝)과 패(敗)
　7) 성격(性格)   8) 직업(職業)   9) 학문(學文)
　10) 유형(有形)   11) 무형(無形)   12) 신명(神命)

4. 종교적 이야기   •145

7장. 지장간(地藏干)

1. 지장간이란? • 150
1) 자(子) 2) 축(丑) 3) 인(寅)
4) 묘(卯) 5) 진(辰) 6) 사(巳)
7) 오(午) 8) 미(未) 9) 신(申)
10) 유(酉) 11) 술(戌) 12) 해(亥)

8장. 합(合)과 형(刑) 충(沖) 파(破) 해(害)

1. 합(合) • 172
1) 삼합(三合) 2) 방위합(方位合) 3) 육합(六合)

2. 형(刑) • 178
1) 삼형(三刑) 2) 육형(六刑) 3) 자형(自刑)

3. 충(沖) • 182
1) 장생지(長生地)의 충
2) 제왕지(帝王地)의 충
3) 묘지(墓地)의 충

4. 파(破) • 185

5. 해(害) • 187

9장. 십이운성(十二運星)

1. 12운성이란? • 192

2. 손으로 짚어보는 수장도 • 193

3. 12운성(運星) 조견표(早見表) • 194
  1) 장생(長生)   2) 목욕(沐浴)   3) 관대(冠帶)   4) 건록(建祿)
  5) 제왕(帝王)   6) 쇠(衰)   7) 병(病)   8) 사(死)
  9) 묘(墓)   10) 절(絶)   11) 태(胎)   12) 양(養)

10장. 십이신살(十二神殺)

1. 12신살(神殺) 조견표 • 204
  1) 겁살(劫煞)   2) 재살(災殺)   3) 천살(天殺)
  4) 지살(地殺)   5) 년살(年殺)   6) 월살(月殺)
  7) 망신살(亡身殺)   8) 장성살(將星殺)   9) 반안살(攀安殺)
  10) 역마살(驛馬殺)   11) 육해살(六害殺)   12) 화개살(華蓋殺)

11장. 공(空)망(亡)과 삼재(三災)팔난(八難)

1. 공망 • 216
  1) 공망 조견표

2. 삼재 • 220
　1) 삼재조견표

3. 팔난 • 221

12장. 통변

1. 근묘화실(根苗花實) • 229
　1) 근 2) 묘 3) 화 4) 실

2. 근묘화실 조견표 • 231

13장. 운(運)

14장. 육십갑자(六十甲子)

15장. 격(格) 국(局)

1. 건록격 • 244
2. 양인(羊刃)격 • 245
3. 식신(食神)격 • 246

4. 상관(傷官)격　•247
5. 편재(偏財)격　•248
6. 정재(正財)격　•250
7. 편관(偏官)격　•251
8. 정관(正官)격　•252
9. 편인(偏印)격　•253
10. 정인(正印)격　•255

16장. 육십갑자 지장간(六十甲子 地藏干) 해설

17장. 납음(納音)속의 물상

1. 목(木)　•286
2. 화(火)　•287
3. 토(土)　•288
4. 금(金)　•288
5. 수(水)　•289

18장. 종합적으로 통변(通辯)하기

1. 이야기 요령　•298

19장. 예문

- 백야현상　•306
- 이란성 쌍둥이의 고민 (할머니의 恨을 어떻게…)　•310
- 상담 후 쌍둥이라고 한다.(이란성 쌍둥이 여형제)　•316
- 나의 직업은…　•320
- 강한 편관은 무슨 뜻일까?　•324
- 내 돈의 행방은…　•326
- 결혼 운과 이 명조속의 내 남자는…　•330
- 어느 쪽으로 진학할까?　•335
- 내 땅의 임자가 자식이라고요…　•338
- 과연 자식의 인연과 내 남자는 어디에서…　•341
- 처가 임신하고 결혼하는 사주　•345
- 형제가 내 재물을 탕진한다.　•350
- 직업은 어떻게 찾는가?　•353
- 직업이 양념이나 장 담그는 사람이다.　•357
- 퇴마를 의뢰한다.　•360
- 내 남편의 직업과 자식교육　•364
- 여자 이란성 쌍둥이의 사주　•368
- 이자식도 부모처럼…　•372
- 쌍둥이 사주　•375
- 시간만 차이나는 두 친구　•379
- 과연 신(神)의 제자로 가야하나…　•384
- 내 자식의 직업이 무엇인가요?　•388
- 왜 이리 되는 것이 없을까요?　•393
- 사주속의 기(氣)수련과 스승의 인연　•397
- 명예회복과 자신의 앞길이…　•404
- 어머니의 자식걱정　•408
- 나는 과연 결혼할 수가 있나요?　•413
- 돈 때문에…　•418
- 어느 인연이 앞을 가리고 있는가?　•421
- 선생님 내가 적은 부적인데 알 수가 없어서요.　•427

제 1 장

무극(無極)과 태극(太極)

1. 무극(無極)

2. 태극(太極)

제 1 장
무극(無極)과 태극(太極)

1. 무극

무극은 한마디로 모든 것이 존재하는데 우리가 그 모든 것을 알 수가 없다고 하여 무극이라고 할 것이다.

무극이란 태극(太極)이전에 맑고 고요한 공간을 말한다. 그 속에서 묘(妙)한 것이 생겨났는데 흔히 하는 말로 불가(佛家)에서 진공묘유(眞空妙有)라고 하며, 어디에서 어떻게 왔는지 알 수가 없으며, 또한 언제 어디로 가는지도 모른다.

무한한 공간속에는 무엇이 존재하는지 알 수가 없고 존재하는 것들은 어디서 왔는지도 알 수가 없으며 또한 어디로 가는지도 모른다. 다만 우리가 알고 있는 것은 아주 작은 조각의 일부분이다.

그래서 수많은 과학자들이 노력하는 것은 무극 속에 존재하는 것이 우리 인간과의 어떤 관계인가를 알고자 하는 것이고 끝없는 공간속에 알 수 없는 인연들과 만나서 찰나에 흘러가는 시간속에 두 눈을 뜨고도 앞을 알 수가 없다는 것이다.

그래서 무극이라고 하는 끝없는 공간과 인연, 그리고 언제라고 하는 시간을 두려워하며 무작정 살아가는 것이다.

이를 인간의 생각으로 본다면 수많은 세월이라고 할 수가 있지만 무극에서 본다면 정말로 찰나의 시간도 안 된다고 할 것이다.

그러한 무극에서 우리는 불안하다. 그래서 자신을 지키려고 공격적이고 힘이 부족하니 서로서로 인연하여 뭉쳐진다. 이것이 부족이고 국가가 형성되는 것이다.

이렇게 뭉쳐진 인연들도 각각의 생각은 알 수가 없다. 그래서 무한 질주를 하면서 같은 무리 속에 뜻을 달리하는 반대쪽을 공격할 것이다.

크게는 하나의 공동체라고 할 수 있는 우주공간 이지만 그 속에는 모양이나 구조가 다른 수많은 행성들이 존재한다.

역시 우리 사회의 구조도 이렇게 형성되었다고 할 수가 있으며 하나의 개체인 사람도 몸속에도 서로 다른 구조와 뜻을 가진 여러 장기들이 있다.

이를 크게는 몸속도 무극이요, 넓게는 우주이며 전체적으로 본다면 대자연이 무극인 것이다.

그 속에서 어느 방향에서부터 무언가 생겨났으며 이것의 반대쪽에서도 무엇인가 생겨나기 시작하였다. 이것을 우리는 태극이라고 하는데 자연 속에서는 음(陰)과 양(陽)이며, 태양과 달 같으며, 남녀의 관계이기도 하며, 암수의 관계도 되며, 명암(明暗)처럼 서로가 상반(相伴)되면서도 꼭 필요하여 상생(相生)을 하면서도 성질이 다른 것이다.

역학적으로 설명하면 무기(戊己)土는 무형적인 공간인 하늘이며, 유형적인 공간은 땅이 되는 것이다. 그래서 무기(戊己)土를 하나로 보며, 무토(戊土)는 계수(癸水)와 짝이 되어 있고, 기토(己土)는 갑목(甲木)과 짝이 되는 것이다.

그래서 천간과 지지만이 존재하는 곳에는 분명히 물과 생명체(生命體)가 있다는 것이다.

이것을 더욱 깊이 있게 설명하는 것이 정(丁)임(壬) 합목(合木)이다.

즉 따스한 기운(氣運)이 물에 전달되니 무엇인가 생겨나는 것이다.

이때 목(木)이란 살아 있는 것으로 종족을 번식하려고 하는 강한 본성을 지니고 있다는 것으로 이해하면 되고 그것을 이해하게 되면 어떻게 사주(四柱)가 생겨났는지도 알 수 있고 간지(干支)에 부여된 수리(數理)의 뜻도 알 수가 있다.

음양의 결합(結合)에 의하여 오행(五行)이 생(生)하였고 오행을 무형(無形)과 유형(有形)으로 나눈 것이 천간(天干)과 지지(地支)다.

그리고 천간과 지지가 혼돈(混沌)되어서 나열되어진 것이 육십갑자(六十甲子)이며, 그 안에 세상의 어떠한 것도 다 포함되어 있게 된다.

명리(命理)는 시간이며, 유무(有無)가 없고 흐름만이 있다.

물상(物像)은 유형(有形)이며, 무형(無形)은 없다.

자연(自然)은 유형과 무형이 동시에 자리한다.

태양은 공간(空間)이며, 달은 시간(時間)이다.

그래서 변화(變化)는 달이 주관하고 성장(成長)은 태양이 담당한다.

천간은 무형이다. 그래서 양이라고 하며 양의 공(孔)이 10개이다. 양은 변화무상(變化無想)한데 그중에 경금(庚金)과 기토(己

土)만 본성(本性)을 가질 뿐이다.

그 이유는 경금(庚金)은 을목(乙木)을 타고 금(金)을 번식하고, 기토(己土)는 갑목(甲木)을 품고 토(土)로 내려오기 때문이다.

이와 같이 천간은 항상 변화하는데 이를 지지(地支)에서 함께 찾아야 한다.

지지는 실상(實像)이다. 그래서 음이라고 하며 음의 공(孔)이 12개이다.

하지만 천간의 변화에 따라서 유형(有形)을 달리한다.

공간(空間)은 환경이요.

시공(時空)은 인연이며,

시간(時間)은 사주다.

그러므로 사주라는 것은 공간을 나누어서 만들어진 시간에서 생겨난다고 할 수가 있다.

때문에 시간을 논하기 이전에 공간적인 환경을 알아야 하고 다음에는 공간과 시간을 연결하는 인연(因緣)을 알아야 한다.

그러면 시간의 위치는 자연스럽게 알 수가 있다.

이것이 무극이라는 대자연이다. 이를 알고자 한다면 자연을 이해하고 자연을 아껴주고 내가 자연 속에 살아가는 미약한 존재라는 것을 인정하고 어머니의 품속 같은 자연에 순응한다면 무극의 이치는 쉽게 알 수가 있다.

2. 태극(太極)

태극이 생겨날 수 있는 원인은 무극 속에 구조와 뜻을 달리하는 것들이 서로 세력을 만든 것이라고 할 수가 있다.

이들이 필요에 의하여 서로 뜻을 같이 할 때는 음(陰)이라고 하고 달리 할 때는 양(陽)이라고 하여 이름한 것이 태극이라고 생각한다.
　즉 무극(無極) 속에서 대폭발로 음양(陰陽)이 생겨나서 서로의 뜻이 달리 할 때 이를 태극이라고 한다.
　그중에 위로는 가벼우면서 열기로 이루어진 것을 양(陽)이라고 하고, 아래로는 무거우면서 차가운 것으로 이루어진 것을 음(陰)이라고 한다. 그리고 어느 쪽으로도 기울이지 않은 알 수 없는 것이 있을 것이다.
　이들을 삼(三) 태극이라고 하는데 역학적으로 설명한다면 알 수없는 중간부분을 토(土)라고 이름한 것이다.
　음(陰)과 양(陽)은 무극 속에서 서로 필요에 의하여 항상 충돌과 합(合)을 하려고 하면서 힘의 균형(均衡)을 유지하고 있다.
　미세한 힘의 이동에 따라서 무엇인가가 생겨나는데 이때 또 다른 구조와 뜻을 달리하는 것들이 서로 만나서 이루어진 것을 오행(五行)이라고 한다.
　그래서 태초의 무극에서 묘(妙)한 기운이 둘로 나누어지면서 음양(陰陽)이라는 것이 생겨나고 이를 태극이라고 한다. 또한 태극 속에서 분리되어 생겨난 것이 오행이라고 한다. 이는 문양으로 볼 때만 태극(太極)이라고 하며, 이를 학문적으로 드러내고자 하는 것을 음양(陰陽)이라고 한다.

제 2 장

음(陰)과 양(陽)

1. 음양(陰陽)

제2장
음(陰)과 양(陽)

1. 음양(陰陽)

　문양으로 된 것을 태극이라고 하며 이를 글로 드러내면 음과 양이라고 하는 것이다.
　서로가 필요에 의하여 합을 할 때는 음이라고 할 것이며 이때는 또 다른 무엇인가가 생겨날 수도 있다는 것이다.
　하지만 밖으로는 합을 원하는 것 같지만 속으로는 합을 원하지 않는다고 할 수가 있다.
　자신의 강한 구조와 뜻이 하나로 이루어진 것을 양이라고 할 것이며 이때는 화합보다는 독립적이라고 할 수가 있다.
　하지만 밖으로 드러내고자 하는 것이 강하여 합을 원하지 않는 것 같지만 사실은 합을 원하고 있다.
　예를 들어본다면 넓게 펴져있으면 음(陰)이라고 할 수가 있으며, 높이 올라간다면 양(陽)이라고 할 수가 있을 것이다.
　이렇게 음과 양의 구분은 상대성에 따라서 변화하므로 어느 것에 지정된 것이 없다.

즉 밝음 속에 더 밝은 것이 있을 것이고 차가움 속에 더 차가운 것이 있다는 것이다.

그래서 음과 양의 구별이 쉽지만은 않을 것이다. 하지만 모든 것은 상대성에 따라서 달리하므로 자연을 알고 이해하면 쉽다고 할 수가 있다.

1) 음(陰)이란?

차고 무거운 것을 음(陰)이라고 하였지만 음(陰)과 양(陽)은 상대성으로 구분이 가능하다. 이것이 음(陰)이라고 단정하는 것은 있을 수가 없으며 무엇이든 상대에 따라서 음(陰)과 양(陽)이 변하는 것이다.

오행(五行)을 크게 음(陰)과 양(陽)으로 나눈다면 목(木)화(火)는 양(陽)으로, 금(金)수(水)는 음(陰)에 속한다.

목(木)에서 바라본 음(陰)이란 것이 암컷이라고 할 수가 있으며, 위로 자라는 것보다는 옆으로 자라는 것으로 열매나 새끼를 낳을 수가 있으면 음(陰)으로 보는 것이 좋을 듯 하다.

화(火)에서 음(陰)을 구분한다면 따스한 기운이 열에 의하여 생겨나는 것도 있을 것이며, 빛에 의하여 미약하지만 생겨나는 것이 있을 것이다.

음(陰)은 빛에 의하여 따스한 것으로 보는 것이 좋다.

토(土)에서는 음(陰)으로 구별하는 것이 참으로 까다로운데, 차고 수기(水氣)가 많은 것과 단단한 것을 음(陰)으로 보면 될 것이다.

　금(金)에서 음(陰)이란 것은 더욱 강하고 작게 응축(凝縮)한 것으로 보며, 이차 가공된 것이라고 할 수가 있다.
　또한 어떠한 환경에 의하여 변화되지 않은 것이라고 할 수가 있다.

　수(水)에서 바라보는 음(陰)은 탁(濁)하고 부드럽게 흐르는 것이라 할 수가 있으며 세력이 약한 것이나 부드럽게 흐르는 것으로 본다.
　또한 흐름을 멈추거나 일시적으로 흐름이 막힌 것이라고 할 수가 있다.
　다시 이야기 한다면 양(陽)에서 변화된 것을 음(陰)이라고 할 수가 있다.

2) 양(陽)이란?
　음(陰)을 제외한 모든 것이 양(陽)에 속한다고 보면 간단하다.
　즉, 맑고 따스하고 가벼우며 위로 오르는 것이다.
　다시 말해 음(陰)에서 변하는 것이 양(陽)이라고 할 수 있다.
　오행(五行)에서 크게 구별한다면 이럴 것이다.

　목(木)은 수컷으로 위로 자라면서 진보적(進步的)이며, 공격적(攻擊的)이고 미래지향(未來指向)적이라고 본다.

　화(火)는 태양처럼 강한 열기(熱氣)를 양(陽)으로 볼 수가 있다. 빛에 의하여 생겨나는 열도 양(陽)이라고 할 수가 있다.

토(土)는 메마르고 푸석한 것으로 상당히 건조한 조건에서 형성된 것으로 본다. 즉 상대적으로 가벼워서 위로 오르고자 하는 것이라고 할 수가 있을 것이다.

금(金)은 크고 강하면서 우람한 모양일 것이다. 어떠한 조건이나 외부적인 작용에 의하여 변화되는 것을 양(陽)이라고 할 수가 있다.

수(水)는 맑고 차가우면서 깊이를 알아보기 어려울 정도일 것이다. 맑음이 깊어지면 속이 보이지 않는다. 깊고 큰 흐름을 양(陽)이라고 할 수가 있다.

제 3 장

오행(五行)

1. 오행

제3장
오행(五行)

1. 오행(五行)

　음양(陰陽)의 결합(結合)에 의하여 오행(五行)이 생(生)하였고 오행은 이렇게 나누어져 있다.
　처음으로 살아있는(生) 것으로 이루어진 것을 목(木)이라고 하였다.
　두 번째는 형체(形體)가 없으며, 따스한 기운(氣運)으로 이루어진 것인데 이를 화(火)라고 하였다.
　세 번째는 거대한 덩어리로서 무엇이든 다 받아들이는 것으로 이를 토(土)라고 하는 것이다.
　네 번째는 단단하게 이루어진 것인데 이는 고체(固滯)이며 금(金)이라고 하는 것이다.
　마지막으로 흐르는 것으로 액체(液體)로 이루어진 것이다. 이를 수(水)라고 하는 것이다.

　우리가 알고 있는 오행(五行)이라는 것은 단순하게 목(木)화

(火)토(土)금(金)수(水) 정도 알고 있다. 하지만 오행이라는 것이 그리 간단하게 이루어진 것은 아니다.

오행의 가장 크고 깊은 뜻은 어마어마하다는 것이다. 즉 무극(無極)이라고 한마디로 표현 된 것을 모르기 때문에 음양(陰陽)으로 분리하였다.

그러한 음양(陰陽)도 자연의 이치나 흐름을 두 가지로 나누었기 때문에 알 수가 없다. 그래서 다섯 가지로 크게 나누어서 오행(五行)이라고 하는 것이다.

자연의 모든 것을 초 압축(壓縮)하여 만들어진 글자라고 생각하면 될 것이며 오행(五行)의 깊이는 무한(無限)하다고 할 것이다.

이렇게 어마어마한 오행(五行)을 학문적인 글로 드러낸다는 것은 한계가 있다고 할 것이며 특히 암기한다는 것은 불가능한 것이다.

그래서 살아있는 것, 즉 목(木)이라고 하는 것과 무형(無形)으로 이루어진 기체 같은 것, 즉 화(火)라고 하는 것과 여러 모양으로 덩어리진 토(土)라는 것과 단단하게 이루어진 고체 같은 금(金)이 있으며, 액체처럼 어떠한 모양이 없고 스스로 알아서 자신의 모습을 바꾸며 낮은 곳으로 가려는 수(水)라는 것이 있다고 이해하면 쉬울 것이다.

1) 목(木)

살아 있는 것은 무엇이든 목(木)에 해당한다.
종족(種族) 번식(繁殖)을 원칙으로 하면서 목(木)에는 꽃과 열매가 꼭 있어야 한다. 동적(動的)으로 움직이는 것도 목(木)이라고 할 수가 있으며, 크게 보아서 움직이는 것은 모두가 목(木)이다.

아무리 작아도 생명(生命)을 가지고 있거나 생명이 없다하여도 움직이면 목(木)에 해당한다.

목(木)에서 가장 강하고 오래 살아가는 것이 나무이다. 그래서 목(木)이라고 하는 것이지 꼭 나무를 가르쳐서 목(木)이라고 하면 안 되는 것이다.

선풍기의 날개가 회전을 한다고 할 때는 목(木)이라고 생각하여야 하며, 나무라도 목숨이 다하여 죽으며 목(木)이라고 할 수가 없다. 단단하게 변하면 금(金)이라고 할 수가 있을 것이며, 타의에 의하여 여러 오행(五行)으로 변할 수가 있다.

다만 스스로 생명(生命)을 가지고 살다가 생(生)을 다하였으므로 그 본성(本性)은 영원히 목(木)인 것이다.

일시적으로 타(他)의에 의하여 잠시 움직일 때는 목(木)으로 보지만 그러하지 못한다면 목(木)으로 볼 수가 없으며, 동적(動的)으로 움직일 때만 목(木)의 작용을 한다고 생각하는 것이다.

목(木)이 없으면 화(火) 토(土) 금(金) 수(水)가 필요 없다.

이는 살아있는 것들의 중심이라서 그런 것이다.

木은 살아있으며 종족(種族)번식(繁殖)이 본성(本性)이다.

2) 화(火)

열(熱)과 빛으로 이루어진 것이나 화려한 것은 무엇이든 화(火)에 속한다.

또한 화(火)는 자신을 드러내려는 특성이 있으며, 오행(五行) 중에 유일하게 형체(形體)가 없다.

유형(有形)이든 무형(無形)이든 열(熱)과 빛으로 자신을 알린다. 그러면서도 은은하게 감추려는 성질(性質)도 있다.

화(火)에서 가장 강한 것이 태양이다.
이는 열(熱)과 빛(光)이 동시에 나면서 가장 강렬하기 때문에 화(火)를 대표하는 것이다. 꼭 보이는 것만이 화(火)라고 할 수가 없으며, 깊은 땅속의 지열(地熱)도 화(火)에 속하는 것이고 뜨거운 용광로의 쇳물도 화(火)이다.

화(火)는 팽창(膨脹)으로 자신을 알리며, 강력한 폭발로 화(火)의 위력을 드러낸다.

그래서 폭약(爆藥)이나 지진 화산 폭발 같은 것도 화(火)에 속하는 것이다.

화(火)는 생명(生命)은 없지만 모든 생명의 성장(成長)을 주관하며, 화(火)가 없으면 생명을 가진 것들은 멸종(滅種)할 수도 있다.

때문에 화(火)가 없으면 목(木)의 존재가 어려움을 당한다.

토(土)의 포용력이 상실한다.

금(金)의 변화는 있을 수가 없다.

수(水)의 정화(淨化)는 더욱 어렵다.

화(火)를 붉은 것으로 표현하는 것은 팽창(膨脹)이며, 열성적(熱誠的) 성장(成長)이다.

3) 토(土)

무엇이든 받아들이고 또한 타(他) 오행(五行)을 이롭게 하는 것이 목적이다. 하지만 스스로 움직일 수가 없으며, 타 오행에 의하여 변화하므로 움직임이 둔하다.

토(土)라는 것은 다양하므로 우선 무형(無形)과 유형(有形)으로 분리가 된다. 다음에는 오행(五行)따라 다양한 토(土)가 생겨난다.

  이를 학문으로 하나의 토(土)라는 글자로 표현할 뿐이지 실상은 여섯 가지의 토(土)가 존재한다.

  형체(形體)가 없는 것을 받아들이면 무토(戊土)라고 할 것이다.

  무형(無形)이 모여서 어떠한 상(象)을 만드는 기토(己土)가 되는 것이다.

  흐르는 것을 받아들이는 것은 진토(辰土)이다.

  모든 것을 태워버리는 술토(戌土)가 있다.

  단단하게 만들어 버리는 것은 축토(丑土)인 것이다.

  아주 미세하게 가루 같은 것은 미토(未土)가 되는 것이다.

  이처럼 다양한 토(土)를 정확하게 분리하여 구별한다는 것이 그리 쉬운 것만은 아니다. 때문에 토(土)를 이해하려면 무엇이든 받아들이거나 보관할 수 있는 것이면 모두가 토(土)에 해당한다고 보아야 한다.

  토(土)는 목(木)에 의하여 자신의 큰 뜻을 펼친다.

  화(火)에 의하여 많은 도움을 받는다.

  금(金)에 의하여 때로는 인내력을 알 수가 있다.

  수(水)에 의하여 자리를 이동한다.

  토(土)는 믿음으로 모든 것을 담을 수 있는 그릇이다.

4) 금(金)

  금(金)은 오행(五行) 중에 가장 강(强)한 것으로 단단하고 오랫동안 변하지 않는다. 수많은 시간이 흘러도 자신의 본성(本性)을 간직하므로 종족(種族)을 이어가는 것을 본성으로 보며 열매라고 할 수가 있다.

그러므로 단단한 것은 무엇이든 금(金)에 해당한다. 하지만 비록 단단하지는 못하여도 번식을 위한 것이라면 금(金)에 해당한다.

그래서 금(金)을 쇠라고 하는 것이다. 물론 상대에 따라서 이해를 다르게 하지만 강하거나 단단하면 금(金)으로 표현하는 것이다.

그래서 물이라는 것이 얼음으로 변화면 금(金)이 되는 것이고 화기(火氣)를 가득 머금은 숯(炭)도 금(金)이라고 한다.

때로는 바람에 의하여 이동을 하지만 자력으로 움직일 수가 없으므로 더욱 단단하여 영원토록 변하지 않으려고 한다.

금(金)이란 것이 열매가 되어서 목(木)을 힘들게 한다.

화(火)를 만나면 자신이 변화하려고 하므로 고개를 숙인다.

토(土)를 만나면 자신을 감추고 때로는 의지하여 변화하기도 한다.

금(金)이 금(金)을 만나면 화합이 안 되고 지속적으로 경쟁의 관계를 유지한다.

수(水)를 만나면 어떠한 방법으로든 자신을 희생한다.

이러하듯이 단단하다고 하여도 자신의 환경에 따라서 다양하게 빠른 변화를 할 수도 있다.

금(金)은 단단하여 오랫동안 보전을 할 수가 있으며 절단(切斷)성과 결단(決斷)성을 가지고 있다.

5) 수(水)

오행(五行) 중에 액체(液體)로 이루어진 것은 오로지 수(水) 뿐이다.

흐르거나 액체로 이루어진 것은 무엇이든 수(水)에 해당하는 것이다.

　수(水)라는 것은 낮은 곳으로 스스로 움직이면서 자신을 감추거나 한곳으로 모여서 세력을 만든다. 크게는 넓은 바다가 있지만 작게는 몸속에 흐르는 혈액(血液)도 수(水)에 속하는 것이다.

　열(熱)에 의하여 분해(分解)되어 하늘로 증발(蒸發)도 하며 그래서 아지랑이도 수(水)에 해당하는 것이다.

　또한 사람의 몸속에서도 화(火)의 혈압(血壓)에 문제가 있으면 수(水)의 신장(腎臟)이나 방광(膀胱)에 문제를 일으킬 수가 있는 것이다

　수(水)는 화(火)에 의하여 여과(濾過)하는데 수화(水火)가 서로 상극(相剋) 같지만 아주 잘 어울리는 것이다.

　하지만 이들은 세력의 균형을 이루지 못할 때 강한 투쟁이 일어나는 것이다.

　수(水)속에는 수많은 정보가 들어있으며, 많은 생명체(生命體)가 살고 있다.

　그래서 부처님은 이렇게 말씀하신 것 같다.

　"일족수(一簇水) 구억중생(九億衆生)"이라고……

　수(水)는 생명의 근원(根源)이며 어머니다.

　화(火)는 생명의 성장(成長)이고 아버지이다.

　때문에 수(水)가 없으면 목(木)은 멸종할 것이다.

　화(火)는 자신의 억제를 상실하고 스스로 자멸(自滅)한다.

　금(金)은 자신의 영광을 찾을 수가 없을 것이다.

　토(土)는 움직임이 있을 수가 없고 뜻을 펼칠 수가 없다.

　수(水)가 수(水)를 만나면 거대한 세력을 형성하여 모든 것을 쓸어버릴 것이다.

수(水)는 수직으로 오르내리면서 변화한다고 할 수가 있으며 모습을 드러내면 낮은 곳으로 흐를 것이며 스스로를 찾아가는 지혜로움도 있다.

수(水)는 부드러우며 쉬운 쪽으로 흐르는데 항상 수평(水平)을 지키려고 노력한다.

사람의 생각도 수(水)처럼 자신이 이로운 쪽으로 이끌어간다. 이는 지혜(智慧)에 해당하므로 그렇게 되는 것이다.

오행(五行)이라는 것이 그림으로는 토(土)가 중앙에 자리하고 나머지 목화금수(木 火 金 水)가 각각 나누어서 그리고 있다.

하지만 이를 좀 더 정확하게 생각하여 본다면 그러한 그림이 생겨나지 않을 것이다. 즉 사람의 머리를 두고 오행(五行)을 한 번 생각하여 본다면 이러한 그림이 생겨난다.

머리카락이 자라난 곳이 수(水)이며, 끝나는 부분이 목(木)일 것이다.

목(木)의 시작점인 이마에서부터 코까지는 화(火)에 속한다고 보는 것이다.

코에 이어서 입술과 턱까지 금(金)으로 보면 좋을 듯하다.

그리고 턱을 지나서 부터는 수(水)에 해당한다.

이를 그림으로 본다면 이러할 것이다. (중앙이 土로 보는 것이다.)

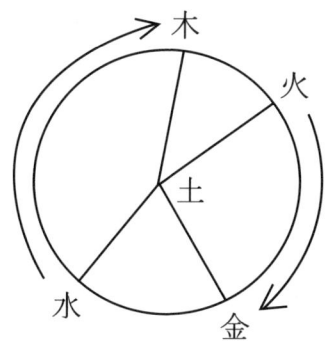

목(木): 봄에서 여름으로 이어지는 시간은 짧다.

화(火): 여름에서 가을 까지는 긴 시간을 지난다.

토(土): 계절과 계절 사이를 잇는 시기를 나타낸다.

금(金): 가을을 느끼는 시간은 잠시다.

수(水): 겨울에서 봄까지는 너무나 멀고 긴 시간이다.

6) 오행(五行)속의 음양(陰陽)

오행을 어떻게 음과 양으로 구별하는지 자연 속에서 바라보며 고유(固有)의 가지고 있는 본성(本性)과 하고자 하는 특징적 성질(性質)을 알아보자.

목(木)은 음(陰)의 기운이 양(陽)으로 흐르면서 생겨났다.
목(木)의 본성은 종족(種族) 번식(繁殖)이다.
목(木)의 성질은 꽃을 피우려고 한다.
양(陽)은 무실수(無實樹) 이므로 꽃은 피어도 열매가 없다.
음(陰)은 유실수(有實樹)라서 꽃 피고 열매를 맺는다.

화(火)는 양(陽)의 기운이 양(陽)으로 흐르면서 생겨났다.
화(火)의 본성은 밝고 화려하다.
화(火)의 성질은 팽창하려고 한다.

양(陽)은 열성(熱性)이다.
음(陰)은 빛(光性)이다.

토(土)는 양(陽)에서 양(陽)으로 흐르면서 생겨난 것이 천간(天干)이다.
음(陰)에서 음(陰)으로 흐르면 생겨난 것이 지지(地支)이다.
토(土)의 본성은 변화(變化)를 싫어한다.
토(土)의 성질은 무엇이든 받아들인다.
양(陽)은 지표(地表) 위에서부터 라고 한다.
음(陰)은 지표(地表) 아래이며 땅 속이다.

금(金)은 양(陽)의 기운이 음(陰)으로 흐르면서 생겨났다.
금(金)의 본성은 단단함이다.
금(金)의 성질은 응축(凝縮)하려고 한다.
양(陽)은 자연석으로 외적(外的)으로 강하게 보인다.
음(陰)은 제련(製鍊)된 것이며 내적(內的)으로 강하다.

수(水)는 음(陰)의 기운이 음(陰)으로 흐르면서 생겨났다.
수(水)의 본성은 차고 맑음이다.
수(水)의 성질은 흘러가려고 한다.
양(陽)은 차고 맑으면서 깊고 흐름을 알 수가 없다.
음(陰)은 흐리고 얕으며 흐름이 요란하다.

이렇게 간단하게 글로 표현하지만 사실 자연(自然)을 글로 표현한다는 것은 너무나 어렵고 그 뜻을 글로 표현을 다할 수가 없다.

모든 것이 상대성(相對性)에서 음(陰)과 양(陽)이 구분되는 것이다.

7) 오행의 속성(屬性)

오행	천간	지지	수리	방위	계절	일일	맛	오장	색상	오상
목(木)	갑(甲) 을(乙)	인(寅) 묘(卯)	3. 8	동(東)	봄	새벽	신맛	간.담	푸른색	인(仁)
화(火)	병(丙) 정(丁)	사(巳) 오(午)	2. 7	남(南)	여름	오전	쓴맛	심.소	붉은색	예(禮)
토(土)	무(戊) 기(己)	진(辰) 술(戌) 축(丑) 미(未)	5.10	중앙	사계		단맛	비.위	노란색	신(信)
금(金)	경(庚) 신(辛)	신(申) 유(酉)	4. 9	서(西)	가을	오후	매운맛	폐.대장	흰색	의(義)
수(水)	임(壬) 계(癸)	해(亥) 자(子)	1. 6	북(北)	겨울	밤	짠맛	신.방광	검은색	지(智)

8) 간지 속성 활용법

오행	목(木)	화(火)	토(土)	금(金)	수(水)
인체질병	간장	심장	비장	폐장	신장
	쓸개	소장	위장	대장	방광
	신경	고혈압	당뇨	호흡기	혈액
	얼굴	편두	피부	근골	수족냉증
	두통	눈병	복부	치아	자궁질환
신체부위	눈	혀	입술	코	귀
감정(感情)	인정	명랑	믿음	냉정	비밀
오격(格)	곡직(曲直)	염상(炎上)	가색(稼穡)	종혁(從革)	윤하(潤下)
감각	색(色)	성(聲)	향(香)	미(味)	촉(觸)
소리	각(角)	징(徵)	궁(宮)	상(商)	우(羽)
짐승	양(羊)	말(馬)	소(牛)	닭.개(鷄.犬)	돼지(豚)
업(業)	문교(교육)	영업(사업)	종교.영농	지휘(군.경)	법원
발음	ㄱ.ㅋ	ㄴ.ㄷ.ㄹ.ㅌ	ㅇ.ㅎ	ㅅ.ㅈ.ㅊ	ㅁ.ㅂ.ㅍ
마음(心)	희열	다변	건체	급속	음흉
종교	유교	기독교	무속	불교	도교
오징	한	열	풍	우	한
신체	어깨	가슴	발	머리	배
오곡	보리	기장	조	벼	콩
오제(帝)	태호	염제	항제	소호	전욱
생(生)	태생	화생		란생	습생

제 4 장

천간(天干)

1. 천간의 배열순서

2. 천간합(合)

3. 천간충(沖)

4. 천간극(克)

제4장
천간(天干)

천간(天干)을 쉽게 하늘이다. 라고 한다. 우리가 살아가는 현실에서는 다양한 목적을 담고 있지만 크게 정의를 내리고자 한다면 지표면에서부터를 천간이라고 할 수가 있다.

천간은 열자로 이루어져 있고 음양(陰陽)에서는 양(陽)으로 본다.

인간사는 남자에 해당하며 생명을 가진 것으로는 무실수라고 한다. 하지만 음(陰)으로 명시된 글자는 유실이며 역시 여자에 해당한다.

단순하게 이해하려면 남자의 신체 기관에는 구멍이 열 개이며, 이는 천간과 연관이 있다는 것이다. 또한 남자는 엎드려서 죽는다. 이는 하늘이라서 땅을 바라보는 것이다.

나무로 생각하여 본다면 줄기에 해당한다고 본다.

1. 천간의 배열순서

갑(甲:갑옷 갑): 우뢰　陽木: 무실수: 亥월생하여 午월에 죽는다.
을(乙:새 을): 바람　陰木: 유실수: 午월생하여 亥월에 죽는다.

병(丙:남녘 병): 태양 陽火: 열기: 寅월생하여 酉월에 죽는다.
정(丁:고무래 정): 별 陰火: 빛: 酉월생하여 寅월에 죽는다.

무(戊:무성할 무): 노을 陽土: 허공: 寅월생하여 酉월에 죽는다.
기(己:몸 기): 구름   陰土: 허상: 酉월생하여 寅월에 죽는다.

경(庚:별 경): 달   陽金: 자연석: 巳월생하여 子월에 죽는다.
신(辛:매울 신): 서리 陰金: 가공 석: 子월생하여 巳월에 죽는다.

임(壬:클 임): 이슬   陽水: 깊은 물: 申월생하여 卯월에 죽는다.
계(癸:헤아릴 계): 봄비 陰水: 얕은 물: 卯월생하여 申월에 죽는다.

1) 갑(甲)

甲이란 거북이 등껍질을 보고 형상화 된 글자이며 여기에서부터 시작되므로 첫 번째 천간의 글자가 되는 것이다.

또한 나무라고 명명된 것은 살아있다는 것이며 생명을 가진 것으로는 나무가 가장 오래 동안 살아간다는 것에서 甲을 나무라고 하는 것이다.

또한 생명을 가진 것으로 종족보존을 원칙으로 하고, 열매를 맺진 않지만 어떠한 종자의 핵(核)도 포함하고 있다.

이와 같이 甲이라는 글자 속에는 많은 뜻이 담겨있지만 가장 큰 뜻은 처음이고 최고라는 것이다.

2) 을(乙)

새 乙자로 이루어진 글자로서 천간에서 두 번째로 자리하고 있다.

이는 역시 생명을 가지고 있는 증거이며, 종족번식을 위하여 새처럼 바람처럼 날아다닌다고 하여 이렇게 부여된 것 같다.

즉, 자연에서 번식은 바람에 의하여 이루어진다고 할 수가 있다. 그래서 사람들이 바람을 피운다고 하는 것이다.

옛날 농민사회에서 하늘에 고개를 숙이며 살아가는데 앞날이 궁금하고 세상사가 하늘의 뜻에 따라 모든 것이 이루어진다고 생각하던 시절에 점이라는 것이 발달하게 되었는데 이때 거북의 등껍질을 보고 점술이라는 문화가 발달하기 시작하였으며, 이후에 하늘을 쳐다보면서 나는 새들을 보고 하늘의 전령으로 생각하면서 또 하나의 점술이 발달하게 되었다.

그래서 생명을 가진 木에 배열하였으며, 번식을 뜻하는 음간(陰干)으로 두게 되었을 것이라고 생각한다.

3) 병(丙)

남녘 丙자로 밝다는 의미에 많이 쓰는 글자이다.
양화(陽火)로서 열(熱)을 나타낼 때 병화(丙火)로 표기하는 것이다.

역시 밝음은 태양이 최고이므로 물상에서 태양을 지목한 것이고 세 번째에 자리한 것은 생명을 가진 것들이 태양이 없으면 성장을 할 수가 없다고 하여 앞의 자리에 배정한 것 같다.

인간의 눈으로 바라보면 태양이 많은 변화를 일으키는데 이를 보고 역시 앞날을 예측하였다고 볼 수가 있다.

그래서 인간들은 태양을 숭배하였으며 해를 바라보고 많은 재물을 올리고 건강과 농경사회의 풍년을 기원하였으리라고 생각한다.

이렇게 태양의 역할이 중요하며 생명을 가진 것들은 태양이 사라지면 어둠으로 공포가 생겨나는 것이고 또한 모든 것들이 멸종된다고 생각하기 때문에 태양에 대한 위대함이 신앙(信仰)의 대상이 되었을 것이다.

4) 정(丁)

고무래 丁자로 음화(陰火)를 표현하는 글자이다. 즉 빛을 대표하는 것으로 하늘에서는 별이라고 칭하는 것이다. 이는 옛 선인들께서 점술이 발전하는 과정에서 어느 순간에 별을 보고 길흉(吉凶)을 판단하였다고 하는 것이다.

지금도 별점을 많이 보는데 주로 서양(西洋)에서 발전된 점성술로 유명하다. 별이란 것이 하늘에 자리하고 있으므로 하늘을 신봉(信奉)하는 농경사회에서 별들의 움직임에 민감하여지기 시작하였다고 보며 이후로 수많은 학자들이 별에 관심을 가지고 지속적으로 인간에게 미치는 영향을 연구해서 정립하였고 이를 이용하여 미래를 예측하기 시작하였다고 보는 것이다.

지금도 별에 대한 이상(理想)을 많은 사람들의 가슴에 담겨져 있다.

따라서 역학적으로 깊이 연구하여 보면 정화(丁火)의 비밀을 풀어내는 것이 무척 어렵다고 느껴지는 것이다.

5) 무(戊)

다섯째에 자리하는 戊土는 많은 뜻이 담겨져 있다. 특히 무성하다는 뜻이 가장 가깝다고 생각하는데 이는 허공(虛空)이라는 것에서 발상하였다고 보는 것이다.

허공이란 것이 비어 있는 것 같으면서도 가득 찬 것이다.
　토(土)라는 것을 옛 선인들께서는 많은 것을 받아들이는 것으로 생각하고 다양한 방법으로 응용하였다고 보는 것이다.
　이글을 쓰면서도 선인들의 지혜로움에 절로 고개가 숙여진다. 어떻게 土라는 것이 무엇이든 받아들인다고 생각을 하였으며, 더욱 지혜로운 것은 정확하게 구별하였다는 것이다.
　농경사회에서 아궁이에 불을 지피면서 사용하는 막대기를 정화(丁火)로 보면 강한 열(熱)이 빛(光)으로 밝게 빛나고 이렇게 빛나서 사라지는 연기는 하늘 높이 허공으로 사라진다는 것을 알고 무형(無形)을 받아들이는 것이 허공(虛空)이라고 보고 역시 받아들인다고 하여 토(土)라고 한 것이다.
　이들이 모여서 이루어진 구름의 흐름이나 형상(形象)을 보고 날씨를 점쳤을 것이다. 그래서 천간(天干)의 중앙에 자리한 것 같다.

6) 기(己)

　여섯째는 己土가 자리하고 있는데 몸(己)자이다.
수많은 글 가운데 왜 몸(己)자를 土로 표현하고 천간(天干)의 중앙에 배속하였는지 의문스럽다.
　또한 하늘에서 구름이라는 물상(物像)으로 표현하는 것은 선인들의 행동반경이 좁으므로 하늘을 또 다른 땅으로 보았을 것이다. 이는 분명 인간이 자신들의 몸에 어떠한 형상적인 문양을 그리는 것에서 발전하였다고 생각한다.
　옛날에는 부족(部族)이나 국가(國家)간에는 어떠한 표식을 하는데 이것이 문신(文身)이나 부적(符籍) 또는 그림이나 깃발이 되었다고 생각한다.

그래서 지금까지 유래되어온 것으로 부적(符籍)과 주술(呪術)이다. 또한 그림이고 오방기가 되는 것이며, 서양의 카드도 여기에 해당한다고 생각한다.

즉 지금의 그림으로 보는 당 사주(唐四柱)가 여기에 해당한다고 보며, 땅에 어떠한 문양을 새기면서 발전한 것이다. 라고 할 수가 있다.

7) 경(庚)

일곱 번째의 자리는 별 庚이라는 글자로 채워있다. 이를 庚金이라고 하는데 우리가 알고 있는 金이란 돌(石)이라고도 한다.

즉 오래전에 점술(占術)이 발달하는 과정에서 인류도 같이 변화하므로 엽전(葉錢)이란 것이나 아니면 또 다른 딱딱한 것을 가지고 점을 보았을 것이라고 할 수가 있다.

이것이 발전하고 유래가 되어서 현재에는 엽전이나 칼을 가지고 주술(呪術)을 행하는 것으로 본다.

또한 庚金이 하늘에서 물상(物像)으로 달(月)이라고 하는데 달이란 것이 성장(成長)을 주관하는 것이 아니고 발전(發展)과 변화(變化)를 주관하는 것이므로 이는 분명 암컷의 생리(生理)라고 볼 수도 있다.

언젠가부터 농경사회에서 가장 중요시 여기던 태양과 반대쪽의 달이란 것을 알고부터는 달에 대한 기록과 동시에 농사일을 달의 기울기에 따라서 하였다고 보는 것이다.

그래서 달처럼 둥근 동전으로 점술을 발전시켰다고 생각한다.

8) 신(辛)

여덟 번째의 辛金이 자리하고 있는데 이는 살(殺)성을 의미하므로 거두어들이는 것으로 생각한다. 그래서 물상(物像)으로 서리로 보는 것이다.

예를 들어서 매울 辛으로서 생각할 수가 있는 것은 수없이 많다. 그 중에서 공통적으로 생각이 가능한 것은 독(毒)하다, 또는 완전하게 익어서 자신의 방어력을 드러낸다는 것이다.
또는 강하다는 의미나 종자(種子)로서의 깊은 뜻을 가지고 있다.

특히 辛金이라고 하는 것은 어떤 개체가 번식할 수 있는 세포(細胞) 같은 또는 입자(粒子)라고 생각하여야 할 것이다.

또한 농경시대에 풍요의 상징물이 과일이나 쌀을 중요시 여기고 이를 가을에 수확하여 하늘에 재물로 올리고 여러 가지 과일로 담근 술을 빚어서 올리고 이를 나누어 먹으면서 신령(神靈)시한 물건이라고 숭배하였을 것이다.

그래서 이러한 곳에 하늘의 기운이 서려있을 것이라 믿고 점술에 응용한 것으로 생각한다.
이러한 주술(呪術)이 지금도 유래되어 쌀점을 치고 향기 좋은 술을 신(神)에게 올리는 것 같다.

때로는 출입금지라는 의미로 자식을 생산하면 나쁜 기운을 물리친다는 의미에서 붉은 고추를 대문 밖에 매어두는 것도 아마 이러한 의미에서 본다.

9) 임(壬)

아홉 번째로 자리한 壬水라는 글이다.
이는 깊어지다, 작은 것이 더해가다. 라는 뜻으로 물이라는 것이 여기저기에서 조금씩 모이기 시작하여 어마어마한 강을 이루고 이들이 한곳으로 모여들어 바다를 이루는 것이다.

이는 물상(物像)에서 이슬비로 보는 것은 맑은 물이 생명수(生命水)라는 것이다.

壬水가 농경사회에서 얼마나 중요한가를 알 수가 있다. 지금 이 시대에도 치수(治水)사업으로 물을 잘 다스리는 민족이 부유한 나라로 자리매김하듯이 물의 중요성을 알 수가 있다.

그래서 하늘에만 재를 올리는 것이 아니고 물이 많이 모이는 곳에서도 분명히 재를 올렸다고 생각한다.

아마 그래서 壬水를 아홉 번째에 자리한 것 같다.

10) 계(癸)

열 번째로 癸水가 자리하는 것은 농경사회에서 봄비가 중요하므로 물상에서 그리 보는 것 같다. 또한 헤아린다는 뜻에서 이른 새벽에 정한水 올리고 하늘에 치성을 드린 것에서 부여되었다고 생각할 수가 있다.

지금도 시골이나 산골에서 생활하고 계시는 많은 사람들이 이른 새벽에 부엌이나 장독대에 맑은 물을 올리고 두 손 모아 치성을 드리고 있으며, 때로는 안방의 높은 곳에 자리를 마련하여 항아리에 물을 6부 정도 채워서 모시는 곳도 있다.

이는 모든 생명(生命)의 근원(根源)이 되고 생명의 젖줄 같은 물을 소중하게 여기고 정성을 드리려고 이른 새벽에 우물이나 깊은 산속 옹달샘으로 가서 물을 길러서 올리고 하늘의 보살핌을 기다렸을 것이다.

이것이 지금까지 유래되어서 점술(占術)에 응용되고 지극정성을 드리는데 최고의 공양물로 자리한 것 같다.

이처럼 우리 가까운 곳에서 옛날에 사용하였던 것들이 지금도 전래되어 사용 중인 것이다.

2. 천간합(天干合)

甲木은 己土의 품속에서 꿈을 꾸며, 새로운 곳을 찾아가고
(인연(因緣))
乙木은 바람결에 庚金을 유혹하여 수정(受精)을 하려하고
(결실(結實))
丙火는 辛金을 이용하여 만물을 성장(成長)시켜 존경을 받고
(성장(成長))
丁火는 壬水를 포근히 감싸주어 새 생명을 잉태(孕胎)하고
(탄생(誕生))
戊土는 癸水를 받아들여 또 다른 생명(生命)으로 탈바꿈한다.
(윤회(輪回))

1) 갑기합토(甲己合土)

甲木은 살아있다는 증거이다.
하지만 번식(繁殖)하지는 못하지만 종자(種子)를 가지고 있다.
그래서 무실수(無實樹)라고 하며 양간으로 수컷으로 수직으로 자란다.
동적(動的)이고 성장(成長)하며 연속(連續)성이다.

己土는 모든 것을 받아드리지만 사실은 무형(無形)으로 화(化)한 입자들을 하나의 덩어리로 뭉쳐진 상태이다.

이 속에는 알 수 없는 생명체(生命體)와 수분(水粉), 그리고 흙(土)의 입자인 먼지가 하나로 뭉쳐서 어떠한 상(像)을 이루고 있으며 이것이 온도의 변화에 의하여 아래로 떨어지는 것을 말한다.

허공에서 모든 것을 받아들이고 이것이 뭉쳐지고 동적으로 움직이는 것이 甲木이다. 또한 어떠한 조건에 의하여 땅으로 내려올 때를 비(雨)라고 한다.

여기서 己土라고 하는 것은 많은 생명체를 품고 있다는 뜻이다. 또한 甲木이란 것이 살아있음을 증명하니까 정적(靜寂)이지 않고 동적(動的)이라고 하는 것으로 보아서 하늘에서 아래로 내려오는 것으로 떨어진다고 하지 않고 비가 내린다고 하는 것이다.

甲木이란 것이 명리(命理) 학에서는 나무라고 알고 배우고 있지만 사실은 나무가 아니고 살아있다는 것은 모든 것이 木에 해당한다고 보는 것이다.
즉 생명체(生命體)가 있거나 움직이면 木으로 보는 것이다.

선인들께서는 우주와 자연(自然)을 초 압축하여 다섯 가지로 만든 것을 오행(五行)이라고 하였을 것이다.

또한 己土란 역시 무형(無形)인데 土의 근본이 무엇이든 받아드리는 것으로 허공(虛空)에 해당한다고 본다.

하지만 戊土와 다른 것은 상(像)이 있다는 것이다. 戊土는 미세한 입자들로 이루어졌다면 己土는 이러한 입자들이 뭉쳐져서 덩어리가 되어 어떠한 조건이 만들어지면 떨어진다는 것이다.

이때 甲木과 己土가 하나로 이야기 한다면 己土 속에는 많은 생명체의 종자(種子)가 들어있다.

다시 이야기 한다면 甲己合土는 허공속의 미세한 입자(粒子)들이 모여서 비가 되어 내리는 것으로 빗물 속에는 수많은 생명체가 들어있다는 것이다.

  그리고 甲木을 우뢰라고 하는 것은 구름이 움직이면서 서로 부딪치면 강한 충격으로 정전기가 발생하는 것을 보고 우뢰라고 하는 것이다. 己土는 무형이 상(像)을 이루었을 때가 구름이 되는 것이다.

  또한 甲木은 수컷으로 여기저기 자신의 씨앗을 뿌릴 것이며, 己土는 그러한 씨앗을 환경과 기후에 따라 다양한 모습으로 생명체를 양육(養育)할 것이다.

  다시 말해서 어떠한 조건에 의하여 움직이던 것들이 뭉쳐서 그것을 바탕으로 힘이 발생하여 움직인다고 보는 것이다.

  이를 인간사에서 적용하여 본다면 다양한 모습이 있지만 작은 것이 모여서 강한 힘을 이루는 것은 다름 아닌 바로 개개인으로 모여서 가족이 되고 가족이 부족이 되며, 이것이 확대되어서 하나의 국가(國家)로 만들어지는 것이다.

  작게는 어느 공장의 근로자가 뭉쳐서 노조(勞組)를 형성하는 것으로 생각하면 되는 것이다.

  甲木은 어떠한 종자(種子)의 근본(根本)이라는 것이다.
또는 강한 이동성(移動性)을 드러낸다.

  己土는 생명체(生命體)의 보금자리이다.
또는 무엇으로 이루어진 무형(無形)이며, 눈으로 볼 수는 있지만 만져 볼 수는 없다.

  그래서 甲己合土가 되는 것이고 이는 생로병사(生老病死)를 이야기하는 것이다.

2) 을경합금(乙庚合金)

살아있으면서 수직(守直)으로 자라는 것을 거부하고 굽어지고 감기어 수평(水平)으로 자라며 번식을 증명한다.

암컷이라고 할 수 있으며 종자(種子)는 없지만 수정(受精)만 되면 무엇이든 낳을 수가 있다.

그래서 유실수(有實樹)이며, 풀처럼 부드럽다 하여 바람으로 보며 바람을 이용하여 활공(滑空)하는 모습이 새와 같으므로 새(乙)라고도 한다.

역시 동적(動的)이며, 성장과 연속성을 가지고 있다. 乙木이란 것은 살아있는데 어떠한 번식력(繁殖力)을 가지고 있다는 것이고 庚金은 자연적으로 이루어진 乙木의 열매에 해당하는 것이다.

이를 甲己合土에 비유하여 생각해 보면 己土속에서 땅으로 내려온 甲木은 비바람에 의하여 가지가지의 모양으로 변화할 것이며, 이것들이 역시 바람과 또 다른 벌과 나비 등 곤충에 의하여 번식을 계속할 것이다.

또한 여기서 乙木이란 것이 생명체를 번식할 수 있는 능력을 가진 암컷으로 유실수(有實樹)로 보고, 甲木처럼 강한 활동성 보다는 바람처럼 부드럽게 움직인다고 보는 것이다.

乙木이란 명리(命理) 학에서 작은 나무 또는 수풀정도로 이해한다. 하지만 자연에서는 그러한 해석은 넓고 넓은 하늘에서 한 조각 구름 같은 이야기일 뿐이다.

또한 庚金은 단단한 것으로 오랫동안 보전 가능하다는 것으로 역시 乙木의 열매가 되어서 영원히 이어질 것이다.

물론 환경이나 달, 그리고 기후에 따라서 자신의 모습을 변화하면서 멸종(滅種)하지 않고 보전된다고 해석한다.

　이때 乙木의 번식은 바람에 의하여 씨앗이나 수정을 도와주고 여기에 맺어진 열매나 기타 여러 가지 종족을 庚金으로 해석하는 것이다.

　이를 합하여 乙庚合金이라고 하는 것이다.

다시 이야기한다면 乙庚合金은 바람과 새 그리고 벌 나비 등에 의하여 끝없이 번식한다는 것이고 또한 종족(種族)을 보전하기 위하여 열매가 단단할 수밖에 없다는 것이다.

　그래서 乙木을 바람이라고 하며 庚金을 달(月)이라고 하는 것이다.

　여기서 달이란 것은 변화(變化)나 번식(繁殖)을 의미하는 것이다.

　乙木은 庚金을 위하여 生을 다한다고 할 수가 있으며, 이를 인간사에서는 자식을 낳기 위하여 결혼하고 태어난 자식에게 부모가 최선을 다하며 살아간다는 것이다.

　태양은 성장(成長)을 주관하고 달은 변화(變化)를 담당하는 것이다.

　乙木의 생명체(生命體)는 바람이나 흔들림으로 본다.

庚金은 열매 또는 어떠한 매개체(媒介體)이다. 변화를 주도하므로 달이라고도 한다.

　유실수(有實樹)인 乙木이 바람과 벌이나 나르는 조류(鳥類)에 의하여 결실(結實)을 맺는다고 하여 합금이다.

　乙庚合金은 가을 이야기이다.

3) 丙辛合水(병신합수)

생명체(生命體)의 시작은 균사(菌絲)에서 시작되면 이를 세포라고 할 수가 있으며 이렇게 씨앗에서 발아하는 것이 辛金이다. 그래서 지독한 생명력을 가지고 있으며 최초의 시작은 辛金의 균사라고 할 것이다.

또한 수많은 물의 입자(粒子)들이란 것이다.
이것이 태양의 열기에 의하여 수분(水粉)이 한 덩어리의 물이 되는 것이다.

이 물은 모든 생명체의 어머니가 되는 水이다. 丙辛合水라고 하는 것은 열(熱)이 아래로 흐른다는 것이다.

丙火의 열기(熱氣)는 아래로 흐른다는 것이며, 辛金의 종자는 열에 의하여 생겨난다는 것이다.

또한 丙火란 것이 열(熱)을 뜻하므로 생명(生命)을 키우는 것이다.

단순하게 丙火가 태양이고 辛金이 서리라고 생각하고 암기하는 것이 아니라 어떻게 하여서 그렇게 불리어지는가를 알아야 하는 것이다.

열기(熱氣)가 있으면 丙火로 보는 것이며, 어떠한 입자(粒子)는 辛金으로 보는 것이다. 그래서 어떠한 입자(粒子)에 열(熱)이 전달되면 이것들이 한곳으로 모여서 뭉쳐지는 것이 물이라는 것이며 이를 글로 표현한다면 丙辛合水가 되는 것이다.

하나의 세포가 어떠한 조건에 의하여 분열(分列)하는 것으로 보아도 된다.

이럴 때 서로의 본성(本性)을 잃어버리는 것으로 丙火의 열기는 수분(水分)에 의하여 식어버리고 입자(粒子)는 열(熱)에 의

하여 기체에서 액체(液體)로 변하므로 역시 辛金의 본성도 잃어 버리는 것이다.

여기서 丙火는 무형(無形)이고 위에서 아래로 내려오는 것이고 辛金은 유형(有形)으로 자연에 의하여 입자로 분해(分解)가 되어 하늘로 오르는 것이다.

이들이 어느 정도의 중간층에서 결합을 하여 水로 변하여 떨어진다고 보는 것이다.

그래서 丙火는 하늘의 태양으로 알려지고 辛金은 서리로 전해지는 것이다.

물론 이 둘이 다르게 표현한다면 어떠한 입자(粒子)가 열(熱)에 의하여 분열(分列)을 한다고 보는 것이다. 그래서 水가 되어 하늘에 머물고 있다.

丙火는 열기(熱氣)이며, 辛金은 이슬 같은 작은 입자(粒子)라고 본다.(안개)

많은 이슬이나 안개가 모여서 작은 물방울이 되기도 하지만 강한 열(熱)을 만나면 순간적으로 증발하여 구름으로 뭉쳐서 비가 되어 내릴 수도 있다.

丙辛合水는 겨울 이야기이다.

4) 정임합목(丁壬合木)

木이란 것이 생명(生命)을 가진 것으로 표현하여 木이라고 하는 것이지 나무라고 하여 木이란 것이 아니다. 다만 살아있는 것으로는 나무의 수명(壽命)이 가장 길다고 하는 것이지 나무라고 단정하면 안 되는 것이다.

丁壬이 合한다고 하는 것이 바르게 표현한다면 미세한 빛이 壬

水의 물에 지속적으로 빛에서 온기(溫氣)를 느낄 때 어떤 미생물(微生物)의 생명체(生命體)가 생겨나게 되는 것이다.
이를 木으로 표현한 것이 丁壬合木이라고 한다.

丁火란 것이 열기(熱氣)가 아니고 지속되는 빛(光)으로 인하여 열(熱)로 변화되는 것이다.

즉 丙火의 강한 열이 빛으로 변하여 멀리 土에 도달한다는 것이다.

이때 土가 己土인 것이며, 己土가 辰土로 변화한 것으로 즉 辰土속의의 乙木이 살아있는 생명체(生命體)라는 것이다.

(己土가 내리는 비이며. 辰土는 흐르는 물을 저장하는 저수지이므로 이렇게 해석한 것이다. 이는 辰土의 지장간에 乙 癸 戊가 있기 때문이다.)

壬水라는 것은 순수한 맑고 깨끗한 물이라는 것으로 무엇이 들어있는지 알 수는 없지만 풍부한 미네랄을 가득 함유한 물이라는 것이다.

이 물은 辛金으로 정화(淨化)되었으며, 자연적인 여과(濾過)를 거친 물이라는 것이다. 그래서 丙辛合水의 순수한 물이 壬水가 되는 것이다.

이를 인간사에 적응한다면 壬水의 어두운 밤에 丁火의 뜨거운 온기가 서로 만나서 결합하는 것으로 남녀의 정사를 표현하는 것으로 보아도 되는 것이며, 이것이 수정되어 인간이 태어나는 것으로 볼 수가 있다.

이외에도 다양한 각도로 조명될 수가 있으며 丁壬合木이 음정지합 이라고 하는 이유가 되는 것이다.

여기서 丙火는 심장(心臟)의 열기이며 마음이다. 辛金은 소장

(小腸)의 에너지이며 골수의 핵(核)으로 정자(精子)가 되는 것이다.

정적(靜的)이지 않고 동적(動的)인 것은 모두가 丁壬合木의 이론에 합당한다는 것으로 이해하면 될 것이다.

壬水는 맑고 깨끗한 물이다.
이러한 壬水에 丁火의 빛이 오랜 시간동안 한곳에 비추게 되면 미약한 열(熱)이 발생하는 것이다.

그러면 이끼나 곰팡이가 생겨나는 것이다. 이것이 木의 생명체인 것이다.

이를 丁壬合木이라고 하며 새로운 싹이 트는 봄 이야기이다.

5) 무계합화(戊癸合火)

허공(虛空)에 물이 가득하다고 하여 戊癸合火라고 하는 것이다. 여기서 火라는 것은 물이 위로 오른다는 것을 이야기 하는 것이다. 우리가 상식적(常識的)으로 알고 있는 것은 열기(熱氣)는 위로 오르고 수기(水氣)는 아래로 흐른다고 배워온 것이다.

하지만 자연에서 바라보면 수분(水粉)이 열(熱)에 의하여 분열(分列)이 되어 오르는 것이다. 그래서 높이 오르면 온도(溫度)가 많이 떨어지는 것이다.

이와 반대로 열기(熱氣)는 아래로 흐르므로 깊은 땅속에는 높은 열(熱)로 인하여 수분(水粉)이 팽창(膨脹) 한다.

이것이 어느 정도의 힘이 발생하면 폭발하는데 이것이 화산(火山) 폭발이요, 수소폭탄인 것이다.

火라는 것은 형상(形象)이 없는 것으로 戊土라는 것도 형상이 없고 癸水라는 것도 형상이 없다는 것이다.

土라는 것의 본성(本性)이 무엇이든 받아들이는 것으로 형상이 없는 것은 戊土가 받아들이는 것이다.

戊土라는 것이 맑고 맑은 창공(蒼空) 허공(虛空)이라는 것이며, 허공 속에는 수분(水粉)이 약 72% 정도가 함유(含有)한다는 것이다.

허공은 모든 모양과 형상(形象)이 없는 것을 받아들이는 것으로 물이 열(熱)에 의하여 분열(分列)되서 형체(形體)를 가지지 못하고 가벼운 입자(粒子)로 오르는 것을 글로 표현한 것이 戊癸合火라고 하는 것이다.

癸水라는 것은 생명체(生命體)를 가진 것들이 배설(排泄)한 것으로 순수하지는 못하다고 생각한다.

癸水의 지지(地支)에는 亥水로 자리하는데 亥水 속에는 甲木이 자리한다.

여기의 甲木은 생명체(生命體)이고 戊土는 어떠한 용기(用器)로 한번 담아두었다가 버려진 물이라는 것이다.

壬水는 순수(純水)한 물을 어떠한 곳에서 사용되었다가 버려진 물이라는 것이다. 이것을 인간사에 비추어 이야기한다면 아쉬울 때는 그리도 귀하던 물이지만 풍족하면 그냥 흘러버리는 것이 물이라고 한다.

형상(形象)으로 본다면 가장 인상적인 것이 무지개라고 할 수가 있다.

戊土는 허공(虛空), 癸水는 안개.(아주 작은 물방울이 부옇게 떠 있는 현상) 허공(虛空)에 수분(水粉)이 가득 흐른다고 하여 合火라고 한다.

여름 이야기로 여름에 아지랑이가 많이 올라가는 것 戊癸合火

라고 하는 것이다.

3. 천간충(天干沖)

천간(天干)이 충(沖) 하는 것은 자연에서 바라보면 나무의 잎사귀가 바람에 스치는 정도이다.

자신의 생각이나 꿈이 깨어지는 것과 같아서 스스로 정화(淨化)하면 원만할 수가 있다.

양(陽)간에는 甲木과 庚金이 沖 하는 것은 과일이 떨어지는 것이요. 음(陰)간으로는 乙木과 辛金이 沖 하는 것은 바람에 낙엽이 떨어지는 것과 같다.

이는 가로 沖이라고 하여 번식(繁殖)이나 발전을 목적으로 沖을 한다.

양(陽)간에서 丙火와 壬水가 沖 하는 것은 폭풍우(暴風雨) 속에 번개 치는 형국이고, 음(陰)간에는 丁火와 癸水가 沖 하는 것은 별이 구름에 가리는 정도이다.
이는 상하(上下)로 沖을 하므로 이는 변화하기 위함이다.

戊土와 己土는 허공(虛空)이라서 沖을 할 수가 없으며, 戊土의 오르는 성격과 己土의 떨어지는 성격이 서로 다를 뿐이다.

4. 천간극(天干克)

극(克)이라고 하는 것은 일방적(一方的)이라고 하는 것이다. 약(弱)하다고 하지만 다수(多數)가 대항할 수가 없는 상태를 克이라고 할 수가 있다.

甲木이 戊土를 克하고, 乙木이 己土를 克하는 것이다.
이는 물상으로 설명한다면 한그루의 나무라고 하여도 충분하게 땅에 뿌리를 내리고 땅을 괴롭히면서 살아가지만 戊土의 입장에서는 甲木이라는 것에 대항할 수가 없다는 것이다.

戊土는 壬水를 克하는데 이는 壬水의 가는 길에 戊土가 길을 열어주지 않으면 흘러갈 수가 없다.

戊土가 아무리 壬水의 공격을 받아도 戊土의 입장에서 보면 단순히 자리 이동이나 모양이 변할 뿐이지 소멸되지는 않는다는 것이지요.

丙火가 庚金을 克하는데 이는 열(熱)이 없으면 庚金은 변할 수가 없으므로 절대적이다.

음(陰)간도 乙木이 己土를 克하고 己土는 癸水를 克하며, 丁火가 辛金을 克하는 관계는 영원(永遠)하고 일방적(一方的)이다.

제 5 장

지지(地支)

1. 지지의 배열(配列)

2. 사주(四柱)세우는 법

3. 대운(大運) 찾는 법

4. 세운(世運)

제5장
지지(地支)

　지지에는 12개의 자리를 마련하고 있으며, 이는 자연수가 12라서 그렇다고 한다.
　또한 음(陰)의 대표하는 암컷 즉, 여자의 몸에는 열 두 개의 구멍이 있다고 한다. 이는 아주 깊은 의미를 두고 있다.
　대자연의 주인(主因)은 남자가 아니고 여자라는 것이다.
비록 하늘을 우러러 보면서 있다고는 하지만 자연의 변화(變化)는 하늘보다는 땅이 주관한다고 보아야 할 것이다.
　역시 태양이 성장(成長)을 주관하고 달은 변화(變化)를 주관한다는 것이 바로 주인된 입장에서 가능한 것이다. 빛이 들지 않은 깊은 바다 속에서도 생명체(生命體)는 살고 있으며 모든 생명체는 물에서 시작된다는 것이다.
　다만 성장하는데 열(熱)과 빛(光)이 필요하다는 것이며 변화(變化)와 번식(繁殖)에는 물을 필요로 한다.
그래서 여성이 주인이 되어야 하는 것이다.
　여자는 방어적(防禦的)이고 숨기는 것 같으면서도 지속적인 공격과 인내심 그리고 자신을 드러내려고 한다.

하지만 남자는 공격적(攻擊的)이면서도 두려워하고 강한 척 하면서도 겁을 낸다.

이를 자연으로 생각하여 본다면 이러하다.

하늘의 변화는 일시적(一時的)이고 강하지 못하며, 땅의 변화는 장기적(長期的)이고 과감하여 엄청난 변화를 일으킨다.

그래서 여자는 죽을 때 하늘을 향하여 바로 누워져 있다.

이는 음양(陰陽)의 조화에서 상호 필요에 의하여 이루어지는 것으로 이를 두고 바로 자연이라는 것이다.

1. 지지의 배열(配列)

지지	동물	월별	시간	계절	음양오행
자(子)	쥐	동짓달	23:31~01:30	겨울	陰水
축(丑)	소	섣달	01:31~03:30	늦겨울	陰土
인(寅)	호랑이	정월	03:31~05:30	초봄	陽木
묘(卯)	토끼	이월	05:31~07:30	봄	陰木
진(辰)	용	삼월	07:31~09:30	늦봄	陽土
사(巳)	뱀	사월	09:31~11:30	초여름	陽火
오(午)	말	오월	11:31~13:30	여름	陰火
미(未)	양	유월	13:31~15:30	늦여름	陰土
신(申)	원숭이	칠월	15:31~17:30	초가을	陽金
유(酉)	닭	팔월	17:31~19:30	가을	陰金
술(戌)	개	구월	19:31~21:30	늦가을	陽土
해(亥)	돼지	시월	21:31~23:30	초겨울	陽水

1) 자(子)

아들 자(子)의 자수(子水)라고 하는 것으로 지지(地支)에서 첫 글자로 등장하는데 가장 큰 이유는 이러하다고 생각한다.

모든 생명(生命)의 근원(根源)이요, 원천(源泉)이 되면서 만물(萬物)의 에너지로 자리한 것이 물이라서 자(子)를 수(水)에 지명한 것 같으며, 자(子)라는 글자는 아들 자(子)로 이는 여자의 생식기(生殖器)인 자궁(子宮)에서 또는 생명체가 태어나는 그곳에 물이 있다는 것이다.

가끔은 그러하지 않을 수도 있겠지만 어떠한 조건을 깊이 생각하여보면 분명 수(水)에서 발생한다고 보는 것이다.

그래서 이 학문이 살아있는 자(者)의 것으로 인간의 이로움을 생각하여 만들었다고 볼 때 이는 분명 여자의 자궁(子宮)을 생각하여서 처음으로 등장하는 것으로 생각하여야 할 것이다.

우리가 생각하는 자궁은, 여자의 생식기를 상상하여 보면 둥근 집속에서 무엇인가를 키운다고 생각하는데 이때의 집이라는 개념이 축토(丑土)로 다음에 부여되었다고 보면 되는 것이다.

쥐라는 동물에 배속한 것은 다산(多産)의 깊은 뜻을 가지고 있으며, 왕성하게 활동하는 쥐를 표본으로 삼은 것이다.

2) 축(丑)

두 번째로 등장하는 것이 소 축(丑)자인데 이는 자궁(子宮)에서 태어나면 울음소리가 꼭 소(牛)와 같다 하여 그렇게 부여하였다고 보는 것이다.
즉 태어남을 상징하는 것이다.

농경사회에서 소만큼의 큰 일꾼이 없다. 그래서 한사람이 태어나는 것은 종족(種族) 번식(繁殖)의 목적도 있지만 살아남으려면 강하고 부지런한 일손이 필요로 한 것이다.

그러므로 인간에게 재산적인 가치나 강하고 순종적(順從的)인 동물로 소를 배속(配屬)하였다고 생각하며, 가축(家畜)을 기르는데 가장 소중하게 여기는 것은 소이다.

하늘에 제(齋)를 올릴 때도 소를 잡아서 제를 지냈다고 한다.

축시(丑時)에는 음(陰)이 가장 깊은 시간이다.

그때가 하늘이 땅을 지배하는 시간 때라서 축시(丑時)를 지목하였을 것이다.

축시(丑時)에 농경사회에서는 가장 깊고 고요한 시간이며, 인간의 생명(生命)을 유지하려면 여하한 일이 있어도 축시(丑時)에는 잠이 들어야 한다. 그래야 하늘의 기운을 받을 수가 있다.

또한 갓 태어난 애기들은 잠을 많이 잔다.

역시 소도 잠을 많이 자며 느리다.

3) 인(寅)

인(寅)이라고 하는 의미는 '크다. 나아가다. 자라다.' 라는 의미로 무럭무럭 잘 자라길 바라는 마음에서 인(寅)자를 사용하였을 것이고 오행(五行)에는 목(木)에 해당할 것이다.

축(丑)에서 태어나서 첫 우렁찬 울음소리와 호랑이처럼 강한 기상(氣象), 그리고 공격적(攻擊的)이고 도전적(挑戰的)인 정신과 동물의 제왕(帝王)같이 살아가라고 호랑이에 배속한 것이다.

자연적으로 바라보면 인월(寅月)에 만물이 싹트고 인시(寅時)에 사람들이 기지개를 펼치듯 성장에 많은 뜻을 두고 있다.

그래서 인월(寅月)에는 산천(山川)에 한해의 시작으로 농사준비를 한다.

특히 농경사회의 주산물인 곡식의 종자(種子)를 배양(培養)하고 어린 싹을 키우는 것이다. 그래야 한해의 농사를 준비가 된다.

4) 묘(卯)

묘(卯)라는 글의 의미는 '무성(茂盛)하다.' 라는 것으로 왕성하게 성장하길 바라는 마음에서 네 번째에 부여한 것 같다.

무성하다는 것은 물러섬이 없으며 오로지 앞만 보고 나아가는 기상(氣像)으로 자신의 깊은 뜻과 꿈을 펼쳐보라는 의미가 강(强)하다.

토끼와 연관되어 있는 것은 이 동물의 특징은 앞다리가 짧아서 내려가는 것에 불리하고 올라가는 것에 유리하게 되어 있으므로 이는 물러남이 없이 오르지 앞으로 나아가라는 깊은 뜻이 담겨져 있다.

특히 말보다는 실천적인 것을 요구하는데 토끼라는 동물은 소리를 내지 못한다.

또한 오행(五行)으로 목(木)에 해당하는 것은 이월(二月)에 나무들이 건강하게 살아있으면 절대로 죽지 않으며, 새벽에 일어나면 건강하고 부지런하다는 것이다.

5) 진(辰)

별 진(辰)이라는 글자로 무성(茂盛)하게 자라나서 하늘의 별처럼 많은 사람들이 우러러 볼 수 있도록 훌륭한 인물이 되라는 의미에서 별 진(辰)자로 표기하였을 것이다.

오행(五行)에서 토(土)에 배열되어 있어 넘쳐나는 물과 같아서 많은 생명(生命)의 에너지가 되었으면 하는 마음으로 다섯 번째에 등장하는 것 같다.

또한 용(龍)이라는 상상(想像)의 동물에 비유하는 것은 그야말로 최고의 상징적인 인물로 자라나길 바라는 염원이 담겨져 있다고 보는 것이다.

삼월(三月)이 진월(辰月)인데 이때에 농경사회에서는 가장 왕성하고 바쁜 시기라고 할 수가 있다.

그리고 진토(辰土)는 흙이 아니고 물이라는 것이다.
즉 물 천지라는 것인데 이는 삼월(三月)에 농사를 지으려면 많은 물이 필요하며 곡식을 파종(播種)하는 때이므로 물이 없으면 한 해의 양식을 걱정해야 한다.

또한 이 시기에 비도 많이 내리고 물도 많이 사용되는 계절이라는 것으로 수(水)와 연관된 토(土)라는 것이다.

진시(辰時)부터 농사일이나 모든 일과가 시작되며 모든 것이 무성하고 왕성할 시기인 것이다.

6) 사(巳)

우뚝 선 인물이 자신과 같은 훌륭한 종자(種子)를 생산할 것을 염원하면서 사(巳)라는 글자에 화려한 부활(復活)을 의미하는 붉은 꽃이라는 의미에서 화(火)에 기록하였을 것이다.
이는 분명 태아(胎兒)나 자식을 뜻하므로 후손(後孫)을 말하려는 것이다.

계절적으로 사월(四月)에는 산과 들에 따스한 바람이 일고 꽃이 피고 향기로워 벌과 나비들이 수없이 꿀을 나르고 있다.

또한 이들이 여러 식물들을 수정(授精)시키는 역할도 하는 것이다. 불처럼 화려하게 폭발적으로 자신의 종족을 번식(繁殖)한다는 의미에서 오행(五行) 중 화(火)로 지명된 것이라고 생각한다.

또한 뱀이라는 것은 길이를 뜻하는데 이는 자신의 종족(種族) 번식(繁殖)을 끊어지지 않고 소리 소문 없이 영원하길 바라는 생각에서 이러한 동물에 비유한 것이다.

수(數)많은 발을 가진 지네는 걸음이 느리고 발이 없는 뱀은 소리 없이 빠르다고 하는 이야기는 영원한 종족을 소리 없이 이어가고자 하는 이야기 같다.

7) 오(午)

오화(午火)는 왕성한 자신이 세상사를 나름대로 판단할 수가 있다고 하여서 부여된 것 같다.

원래 의미는 자신의 주장을 강하게 펼칠 것이며 상대방의 의견(意見)이나 명령(命令)에 무조건 따르는 것이 아니란 것이다.

특히 오월(五月)에는 강한 열기(熱氣)로 지상(地上)의 모든 동식물들이 성장할 것이며, 때로는 더위에 지칠 수도 있어 힘이 드는 시기가 될 수도 있다.

그러하기 때문에 오월(五月)까지 농경사회의 모든 파종(播種)을 마치고 결실(結實)을 기다리며, 잠시 일손을 멈추고 추수(秋收) 때를 위하여 힘을 충전하는 계절이다. 하루 중에는 정오(正午)라고 하여 태양이 가장 강하게 작열하는 때인 것이다.

아마도 이때는 더위에 지쳐서 잠시 쉬는 때이며 오후일과를 위하여 잠시 쉬는 시간이다.

언제나 불처럼 화려한 세상을 꿈꾸며 강한 추진력(推進力)으로 바르게 진행할 수 있는 능력을 소유한 상태라고 판단하여 말이라는 빠른 동물에 비유되었을 것이다.

모든 동식물이 지쳐 가는데 유일하게 말이라는 동물은 더위에 강하고 잘 견딘다고 한다.

8) 미(未)

아닐 미(未)자로 토(土)를 의미한다. 왕성한 때는 지났지만 그래도 아직은 물려날 때가 아니다. 라는 의미가 담겨져 있다. 비록 일선에서 밀려나 조용히 쉬는 것 같지만 자신의 강인함을 가지고 있다.

강한 오월(午月)의 열기(熱氣)가 땅속 깊이 스며들고 미월(未月)부터는 강한 열기(熱氣)가 빛(光)으로 변하여 내려오는 계절이다. 즉 지열(地熱)과 강한 빛으로 동식물이 지치고 익어가는 때라고 생각하여야 한다.

하루 중 정오(正午)를 지나서 강한 열기(熱氣)가 빛으로 내리고 있으므로 많이 지친 상태라고 본다.

식물들은 위기가 오면 꽃을 피우고 열매를 맺으려고 하는 본성(本性)이 발동하여 꽃은 떨어지고 열매가 익어간다고 생각하여야 한다.

양(羊)이라는 동물은 풀 한포기 없는 황량한 벌판에서도 잘 살아가는 동물이며 순(順)하고 자신이 희생을 당하여도 크게 분노(忿怒)하거나 반항(反抗)을 하지 않는 동물이다. 항상 참고 어려움도 슬기롭게 견딜 수 있는 동물이 양(羊)이기 때문이다.

9) 신(申)

뜻이 깊은 글자가 신금(申金)이라는 것이다. 인내심이 강하고 후손(後孫)을 위하여 마지막 한 점의 힘이라도 자식을 위하여 거듭 수고로움을 견딘다는 의미이다.

금(金)이라는 것을 자연으로 바라보면 종자(種子)이며 이것이 학문의 깊은 뜻에 부여한다면 살아있는 생명체(生命體)의 씨앗이라는 것이다.

또한 원숭이라는 동물과 연결된 것은 원숭이의 자식사랑이 애간장을 녹인다는 것이다.

즉 다시 말해서 동물 가운데 원숭이의 자식사랑이 제일이다. 후손이 잘 번식할 수가 있도록 나름대로 최선을 다할 것이다.

금(金)이라는 것이 단단한 것을 두고 말하는데 단단하다는 것은 오래간다. 라는 의미이며, 종족(種族) 번식(繁殖)을 영원하다. 라는 의미에 이 신금(申金)이라는 글자가 선택된 것 같다.

황혼(黃昏)의 문턱에서 저물어가는 생(生)의 마지막으로 자신의 한 생(生)을 정리하려는 시작의 단계라고 태양이 저무는 방향의 첫 관문에 위치한 것이다.

그리고 원숭이의 주로 생활하는 곳이 나무 위이므로 신금(申金)이 열매로 표현한다.

또는 신월(申月)의 열매는 잘 떨어지지 않고 맛이 들어가는 때이다.

10) 유(酉)

각고의 고통을 참고 견디어 결실(結實)의 의미를 담아야 하는 글자로서 첫 글자가 신금(申金)이다.

다음에 나오는 글자가 유금(酉金)인데 이는 그릇을 뜻하는 것 같다. 즉 기름(油)이나 술(酒)을 담아두는 그릇인 것이다.

한 생(生)을 마감하는 것은 다음 생(生)에 다시 태어난다는 의미에서 알이나 과일 같은 것으로 표현한 것 같다.

그래서 서(西)쪽이며, 저물어간다는 뜻이며, 다음을 생각하여 안으로 무언가 중요한 것을 숨기는 모양이다.

즉, 계란을 유심히 바라보면 이해할 것이다.

알이나 과일을 반으로 쪼게 보면 쉽게 알 수가 있다. 껍질은 약하면서 속에는 많은 양분의 에너지와 자신의 종족(種族)을 기억하는 씨방(房)이 자리하고 있다.

동물 중에 닭으로 배속한 것은 유일하게 벼슬이 있으며 농경사회에서 인간과 가장 가까이에서 알을 많이 낳고 이로움을 주는 동물은 닭뿐이다.

그리고 닭이라는 동물은 땅위를 걸어가는 모습이나 하늘을 나는 동작들이 자연스럽지 못하고 어중간하다.

즉 하늘로 가고자 하는 시기(時期)라고 생각한 것이다.

11) 술(戌)

술(戌)이라는 글의 의미는 무엇인가 준비되어 있는 상태에서 나름대로 정리한다는 것 같다.

하나의 생(生)을 마감하려고 준비한다. 라는 의미이다. 그래서 마무리를 아름답게 정리하고자 하는 의미에서 술(戌)이라는 글자를 사용하였으리라 생각하며, 한편으로는 마무리하는 자신이 안쓰럽다는 의미도 있다.
그래서 화려한 모습이 사라진다는 것으로 보는 것 같다.

우리 일상생활에서도 술시(戌時)라는 것이 하루를 마감하고 잠자리에 들기 직전으로 무언가 허전한 느낌 또는 또 다른 환경(環境)에 적응하려는 생각일 것이다.

여기에 개(犬)라는 동물이 등장하는데 이는 인간과 가장 오랫동안 가깝게 지내면서 서로에게 많은 도움을 준다고 할 수가 있다.

특히 어둠이 깊어가는 시간에 개(犬)에게 믿고자 하는 마음이 상당히 많았을 것이고 지금도 사람이 생활하는 곳에는 개(犬)라는 동물이 상당히 곁에 자리한다는 것이다.

12) 해(亥)

해(亥)자 의미는 무엇인가 간직하거나 단단하게 웅크린다는 뜻에서 마지막에 부여된 것이라고 생각한다.

해시(亥時)에는 하루의 마감이요, 깊은 수면(睡眠)에 들기 위하여 잠자리에 들어가는 시간이다.

해월(亥月)은 한 계절을 마감하고 새로운 계절로 접어드는 시작점이다.

기나긴 겨울을 지내려고 동면(冬眠)에 들어가려고 준비하는 계절이다.

농경사회에서는 한해의 농사를 마감하고 추운 겨울을 시작하는 계절이라서 할 일이 무척 많다고 할 수가 없다.
다만 다음해를 기다리며 자신의 에너지를 충전하는 시기라고 하여야 할 것이다.

특히 다음해 파종(播種)하려고 씨앗을 보관하는데 추운 곳에 자리를 마련하여 건조시켜서 강한 생명력(生命力)을 불어넣는다.

지금도 종자(種子)를 냉동실이나 구덩이를 파고 보관하거나 추녀 끝에 매어 둔다. 이는 추위로부터 견디어서 강한 종자로 만들려고 하는 깊은 생각에서 그렇게 하는 것이다.

  그래야 병해충(病害蟲)으로부터 잘 견디고 보다 많은 수확을 거둘 수가 있기 때문이다.

  동물로는 돼지가 여기에 배속되었는데 이는 많이 먹고 활동력이 작으면서 추위에 강하고 많은 새끼를 낳는다고 생각하여 농경사회의 다산(多産)과 다복(多福)의 부유함을 상징하는 의미에서 돼지(豚)로 정한 것 같다.

2. 사주 세우는 법

  사주는 연(年) 월(月) 일(日) 시(時)로 나누어지며 이를 천간(天干)과 지지(地支)가 결합하여 여덟 자로 이루어진 것이다.
때문에 만세력이라는 책으로 찾아보는 것이 간단하고 편리하다.
또는 컴퓨터로 찾아봐도 된다.

  년(年) 주는 자신이 태어난 당해 연도를 말하는 것이다.
예를 들어 1960년생이라고 한다면 경자(庚子)생이 되는 것이다.
이를 년 주로 정하는 것으로 한다.

  월(月)주는 어느 달에 태어 낳는지를 알아야 하는데 만세력에서 찾아야 한다.
이때 주의할 점은 절기 변화되는 것을 알아야 한다.

  1월(寅)은 입춘에서 경칩까지이다.
  2월(卯)은 경칩에서 청명까지이다.
  3월(辰)은 청명에서 입하까지이다.
  4월(巳)은 입하에서 망종까지이다.

5월(午)은 망종에서 소서까지이다.
6월(未)은 소서에서 입추까지이다.
7월(申)은 입추에서 백로까지이다.
8월(酉)은 백로에서 한로까지이다.
9월(戌)은 한로에서 입동까지이다.
10월(亥)은 입동에서 대설까지이다.
11월(子)은 대설에서 소한까지이다.
12월(丑)은 소한에서 입춘까지이다.

1) 월건 조견표

월별	절기(節氣)	甲己년	乙庚년	丙辛년	丁壬년	戊癸년
1월	입춘(立春)	丙寅	戊寅	庚寅	壬寅	甲寅
2월	경칩(驚蟄)	丁卯	己卯	辛卯	癸卯	乙卯
3월	청명(淸明)	戊辰	庚辰	壬辰	甲辰	丙辰
4월	입하(立夏)	己巳	辛巳	癸巳	乙巳	丁巳
5월	망종(芒種)	庚午	壬午	甲午	丙午	戊午
6월	소서(小暑)	辛未	癸未	乙未	丁未	己未
7월	입추(立秋)	壬申	甲申	丙申	戊申	庚申
8월	백로(白露)	癸酉	乙酉	丁酉	己酉	辛酉
9월	한로(寒露)	甲戌	丙戌	戊戌	庚戌	壬戌
10월	입동(立冬)	乙亥	丁亥	己亥	辛亥	癸亥
11월	대설(大雪)	丙子	戊子	庚子	壬子	甲子
12월	소한(小寒)	丁丑	己丑	辛丑	癸丑	乙丑
天干 合으로 辰月이 중심이다. 예) 乙庚 合으로 庚辰월이다.						

일(日)주는 어느 달 며칠 날에 태어났는가를 알아야 한다.
역시 만세력에서 찾는 것이 좋으며 이때의 주의할 점은 시간이다.
즉 야자(夜子)시 조자(朝子)시를 구별하여야 하며 역시 절기의 변화되는 시점을 잘 알아야 한다.
절기가 변화하는 시기에 잘못 알고 사주를 세우면 한 사람의 인생을 망치는 수가 있으므로 상당히 조심하여야 한다.
시(時)주는 몇 시에 태어났는가를 말하는 것이다.
이때의 주의할 점은 야자시를 적용하여야 할 것인지 조자시를 적용할 것인지를 알아야 한다.
야자시는 23:31분부터 00:30분까지 이다.
조자시는 00:31분부터 01:30분까지 이다.
예를 들어본다면 금일 야자시에 태어났다면 만세력에서 찾아서 기록하면 되지만, 조자시에 태어났다면 시간은 그대로 이지만 일주가 다르므로 인하여 자세히 살펴야 한다.
이렇게 자시에 태어났다고 한다면 상당히 조심하여야 할 것이다.

2) 시간조견표

시간		甲己日	乙庚日	丙辛日	丁壬日	戊癸日
子時	23:31 01:30분	甲子	丙子	戊子	庚子	壬子
丑時	01:31 03:30분	乙丑	丁丑	己丑	辛丑	癸丑
寅時	03:31 05:30분	丙寅	戊寅	庚寅	壬寅	甲寅
卯時	05:31 07:30분	丁卯	己卯	辛卯	癸卯	乙卯
辰時	07:31 09:30분	戊辰	庚辰	壬辰	甲辰	丙辰
巳時	09:31 11:30분	己巳	辛巳	癸巳	乙巳	丁巳
午時	11:31 13:30분	庚午	壬午	甲午	丙午	戊午
未時	13:31 15:30분	辛未	癸未	乙未	丁未	己未
申時	15:31 17:30분	壬申	甲申	丙申	戊申	庚申
酉時	17:31 19:30분	癸酉	乙酉	丁酉	己酉	辛酉
戌時	19:31 21:30분	甲戌	丙戌	戊戌	庚戌	壬戌
亥時	21:31 23:30분	乙亥	丁亥	己亥	辛亥	癸亥

天干 合으로 辰時가 중심이다. 예) 丙申 合으로 壬辰時이다.

3. 대운(大運) 찾는 법

십년(十年)이면 강산도 변한다고 하는데 이는 하늘의 기운과 땅의 기운이 바뀌는 때를 대운이라고 하는 것이다.

다른 방법으로 표현한다면 어떠한 목표나 표적이 변한다고 생각하면 된다.

대운의 공차는 약 3년 정도가 나지만 보편적으로 10년 주기로 변한다고 한다.

만세력에서 찾아서 년간이 양간(陽干)으로 시작하는 남자는 순행으로 기록하고 음간(陰干)으로 시작하는 남자는 역행(逆行)으로 기록하여야 한다.

양간(陽干)으로 시작하는 여자는 역행(逆行)으로 기록하지만 음간으로 시작하는 여자는 순행으로 적어야 한다.

4. 세운(世運)

한해의 운(運)을 이야기하는 것으로 당해 연도를 사주에 대입하여 풀어보는 것이다.

해운은 어떠한 표적이나 목적지를 향하여 추진하는 힘이라고 할 수가 있다. 자신의 사주에 필요한 오행이 흐르는 해에는 좋다고 할 것이며 이와 반대로 형(刑)충(沖)파(破)해(害)나 합(合)으로 움직이지 못하게 하는 오행으로 흐른다면 추진력이 떨어지고 심하게 작용하면 멈추거나 추락하고 말 것이다.

특히 흐르는 월운이 해운과 합하여 강하게 작용한다면 어떠한 제동장치가 작동하여 움직이지 못하는 것처럼 난감하고 어렵다고 할 수가 있다.

제 6 장

십신(十神)

1. 십신(十神)과 육친(六親)

2. 십신(十神) 도표

3. 십신(十神)의 관계성 이해

4. 종교적 이야기

제6장
십신(十神)

　십신(十神)이라는 것은 일간에서 타주(他柱)의 오행(五行)을 바라보고 붙여진 이름이라고 할 수가 있으며, 인간관계를 이야기 할 때는 육친(六親)이라고 하는 것이 좋으며, 일반적으로 해석할 때를 십신이라고 하는 것이 좋다. 즉 오행의 긍정성(肯定性)과 부정성(否定性)으로 나누어진 것을 열 가지 이므로 십신이라고 하며 때로는 육신(六神)이라고도 한다.
　십신에는 긍정적으로 이야기하는 다섯 가지는 이러하다.
비견(比肩) 식신(食神) 정재(正財) 정관(正官) 정인(正印)이며, 부정적으로 해석하는 겁재(劫財) 상관(傷官) 편재(偏財) 편관(偏官) 편인(偏印)이다.
　십신으로 세상사의 모든 것을 함축시켜 놓고 이를 일간인 자신과 타주와 비교에서 맺어진 관계를 십신이라는 함축된 단어 속에서 이야기를 하여야 한다.
　십신 속에는 시간(時間)과 공간(空間) 유형(有形)과 무형(無形) 그리고 흐름을 알아야 하는데 신(神)도 알 수 없는 것을 여기서는 찾을 수가 있다고 할 것이다.
　그렇게 하려면 우선적으로 음양(陰陽)과 오행(五行) 그리고 천간(天干) 지지(地支)와 어느 자리에 배속되었으며, 자연에서 무엇으로 드러내고자 하는지를 이해하여야 할 것이다.

학문적(學問的)으로 익히려면 다양한 문법(文法)과 함축(含蓄)된 내용을 알고 있어야 이야기가 가능할 것이다.

단순하게 몇 가지 뜻을 배우고 암기하여 응용한다면 이야기 폭이 좁아지고 넓게 포괄적으로 이야기할 수밖에 없으므로 상대방의 생각에 오히려 혼란만 일으킬 뿐이다. 쉽고 간단한 방법은 없다.

확실한 이해(理解)와 자연(自然)으로 전환하여 이야기 하면 상당히 가까이 접근이 가능할 뿐이지만 완전하게 알 수는 없을 것이다. 이유는 작게는 내 몸 안에서 크게는 우주 법계가 함축되었기 때문이다.

이를 숫자로 변환하여 응용한다면 물리학자가 될 것이고 합(合)을 이해하고 응용한다면 유전 공학이나 인간의 심리를 알 수가 있을 것이다. 충(沖)을 잘 이해하고 응용한다면 모든 것의 분석이 가능할 것이며, 이와 같이 다양하게 이해하고 응용한다면 과학이 될 뿐만 아니라 인간(人間)의 심상(心想)이나 우주(宇宙)의 원리(元利)까지 알 수가 있다고 하여도 될 것이다.

옛 선인들께서 이렇게 높은 이치를 말과 글로 전하여 주었지만 지금의 사람들은 단순하게 길흉(吉凶)을 점치는 것으로 만족하고 더 이상의 노력을 하지 않고 있으니 한심할 뿐이다.

여기서 좀 더 다양한 방법으로 알아보자.
특히 지장간에서 이루어진 십신은 분명하게 전해주는 것이다.
모두가 같이 노력하여 보다 나은 학문으로 후손에게 전해주어 후학들이 자연을 이해하고 더불어 영생할 수 있도록 하는 것이 목적이다.

1. 십신(十神)과 육친(六親)

1) 십신(十神)과 육친(六親)비교 조견표

육친	남여	가족관계(神의세계)	기타(시장경제)
비견 比肩	남	형제자매(남자 형제), 며느리(신장)	친구·직장동료·라이벌· 아내의 전남편(일반고객)
	여	형제자매, 시아버지, 남편의 첩 (선녀 또는 법사)	친구·직장동료·라이벌· 남편의 전처
겁재 劫財	남	이복형제자매, 처형제의 남편, 조카며느리 혹 여형제(선녀. 법사)	직장의 경쟁자. 동료, 사업의 경쟁자, 나쁜 친구
	여	이복형제자매(남 형제), 남편의 첩 남편의 형·제수, 애인(장군. 여 신장)	친구·동료·경쟁자 (호객)
식신 食神	남	손자손녀·장모(친가할머니. 대신보살, 재석)	자선사업, 배설구 (생산자)
	여	남편의 첩이나 애인의 자식, 자녀(딸) (친가할머니 삼신할머니. 당산)	자선사업, 배설구
상관 傷官	남	조모·외조부 (외가할머니)	하극상 (중고. 고물상)
	여	친자녀(아들)·조모·외조부 (외할머니)	남편을 괴롭히는 자
편재 偏財	남	부친·첩·애인·정부 아내의 동기간 (아버지. 업 대감. 한량대신.고장 신. 창부대신)	여자·투기·횡재 (즉석거래. 뜨내기) 비공식적인 재물
	여	부친·시어머니 (아버지 업 대감 화양, 창부. 시집 신)	여자·투기·횡재 비공식적인 재물
정재 正財	남	아내·백숙부·의부·양부 (아버지. 대신 할아버지)	유산·고정수입·봉급 (정찰재 단골)
	여	백숙부·의부·양부·시서모·시이모 (대신 할아버지. 아버지. 시집 신)	유산·고정수입·봉급
편관 偏官	남	친자녀(정식 결혼한 아내의 자녀), 외조모, 아들 (무관할아버지 영급)	횡액·도둑·재앙 (대형상가) 괴롭히는자
	여	외조모, 비공식 남편, 재혼한 남편, 간부·정부, 며느리 (영급 할아버지)	횡액·도둑·재앙 괴롭히는자 (손 큰 업자)
정관 正官	남	자녀(혼전의 자녀, 서자), 조카·의자녀 (문관할아버지 대신할아버지)	국가·관직 자격증 (소형 상가) 우두머리·귀인 (중소상인)
	여	정식 결혼한 남편, 딸, 친남편, 조카며느리 (남편신 대신할아버지)	국가·관직 자격증 우두머리·귀인
편인 偏印	남	계모·서모·이모·유모·조부·백모·숙모 (글문도사)	환자·여행·거짓말 (전문체인점) 공상·침대·역학·전문지식·외국어
	여	계모·서모·이모·유모·조부 종손자녀 (글문도사)	환자·여행·거짓말 (외상) 공상·침대·역학·전문지식·외국어
정인 正印	남	생모·장인 (글문 대감)	명예·군자·윗사람 (잡화점)
	여	생모(어머니)·손자녀 (글문 대감)	명예·군자·윗사람 (현금)

세상사의 모든 것을 열 가지의 언어(言語)로 줄인 것을 십신(十神)이라 한다.
즉 오행(五行)의 형식처럼 다섯 가지로 구분되어 있다.

여기에 긍정적(肯定的) 표현과 부정적(否定的) 표현으로 구분하여서 열 가지로 나누어지니 그것이 바로 십신(十神)이다.

사주를 통변할 때 십신이 어떤 역할을 하는가에 대하여 생각해 보자.

인간사에 하고 많은 단어 즉 말들이 많은데 그토록 많은 언어를 단 열 가지로 표현한 것이 십신인데 반해서 육친(六親)은 자기를 중심으로 이루어진 가족과 인간(人間)관계의 친인척을 말하는 것이다.

비겁(比劫)에는 비견(比肩)과 겁재(劫財)가 있다.
식상(食傷)에는 식신(食神)과 상관(傷官)이 있다.
재성(財星)에는 편재(偏財)와 정재(正財)가 있다.
관성(官星)에는 편관(偏官)과 정관(正官)이 있다.
인성(印星)에는 편인(偏印)과 정인(正印)이 있다.

이 십신(十神)을 가지고 인간사를 이야기한다면 무척 노력하여야 가능할 것이다.

인간사는 언제, 어디서, 누가, 무엇을, 어떻게, 왜 라는 약속(約束)으로 장단(長短) 상하(上下) 수직(守直) 수평(水平) 등의 관계를 십신으로 대변하여야 한다.

또한 무게 부피 넓이 시간과 공간 허와 실 낮과 밤 강과 약 대소 남녀노소 빈부의 차 등등 다양한 방면으로 통변이 이루어져야 하는데 이처럼 서로 다른 수많은 언어가 있기에 모두 다 통변할 수는 없다.
하지만 의외로 간단한 방법으로 생각하여 보자.
   십신을 자연으로 변환(變換)시켜버리면 쉽게 풀어질 수가 있고 형상이나 글의 뜻으로 연상하면 된다.
   예를 들어본다면 이렇게 생각하면 간단할 것이다.

   비겁(比劫)은 남녀노소 장애 비(非)장애를 불문하고 나처럼 생긴 사람이라고 생각하고 이해하면 된다.

   식상(食傷)은 새롭게 생산되는 모든 것이나 이미 생산 되어 있는 것이다.

   재성(財星)은 무엇이든 한번 생산되어 다른 것으로 변화된 것으로 이해하고 응용하면 된다.

   관성(官星)은 먹이사슬의 원칙에 따라 계급화 된 사회이며 명령적인 계통으로 이루어져 있다고 생각하고 응용한다.

   인성(印星)은 인간의 본성인 성악설(性惡說)과 성순설(猩脣說)이 적용되어 인격(人格)을 유지하기 위한 것으로 이야기하면 좋다.

   또한 자연 속으로 들어가서 생각하여 본다면 이럴 것이다.

비겁(比劫)은 같은 생명(生命)을 가진 것으로 먹이사슬의 원칙에 따른다.
목(木)은 산천(山川)에 자라는 모든 생물들이다.
화(火)는 열기(熱氣)를 가진 것은 물이라도 화(火)에 속한다.
토(土)는 허공이나 땅덩어리 자체이다.
금(金)은 단단하고 강한 것은 모두가 비겁에 속한다.
수(水)는 그냥 물이면 비겁에 속한다.
맑고, 더럽고, 고인물, 오물이나 바닷물은 다 같이 비겁이다.

식상(食傷)이란 무엇인가 새롭게 생겨나는 것을 말한다.
목(木)은 싹트고 이제 자라는 것이다.
화(火)는 새벽에 떠오르는 태양이나 사막 위의 아지랑이도 식상이다.
토(土)는 쓰레기 같은 것이다. 즉 소각후의 재 같은 흔적이다.
금(金)은 땅속의 광물 개발이나 지열로 토(土)가 녹아서 생긴 광물이다.
수(水)는 하늘에서 내리는 비, 또는 땅속에서 솟아나는 물이다.

재성(財星)은 결과이며 변화된 것이다.
목(木)이 꽃피고 수정되어 열매로 익어가는 것이다.
화(火)는 화려하거나 가공 할 수 있는 열(熱) 에너지다.
토(土)는 땅위에서 이루어지는 모든 것이다.
금(金)은 광물에서 제련된 모든 것이다.
수(水)는 원수에서 가공된 음료나 화공도 물이다.

관성(官星)은 확실한 구별이 가능한 것이다.
목(木)이 생물의 성장하는 과정이며 크고 튼튼하여 혼자 자라는 것과 약하여 서로 엉키어 살아가는 것이다.
화(火)는 밝고 어둠의 차이다.
토(土)는 습토(濕土) 건토(乾土) 동토(凍土) 온토(溫土)로 분리한 것이다.
금(金)은 크고 작은 것과 강하거나 약한 것의 차이이다.
수(水)는 바다와 호수 비와 안개 등으로 비교가 되는 것이다.

인성(印星)이란 자신을 드러내지 않으면서 변화하려고 노력하는 것이다.
목(木) 자기 발전을 위하여 노력하는 것이다.
화(火)는 자신의 개성을 알리는 것이다.
토(土)는 충분하게 마음 놓고 잘 살아갈 수 있는 공간이다.
금(金)은 생존경쟁의 원칙에 의하여 자연적인 질서이다.
수(水)는 지혜로운 생각으로 성장촉진제 같은 것이다.

이렇게 다양한 각도로 여과 없이 있는 그대로 통변을 하면 수많은 언어를 충분하게 대신 표현할 수 있다고 본다.

비견, 식신, 정재, 정관, 인수는 긍정적(肯定的)으로 풀이 되며 겁재, 상관, 편재, 편관, 편인은 부정적(否定的)으로 해석한다.

일(日)주가 갑인(甲寅)일 경우,
비견(比肩): 오행이 나와 같으며 음양도 같다.　　　　　(甲寅)

겁재(劫財): 오행은 같으나 음양이 다른 것. (乙卯)
식신(食神): 내가 생(生)하여 주면서 음양이 같은 것. (丙午)
상관(傷官): 내가 생(生)하여 주는데 음양이 다른 것. (丁巳)
편재(偏財): 내가 극(克)하면서 음양이 같은 것. (戊辰)
정재(正財): 내가 극(克)하면서 음양이 다른 것. (己丑)
편관(偏官): 나를 극(克)하면서 음양이 같은 것. (庚申)
정관(正官): 나를 극(克)하면서 음양이 다른 것. (辛酉)
편인(偏印): 나를 생(生)하여 주면서 음양이 같은 것. (壬子)
정인(正印): 나를 생(生)하여 주면서 음양이 다른 것. (癸亥)

2. 십신 도표

(일간)	甲	乙	丙	丁	戊	己	庚	辛	壬	癸
寅(甲)	비견	겁재	편인	정인	편관	정관	편재	정재	식신	상관
卯(乙)	겁재	비견	정인	편인	정관	편관	정재	편재	상관	식신
辰(戊)	편재	정재	식신	상관	비견	겁재	편인	정인	편관	정관
巳(丙)	식신	상관	비견	겁재	편인	정인	편관	정관	편재	정재
午(丁)	상관	식신	겁재	비견	정인	편인	정관	편관	정재	편재
未(己)	정재	편재	상관	식신	겁재	비견	정인	편인	정관	편관
申(庚)	편관	정관	편재	정재	식신	상관	비견	겁재	편인	정인
酉(辛)	정관	편관	정재	편재	상관	식신	겁재	비견	정인	편인
戌(戊)	편재	정재	식신	상관	비견	겁재	편인	정인	편관	정관
亥(壬)	편인	정인	편관	정관	편재	정재	식신	상관	비견	겁재
子(癸)	정인	편인	정관	편관	정재	편재	상관	식신	겁재	비견
丑(己)	정재	편재	상관	식신	겁재	비견	정인	편인	정관	편관

1) 비견(比肩)

비견(같다. 긍정적): 어깨를 나란히 한다.
형제 친구 동료 경쟁관계 등으로 무엇이든 같다. 라는 의미로 보면 된다.
음양이 같으며 오행도 같다.
관성은 싫어하며 인성을 그리워하고 식상을 좋아한다.
재성을 보면 덩실 덩실 춤을 춘다.

비견은 편재(偏財)를 극상(剋傷)한다. 편재는 내 마음대로 하는 것이며, 인간사에는 아버지 장사 재물을 말한다.
남자는 첩, 여자는 시댁이나 시어머니를 말한다.
비견이 약하면 무사하나 왕성하면 편재는 극(克)을 당한다.
비견은 같다고 생각하여야 하며 형제나 친구 동료들과 나누어 가진다고 의미를 두고 말하는 것이 좋다.
따라서 나눌 것이 없으면 각자의 능력에 따라서 독립하려고 떠나야 한다.

긍정적(肯定的)이며 동업이나 협력 관계도 되지만 비견이 많아서 부정적(否定的)으로 보면 분리 이별이나 외로움 고독으로 본다.

사주에 비견(比肩)이 많으면 경쟁심이 강하여 시비와 투쟁이 많으며, 고집이 세고 의지가 강하여 부모형제와 헤어져 자수성가 할 수도 있다.

남자가 비견이 많으면 배우자나 자식과의 인연이 약(弱)하며 힘들게 살아간다.
여자도 남자와 비슷하며 한 가정을 지키는 것이 힘이 든다.
년(年)주 비견은 선대 업이 끊어지며 부친과의 인연이 약하다.

월(月)주 비견은 자수 성가타입이며 부모형제와의 인연이 희박하다.
일(日)주 비견은 고집이 세고 배우자와 인연이 약하다.
시(時)주 비견은 노후가 불안하고 자식인연이 박(薄)하다.
하지만 꼭 그런 것은 아니다.
일주가 강(强)하면 더욱 심(甚)하다.
비견이란 오행(五行)이 같으며 음양(陰陽)도 같다.
때로는 긍정적(肯定的)이면서도 많으면 상당히 부정적(否定的)이다.
무(戊)일주가 진(辰)과 술(戌)을 만나면 비견이라고 한다.
상대적으로 편재(偏財)를 극(克)하므로 협동심이 부족하다.
오행으로 분석하여보자.
甲木은 독립적이고 자존심이 강(强)하지만 乙木은 협동적이다.
丙火는 일방적으로 나를 따르라는 식이며 丁火는 참모형식이다.
戊土는 말이 적으며 변화를 싫어하지만 己土는 실천적이다.
庚金은 의리를 중히 여기이며 辛金은 일반적이다.
壬水의 가슴은 넓고 포용적이며 癸水는 사색적이다.

　인간사에서는 친구형제 동료 선후배 동업자 며느리 시아버지 등이고 신명(神命)으로 분석한다면 신장이나 선녀에 해당한다.
　주체성이 강하다. 고집과 자존심 감정적 자기위주 추진력 애착심 자수성가 이별 고독 극 부 극처 극 재 독립적 분가 무모함 무계획 의심 즉흥적 인색. 변화 변동의 결정 투쟁 불화(재화) 강한 집념 스포츠 단체 동업 동격으로 모든 것이 같다 하여 비견이다.
　자신과의 경쟁이 분명하고 공정하며, 자기중심적으로 내가 하여야 되고 내가 관리해야 한다.

의지가 강하고 활동적이며 경쟁심이 강하면서 자존심이 대단하다. 자기마음에 들면 모든 것을 다 줄 것 같으며, 싫으면 인정사정이 없다.

추진력이 강하여 선봉에 잘 나서며, 분명하고 공정하여 친구가 많다.

사리사욕 보다는 공개적 이익을 취하며, 비견이 많으면 완고하여 지나치게 강한 성격과 고집으로 비사교적이다.

충(沖) 극(克)이 있으면 대인관계가 원만하지 못하고 살성이 있으면 흉(凶)함이 많고 충(沖) 극(克)이 되는 행년에는 골육상쟁이나 재난이 따르며 합(合)이 있으면 서로 협조하여 우정이 두터우며 발전이 늦다.

비견은 의리이며 행동으로 보여준다.

또한 운동을 즐기며 특히 단체 게임에 적합하고 꼭 이기려고 한다.

그래서 지지(地支)에 있는 것이 좋으며, 천간(天干)에 투출된 것은 고정관념이 강하고 경쟁과 갈등, 우정과 애정 등으로 그리움과 외롭고 고독하다.

비견이 많은데 일주의 지지(地支)가 약(弱)하면 주위로부터 공격을 당하든가 따돌림을 당한다. 합(合)을 이루면 좋은데 충(沖)을 하면 불편한 관계로 친구나 동료로부터 외면을 당할 수가 있으며 항상 조심하여야 한다.

비견의 특성은 같다. 라는 생각을 가지고 이야기 하는 것이 좋으며 무엇이든 같은 조건에서 생각하여 보자. 그래서 긍정성이 강하다.

양간(陽干) 비견이 많을 때는 원만한 대인관계로 폭넓은 사회활동을 하지만 진정한 친구는 없다.

음간(陰干)이 많은 비견은 속이 좁고 대인관계가 원만하지 못하며 좋아 보이지만 항상 외롭고 어려울 때 도움 받을 때가 적다.

합(合)으로 이루어지면 원만하지만 형(刑)충(沖)파(破)해(害)로 이루어지면 힘이 든다.

고집이 세고 아는 사람은 많아도 진정한 친구는 없다.

또한 아는 사람이 많으므로 인하여 경쟁과 나눔이 있으므로 힘들고 어렵다.

자기주장과 독립심이 강하여 기죽은 일이 별로 없으며, 타인에게 신세지기 싫어하고 남의 말을 듣지 않는다.

일지에 비견이 자리하고 있고 남자일 경우 배우자가 말을 잘 듣지 않지만 남자가 장기간 가정을 비우면 처가 남자대신 가정을 잘 이끌어간다.

하지만 함께 있으면 견디기가 힘이 든다고 보는 것이다.

여자일 경우는 부부사이가 원만하지 못하고 남자를 무시하는 경향을 많이 본다.

또한 비견이 많으면 남편이 첩을 둘 수가 있다.

6하 원칙에서 자연적으로 이해하여보자.

누가 : 갑목(甲木)이…
언제 : 동지(冬至)가 오기 전에…
어디서 : 깊은 산속에서…
무엇을 : 자신이 보유하고 있는 수분(水粉)을…
어떻게 : 최소한만 남기고…
왜 : 동사(凍死)를 면하기 위하여…

비견은 편재를 극하므로 재성인 아버지가 힘이 들 것이고 심하면 조실부모하는 수도 있다. 그로 인하여 학업에 장애를 받을 수가 있으며 스포츠에 관심을 많이 가지는 경향이 있다.

木은 스포츠 강사

火는 이벤트

土는 운동장

金은 격투기

水는 물에서 하는 경기로 본다.

비겁이 혼잡하면 이복형제가 있을 수가 있으며, 재성(財星)이 없고 비겁이 많으면 종교인으로 가면 좋다.

이는 비겁이 강하여 재성을 극하므로 돈이 없고 처를 극하므로 처가 도망가는 예가 있다.

木이 많으면 유교

火가 많으면 기독교

土가 많으면 무속

金이 많으면 불교

水가 많으면 도교이므로 수도하는 사람으로 본다.

사주에 비견이 강하고 형(刑) 충(沖) 파(破) 해(害)가 없으면 강한 사주로 본다.

2) 겁재

겁재(같다. 부정적) : 어깨를 나란히 하지만 뜻을 달리한다. 강하면 실천적이고 약하면 참는다.

형제 친구 등으로 강한 경쟁의 대상으로 보며 개인적이다.

겁재는 비견과 비슷하지만 욕심과 경쟁심이 많으며 강하다.

음양(陰陽)은 다르지만 오행(五行)은 같다.
관성은 싫어하고 인성을 그리워하고 식상을 좋아한다. 재성을 보면 미친다.

겁재는 정재(正財)를 극상(剋傷)한다. 정재는 정처 삼촌(三寸) 자산재물(資産財物) 여자는 재물(財物) 시가(媤家) 부귀(富貴)를 말한다.

겁재가 약(弱)하면 무사하나 겁재가 강(强)하면 정재는 몰락한다.

이성이 다른 형제나 친구동료이며 비견과 비슷하지만 부정적(否定的)인 면이 강하게 작용한다.

즉 무례하고 교만하여 흉성(凶星)이 많으며 불화와 이별 그리고 많은 고통이 따른다. 그러므로 화합이 안 되며 동업이나 평등하게 나눈다는 생각은 안 하는 것이 좋다.

연월일시의 겁재는 비견과 비슷하지만 좀 더 강(强)하게 작용한다.

겁재는 오행(五行)은 같으나 음양(陰陽)이 다른 것으로 상당히 부정성이 강하며 양(陽)일생이 음(陰)을 만나면 겁재(劫財)라고 하며 탈재(奪財)라고도 하여 적극적으로 피탈(被奪)을 당하고 강제성이 있으며 처와 재물이 쟁탈 당한다.

음(陰)일생이 양(陽)을 만나면 패재(敗財)라고 하는데 재물에 욕심을 내다가 손해(損害)를 보는 것이다. 겁재는 상대적으로 정재(正財)를 극(克)하며 오행 따라서 통변을 달리 하여야 한다.

오행(五行)으로 분석하여보자.

甲木은 자존심이 강하고 독성적이다.

乙木은 어울리지 못한다.

丙火는 일방적이며 외면당한다.
丁火는 자기 말이 통하지 않으면 이탈한다.
戊土는 말이 적으며 변화를 싫어하고 둔(鈍)하며,
己土는 개인적 이익이 우선이다.
庚金은 의리보다 실속적이다.
辛金은 통하지 않으면 돌아선다.
壬水는 야심이 강하고 외면상 포용적이다.
癸水는 가슴에 비수(秘邃)가 숨겨져 있다.

인간사에는 친구 자매 이복형제(異腹兄弟) 며느리 시아버지 등등 신명(神命)세계에서 분석하여 본다면 여자일 경우에는 여(女)신장이나 법사 남자일 경에는 선녀법사 또는 선녀로 본다.

비견처럼 주체성이 강하고 고집과 자기주장 오만불순 교만하며 이중성과 투기 사행심이 강하다.

자기가 손해를 보면 즉시 중단하며 생각이 깊다.

시기 질투 경쟁심 운동선수(개인기) 손해 자기위주 선동 강탈 도독 사기 투쟁단체 보복성 피해의식 정보제공 밑바닥생활 청소 아랫것 신속 과감 투항 기부 욕심 비윤리적이며 강제성과 부정적이다.

명령적이며 구속 받기를 싫어한다.

극부 극처 극재 사교성이 좋아서 색정문제가 발생하며 야심이 강하다.

투기와 경쟁을 즐기며 실속파다. 말을 더듬거리며 재물욕이 강하여 한탕주의나 속성으로 진행하며 불량이나 실물 또는 도심이 발동한다.

스카웃 되어 갈 수도 있다.

모든 것을 자기위주로 진행 하고자 하는 성격이 남몰래 작용하며 상당히 실속파라서 계산이 빠르고 손해 본다는 생각이 들면 즉각 중단한다.

강력한 경쟁이 있는 운동이나 오락에서 실력을 발휘하며 꼭 이기려고 하며 이익이 발생되면 실속을 챙긴다.

대인관계가 원만한 것 같으면서도 속으로 상대를 무시하고 윗사람을 존경하지만 아랫사람에게는 명령적이며 양보가 없다.

겁재가 많으면 이중인격자이며 이기주의며 비난과 오해가 자주 발생한다.

많아서 양인(兩刃)과 같이 있으면 독(毒)한 성격을 숨기고 부드러운 것처럼 남에게 접근하며 극난 극복을 잘하므로 추진력이 대단하다.

그러나 인격적으로 문제가 있다.

지지(地支)에 있으면 강제성이 동원(動員) 되는 것 같으며 천간(天干)에 있으면 항상 사기성이 많으며 생각하는 것을 현금으로 교환한다.

예를 들면 인성이 겁재이면 선생이 학원에서 공부를 가르치고 월급을 받는다.

겁재는 천간(天干)에 있는 것은 생각이고 말 뿐이지만 흉하면 공갈 협박이고 지지(地支)에 있으면 공격성이라서 행동에 문제가 있다.

공간적으로 보면 산만(散漫)하고 숨기려고 한다.

겁재란 적게 주고 많이 받고자 하는 것이다.

비견처럼 똑같이 나누는 것이 아니고 자신이 많이 가지려는 욕심이 강하고 그로 인하여 많은 손해를 당한다고 본다.

6하 원칙에서 자연적으로 이해하여보자.

누가 : 乙木이 강력한 바람에 의하여…
언제 : 오후…
어디서: 넓은 들녘에서…
무엇을: 익어가는 곡식들이…
어떻게: 힘없이 쓰러진다.
왜 : 너무 연약하여서…

겁재의 특성은 같다는 생각을 가지고 있지만 속으로는 겁재가 많이 가지려는 욕심을 낸다. 그래서 부정성이 강하다.

일주가 약하고 합으로 이루어지면 가지려는 욕심이 많을 것이고 형(刑)충(沖)파(破)해(害)가 많으면 손실이 더욱 많을 것이다.

옹고집으로 노력을 많이 한다. 하지만 상부상조나 공동사업에는 어렵고 독단적으로 추진하려고 한다.

대인관계가 원만하지 못하고 피해의식이 강하다.

또한 양인으로 이루어지면 더욱 심하고 신강하면 자존심이 강하여 굽히려는 생각을 하지 않으므로 많은 수행이 필요하다.

신약하면 강한 피해의식이나 열등감이 발동하여 작은 언어에도 공격성을 드러낸다.

양(陽)일 생이 음(陰)일 생을 만나서 이루어진 겁재는 탈재(奪財)라고 하여 많은 손실을 볼 수가 있으며 음(陰)일 생이 양(陽)일 생을 만나면 패재(敗財)라고 하여 재물의 실패나 손실은 보지만 탈재보다는 미약하다고 본다.

겁재는 정재를 극하므로 정재는 처(妻)성 이라서 처가 힘이 든다고 본다.

3) 식신

식신(食神)(새롭다. 긍정적): 항상 건전하고 발전적인 생각을 많이 가진다. 진실하고 건강하며 깨끗하다.

새로운 것을 즐기며 미각(味覺)이 좋다. 새롭거나 처음으로 시작된다고 본다.

남자는 장모 손자 여자는 자식(음양(陰陽)이 같으면 딸) 생식기 생산 요리 연구 등으로 볼 수 있다.

음양(陰陽)이 같으면서 오행(五行)으로 내가 생(生)하여 주는 것이다.

인성(印星)을 싫어하고 비겁(比劫)을 그리워하며 재성(財星)을 좋아한다. 관성(官星)을 보면 다스리려고 한다.

식신(食神)은 편관(偏官)을 극(剋)한다.

남자 편관은 자식 직장(職場) 권력(勸力) 인내력(忍耐力)이며 여자는 정부(情夫) 명예(名譽) 질병(疾病)을 말한다.

식신이 약하면 상관없지만 식신이 강하면 편관이 극(克)을 당하여 어렵게 된다.

식신(食神)이란 내가 낳은 것이라 자기의 2세이므로 자신의 힘을 뺀다. 일주가 강할 때와 약할 때의 차이가 심하다.

식신(食神)이란 생산이므로 의(衣) 식(食) 주(住)가 풍족하지만 사주에 많이 있으면 허약하고 천박하다.

또한 다른 표현으로 배설에 해당하므로 베풀거나 나눔으로 긍정적으로 해석하면 희생과 봉사인데 부정적으로 보면 여자사주에 식신이 많으면 육신의 봉사와도 같으니 애교와 색정이므로 문제가 많아서 좋은 배필(配匹)은 아닌 것 같다.

식신(食神)이란 밥 식(食)자이므로 음식(飮食)이나 요리(料

理)이며 입으로도 보며 입으로 행하는 것은 식신이다.

년(年)에 식신은 선대나 부모의 복(福)이 많다.

월(月)의 있으면 건강하고 대단한 미식가이다.

또한 마음이 너그럽고 언행이 바르다.

일(日)주에 식신이 자리하면 배우자의 체격이 좋으며 마음이 넓다.

시(時)주 식신은 자식 덕이 있으며 노후가 편안하다.

식신(食神)이란 내가 생(生)하여 주는데 음양(陰陽)이 같은 것으로 수성(壽星)이라고 하며 상당히 긍정적이다. 많으면 부정적이다.

병(丙)일주가 술(戌)을 보면 식신이라고 한다. 火生土의 관계다. 상대적으로 편관을 극(克)하므로 인내력이 부족할 수가 있다.

예의가 바르고 직선적이다. 신체가 조금 비대하며 도량이 넓어 보인다.

또한 옷과 밥이며 총명하고 준수하여 인상이 부드럽고 재치와 유머가 있고 붙임성이 좋으며 호기심이 강하고 추진력도 있다.

상당한 미식가며 식신이 많으면 오히려 건강이 나쁘고 수명(壽命)이 짧으며 천박(淺薄)하고 이기적이며 동정심이 미약(微弱)하다.

공명정대하며 타협심이 약하고 개발정신이 강하다. 다양한 취미생활과 희생정신 서비스와 봉사정신이 강하고 꾸밈 없이 솔직한 면이 있다.

연구 창조 창작이나 개발 전문성탐구 궁리 감정적인 면이 강하며 예체능에도 관심이 많다.

발명가나 교수 과학자 또는 자기가 연구 창조하여 직접 생산하는 예가 많다. 신체적으로는 성기에 해당되며, 성적 충동이나 섹스에도 관심이 많으며 즐기는 편이다. 솔선수범하는 노력파이다.

오행으로 분석하여보자.

甲木은 교육적 이미지

乙木은 강한 모성애처럼 보인다.

丙火는 뛰어난 예술성

丁火는 강력한 후원자 같다.

戊土는 창작이나 상담

己土는 자신의 일처럼 나선다.

庚金은 대변인

辛金은 지도적이다.

壬水는 연구원

癸水는 양로나 음성적인데서 희생 봉사 한다.

인간사에서는 자식 장모 사위 손자 외조부 3대증조부 등으로 볼 수가 있다. 신명세계에서는 친가의 인연이며 할머니 동자 설녀 등으로 볼 수 있다.

사회적으로는 처녀 총각이나 어린 학생 아랫사람 총명 건강장수 덕망과 효심 식복 부양가족 새로운 식구 신혼 언어 생산성 건설 재물 풍요 향락 편의 발전 도량 관대 연구 창작 탐구 발명 탄생 개업 전문성 요리나 요리 연구 예능 서비스 신품 젊음 명랑 낙천적 활동성 협력관계 처갓집 정(情)이 많다.

학력으로는 전문기술학교 초등학교(중2까지) 정도로 본다. 위로는 연구원이나 연구소이다.

편인을 싫어하며 만약 편인을 보면 빈곤(貧困)하고 건강과 자식에게 불리하고 한순간에 무너질 수 있다.

식신(食神)이 천간(天干)에 있으면 언어와 예의가 바르며 긍정적인 사고력으로 많은 연구(研究)와 인내력으로 많은 것을 개발하여 인류발전에 상당한 도움이 될 것이고 지지(地支)에 있으면 바른 실천력이나 육체적인 봉사이며 긍정적으로 행동과 천진난만하고 건강해 보인다.

그리고 언어가 바르고 총명하고 봉사나 서비스에 철저하다. 솔선수범하면서 모든 면에 관심이 많다.

식신이 학문적으로 개발이나 연구 쪽으로 생각하여 바라보자.

木은 교육연구

火는 예술분야

土는 투자연구

金은 정체연구

水는 정신분야 쪽으로 이해하여보자.

식신은 천간(天干)에 있어도 좋고 지지(地支)에 있어도 좋다.

6하 원칙 의하여 이해하여보자.

    누가 : 자식이…
    언제 : 이른 아침에…
    어디서 : 대문 앞에서…
    무엇을 : 우유를…
    어떻게 : 바구니에 담아온다.
    왜 : 건강을 위하여 마시려고…

4) 상관

상관(傷官)(새롭다. 부정적): 다양한 변화를 바라며 자신을 알리려고 부단한 노력을 한다.
속임수에 뛰어나고 버림받는 것을 싫어한다.
　자신의 장점이나 특징을 알리고 개발이나 연구보다는 위변조(僞變造)에 탁월하다.
자신을 알아주면 상당히 관대(寬大)하다.
의심과 부정적인 언어구사를 잘한다.
부정적이며 중고 모방 특이한 점이 많으며 농담을 잘하지만 불량스럽다.
정관에 대항하고 인성(印星)에 교화 당한다.
　음양(陰陽)이 다르고 오행(五行)으로 내가 생(生)하여 주는 것이다.
　관성(官星)을 싫어하고 비겁(比劫)을 그리워하며 재성(財星)을 좋아한다.
인성(印星)을 보면 도망간다.
상관(傷官)은 상대적으로 정관(正官)을 극(剋)한다.
　남자 정관은 명예(名譽) 자식 직업 여자는 남편 직위(職位) 부귀(富貴)다.
　상관이 약(弱)하면 무사하지만 상관(傷官)이 강(强)하면 정관이 극(克)을 당하여 패(敗)하거나 몰락(沒落)한다.
　상관(傷官)이란 내가 생(生)하여 주는데 오행(五行)이 다르며 부정적(否定的)이다.
경금(庚金)일주가 지지(地支)자수(子水)를 보면 상관이다.
　오행의 성격이나 12운성과 신살(神殺)을 잘 살펴서 통변하여야 한다.
　오행으로 분석하여보자.
　甲木은 기능장이나 예체능 교육방면이다.

乙木은 변화에 잘 적응한다.

丙火는 화려한 예술성으로 자신을 자랑한다.

丁火는 색감이 남다르다.

戊土는 자유 기교

己土는 주문에 의한 집필이나 변화 위조를 한다.

庚金은 범법행위

辛金은 묘사꾼이다.

壬水은 모방

癸水는 다양한 변화로 자신을 감춘다.

 총명하고 멋지게 보이며 얌전하고 도량이 넓은 것 같으나 상당히 이기적이며 자기주장과 과시욕 허영심이 강하여 타인으로부터 지배자로 군림하려고 하며 재주가 많고 능력이 뛰어나서 임기응변과 사기성으로 상대방을 잘 기만(欺瞞)하고 불리할 것 같으면 일시에 돌아서고 지배 받는 것을 싫어한다.

 속이 좁아서 타인을 비평하며 계산과 눈치가 빨라서 희생하는 것 같으면서도 자기 몫과 이익 명예를 챙긴다.

언제나 이기기를 바라고 비밀을 지키지 못하며 시비가 잦다.

 반항적 기질과 베풀고 나서 생색을 꼭 내며 예의나 법을 무시한다. 이별 뒤에는 오래된 것까지 들추어서 험담을 한다.

 눈빛이 강하고 복종심이 없고 상대를 비꼬며 행동이 바르지 못하여 직업 변화 변동이 심(甚)하다.

 여자 상관 격(格)은 상당히 남자가 견디기 힘들며 화려하고 변덕이 심하여 다루기가 힘들다. 하지만 일주가 합(合)하여 타 오행으로 변화되거나 형(刑) 충(沖)파(破)가 되면 상관작용이 미약(微弱)하거나 없다고 본다.

눈치와 센스가 빠르며 허세와 허풍 공격적 불법성이 강하므로 수단과 예술성 애교가 뛰어나서 자유분방한 사고방식에 소비성 직업에 종사 하거나 경영한다.

활동성 예체능이나 전문직기술 강사나 꾸미는 직업 변사 얼굴마담 연예계 화류계에 적합하며 이성적 생각이 많고 이중성과 교만심 위기 때는 융통성을 발휘하여 타협도 잘한다.

또한 상황에 따라서 즉흥적이며 언어가 거칠고 때로는 음성(音聲)에 애교(愛嬌)가 흐른다.
종교 쪽으로 흐르면 득도(得道)의 가능성이 높다.
인간사에서는 자식 할머니 이모 외가 장모 조카 증조부 등…
신명(神命)으로 보면 외갓줄 인연 할머니 동자선녀 사상자 등…

사회성은 예체능계 유흥 유통 기술 개방적 반항 위법 중고품 모방 대리점 체인점 호객성 장사 미적인 감각 사치 잔꾀 교육 수리 변호사 대변인 직속상관 과부 재수생 유행성 언어 코메디 임기능변 공격성 언어 상담사 고물상 빈곤 악세사리 이·미용 연예계 사기성 자기 자랑과 허영심이 강하고 적게 배우고 많이 아는 척 하며 상대방을 무시한다.
성(性)적 기능이 뛰어나서 행위를 즐기려고 한다.

상관(傷官)이 행위로 보면 위법하는 일이 많으며 정신적으로는 득도나 감각 애교와 잡기(雜技) 예능 쪽으로 생각을 많이 할 것이다.

일반사람들의 상상을 초월한다.

천간(天干)에 상관이 있으면 구상력이 뛰어나서 애정소설이나 코믹성 작가 또는 흥미 위주의 문장에 능력이 있으며 뛰어난 문필가도 있다.

지지(地支)에 있으면 행위예술 쪽이나 연예계 또는 끼를 발산할 수 있는 곳에 적합하고 다른 면으로 보면 행동보다는 말이 우선이며 파괴적이면서 무질서 하다.

학력으로는 예체능이나 기술학교 중3 이상으로 본다.
위로는 기능이나 심리 언어 연구이며 재활용이나 변화 등을 연구하는 것이다.

기술이 뛰어나며 눈썰미가 있어 한번 보면 바로 모방(模倣) 할 정도이다.

정인을 싫어하며 만약 정인을 보면 얌전하고 때로는 도통(道通)하는 예도 있다.

정인은 바른 언어이며 상관(傷官)은 핑계이다. 또한 눈속임인데 자식이 부모를 속이고 부모가 이를 바로 잡아주면 대성할 수 있다고 본다.

상관(傷官)이라고 부정하게 생각하는 것보다는 교화(敎化)하여 적성을 찾아주면 사회에 공헌하는 한사람이 된다.

6하 원칙에 의하여 이해하여보자.

    누가 : 홀로 살고 있는 중년의 여인이…
    언제 : 깊어가는 가을밤에…
    어디서 : 음악이 흐르는 사교장에서…
    무엇을 : 뛰어난 춤과 노래 그리고 자신의 멋진 모습을…
    어떻게 : 조명 빛 아래에서 드러낸다.
    왜 : 홀로 살고 있으므로…

5) 편재

편재(내 마음대로… 부정적): 관리나 사업투자 등을 자신이 생각하는 대로 하려고 하며 크게 한탕하려는 모습이 보인다.
아버지 첩 시집 장사 사업 투기 결제 도박 유흥 무역 통이 크다.

부정적이지만 사교력이 좋아서 오히려 긍정적이며 추진하려고 하는 생각과 과감한 도전의식이 강하다.

음양(陰陽)은 같으나 오행이 다르고 내가 극(克)하는 것이다.
비겁(比劫)을 싫어하고 식상(食傷)을 그리워하며 관성(官星)을 좋아한다.
인성(印星)을 보면 짜증을 부린다.

편재는 편인(偏印)을 극(剋)한다. 편인은 조부(祖父) 계모(繼母) 학문(學文) 예능(藝能) 모친(母親) 성(性) 전문인(專門人) 등으로 편재가 약(弱)하면 무사하지만 편재가 왕성하면 편인이 몰락하고 병이 든다.

편재는 내가 극(克)하는 것이기 때문에 내 마음대로 하려는 성질(性質)이 강하고 일방적(一方的)이다.

일주가 강한 사람은 통솔력(統率力)이 뛰어나서 많은 사람들을 거느리며 절도(節度)가 있고 사교성(社交性)이 뛰어나 인기가 많다. 특히 여자들로부터 호평(好評)을 많이 받는다.

여성들은 외모가 여장부처럼 통이 크게 보이며 융통성과 통솔력이 좋아서 돈을 잘 벌고 잘 쓴다.

남성처럼 사업에 관심이 많으며 남편의 뒷바라지도 잘하지만 씀씀이가 많아서 빚지고 사는 사람도 많다.
낭비벽(浪費癖)이 있고 허세를 많이 부린다.
또한 재성(財星)이 많으면 시집살이가 고달프다고 한다.

년(年)의 편재는 조상이 부유하고 부유한 집에서 출생하였다.
월(月)에 있으면 부모 형제들이 사업 쪽으로 밝고 성공한다.
일(日)에 있으면 통이 크고 호탕하다.
시(時)에 있으면 노후가 편안하다.

편재는 내가 극(克)하는데 음양(陰陽)이 같은 것이며 무토(戊土)가 임수(壬水)를 보면 편재가 된다.

오행으로 분석하여보자.
甲木은 교육 체육 사업
乙木은 출판관계나 생필품 생산이다.
丙火는 신문 방송 사업
丁火는 서비스업이다.
戊土는 부동산 개발
己土는 농림업이다.
庚金은 유통업
辛金은 금융 및 다단계이다.
壬水은 연구개발이나 수산업
癸水는 변호나 무역중계업이다.

호탕하고 다정다감하며 호걸처럼 생겼으며 모든 것이 시원하게 처리하는 것처럼 보이지만 신중성이 떨어진다.
풍류와 유흥을 즐기며 농담도 잘하고 인심이 좋다.
타인의 기분을 잘 맞추는 기분파이며 의리를 중요시 여기고 나보다 상대방이 우선적으로 생각한다.
장사 수완이 뛰어나고 사교적이라 때로는 이익을 위하여 타인을 속이기도 잘한다.
허영심이 강하며 특히 여자한테 잘하며 신약사주이면 주색에 빠져서 주정뱅이처럼 폐인이 될 수도 있다.
또한 투기나 한탕주의를 노려보다가 망(亡)하는 경우가 자주 있다.

　통이 크기 때문에 독립심이 강하여 구속이나 명령계통에 적응하기 힘들고 사소한데는 관심이 없다.
배짱이 좋아서 경쟁력에 승부를 잘 한다.

　독재성이 강하며 지배욕도 강하고 재물에 욕심이 많아서 돈벌이도 잘 하며 시야도 넓다.

　인간사에는 아버지 부인 첩 형수 처제 처남 외삼촌 시어머니 손자 등…

　신명(神命)세계에서는 한량할아버지 천황 잡이 등으로 본다.

　사회성으로는 회장단 무역 통제 관리 통솔능력 풍류 얼렁뚱땅 즉흥적 큰 기술 물욕 디자인 설계 미결재 독재 결단성 속전속결 과정무시 결과를 중요시 손아랫사람을 통제 잘 한다.

　먼 곳 마무리 큰 것 사치스런 생활 내 멋대로 급속 감독 건축 감리 거친 기술 소비성 과다욕심 허영심 노전장사 고리대금 밀수 도박 투기 모험심 민첩성 음주가무 유흥 대형사업장 게으름 횡 재수 실직 파면 부도 등… 공간적으로는 허공으로 볼 수도 있다.

　학력으로는 경제 경영 재무계통으로 3류 정도이며, 위로는 기업의 총수(總帥)다.

　편재가 천간(天干)에 있으면 일확천금의 투기성이며 지지(地支)에 있으면 수완이 좋아서 많은 재물로 보며 이것을 보관하는 창고(倉庫)가 있으면 더욱 좋다.

　일단은 큰손으로 무엇이든 쉽게 취하려고 하는 행동과 투기성이 강하여 한번에 어떻게 하려고 하는 것이 실수가 되어서 일생을 힘들고 고생스럽게 살아가는 사람도 많이 있다.

천간(天干)에 있으면 항상 놀고먹는 한탕주의를 생각하며 지지(地支)에 있으면 크게 한번 사업이나 장사를 하여 많은 이익으로 잘 살 것이며 호탕하게 살아 갈 것이다.

실패한 후에는 옛날이야기를 위로삼아 자주 하면서 추억만 되새긴다.

일주가 약(弱)하면 도박과 주색 그리고 낭비가 심하며 남성은 여자를 좋아하여 망신 당하는 사람이 많으며 폐인의 길을 자초한다.

편재는 활동성이 있고 봉사정신이 투철하고 타인의 비위를 잘 맞추며 수단 방법이 좋다.

편재를 투자나 투기로 생각하고 오행으로 분석하여 보자.

木은 인적자원이나 스포츠이다.

火는 소비성이나 신문 방송 광고

土는 부동산이나 고문서 그림 골동품

金은 유가증권 귀금속 광물

水는 연구 개발에 투자나 투기로 본다.

편재는 비견을 싫어하고 관성을 좋아한다.

6하 원칙에 의하여 이해하여보자.

    누가 : 기업이
    언제 : 이른 오전에
    어디서 : 은행에서
    무엇을 : 신용장을
    어떻게 : 담보로 많은 돈을 대출 받는다.
    왜 : 원료를 수입하려고

6) 정재

정재(내 마음대로… 긍정적): 정밀하고 치밀하며 세밀하여 틈이 없다.

자신의 능력을 정확하게 발휘하고 정당한 보상을 요구하며 소박하지만 알뜰하다.

처 부친 시모 월급 정당한 수익 소규모 사업 등으로 정찰제이다.

긍정적이지만 너무 정확하여 오히려 부정적이다.

음양이 다르며 오행도 다르지만 내가 극(克)을 하는 관계다.

비겁(比劫)을 싫어하고 식상(食傷)을 그리워하며 관성(官星)을 좋아한다.

인성(印星)을 보면 짜증을 부린다.

정재는 정인(正印)을 극(剋)한다.

남자 정인은 모친(母親) 장인(丈人) 학문(學文)이며 여자는 사위 학문 예술 등이다.

정재가 약(弱)하면 무사하지만 정재가 강하면 인수가 극(克)을 당하게 된다는 것이다.

정재는 내가 상대를 극(克)하는 관계로서 오행도 다르고 음양(陰陽)이 다른 것이다.

긍정적(肯定的)이며 임수(壬水)가 오화(午火)를 만나면 정재가 된다.

상대적으로 정인을 극(克)하므로 재물(財物)과 인격(人格)은 묘(妙)한 관계를 가진다.

성실과 신용을 중요시하며 총명하다.

얼굴도 야무지게 생겼으며 정이 많아 보인다.

오행으로 분석하여 보자.

甲木은 교육이나 인적자원 관리

乙木은 서점이나 소규모 상업이다.

丙火는 문화 예술분야

丁火는 전기 전자상가이다.

戊土는 부동산 임대관리

己土는 부동산 소개업이다.

庚金은 금융관리

辛金은 소규모 대부(금전)업이다.

壬水는 해양 항만 관리

癸水는 법무 대서업이다.

경제적이라서 매사에 자신감이 있고 명랑하여 빈틈이 없다. 현실적으로 자기의 이익을 중요시 여기며 검소하다.

상당히 보수적이며 분수대로 행동하며 타인으로부터 신임을 얻어서 대인관계가 원만하고 건전한 생활상의 표본처럼 보이나 때로는 이성관계로 가정에 부담을 주기도 하며 자신도 고통 받는다.

재성이 많고 주위로부터 힘을 받으면 재물에 어려움이 없고 자기 직업을 천직으로 알고 꾸준하게 노력하며 정확하고 꼼꼼하여 경제 관리에 능통하다. 때로는 재물욕이 많아서 인간미가 없거나 인격이 떨어지는 사람도 있다.

신약사주는 안으로 어려움이 많아서 재물에 인색하고 어려운 인생사가 될 것이다.

인간사에서 처 아버지 삼촌 고모 처형 처제 형수 처남 시어머니 등…

사회에서는 정보수집 기획 재정관리 위탁 관리업 경리 은행 금융관리 소규모 대부(貸付)업 세무회계 창고 물품관리 정찰제 소규모상가 도매업 마무리 결실 단거리 월급 소탈하면서 철저하다.

정밀기계 기술 첨단과학 섬세한 디자인 보수적 고지식하다 감정적 신용 명예 근면 성실 수리학 자기관리 느린 행동 결단성 결여 이해타산 상업중개 구두쇠 실속 이익 수집가 정리정돈 결과 탐욕 대출계 체인대리점 완제품 사업 결재결론 절약 세밀하고 느리다.

또한 많은 생각 살림꾼 등…

행동적으로는 정밀하고 아담하나 정신세계로 보면 꼼꼼하고 계산에 밝으며 철저하다.

천간(天干)에서 정재는 정밀이나 미세(微細)분야 또는 재산관리인 금융 감사(監査) 쪽으로 보며 지지(地支)에 있으면 행동적으로 일선에서 금융이나 정밀기계 관리계통으로 할 것이다.

기초적인 면에 충실하며 철저한 자기 관리에 꼼꼼한 생활로 근면 성실을 몸소 실천하며 말과 행동이 하나로 이루어진다.

정재를 관리 정밀분야로 분석하여보자.

木은 인적자원이나 유전공학이다.

火는 예술이나 예능 전자공학

土는 지질 고고경제학 국토 농림 개발

金은 금융이나 기계공학 정보 작전

水는 물리화학 수질연구 해양 개발 또는 관리 등으로 본다.

정재는 겁재를 싫어하고 관성을 좋아한다.

6하 원칙에 의하여 이해하여보자.

누가 : 시모께서…
언제 : 점심때…
어디서 : 은행창구에서…
무엇을 : 관리비를…
어떻게 : 납부하려고 기다리고 있다.
왜 : 오늘이 마감하는 날이라서…

7) 편관

편관(일방적으로 지배받는다.): 강력한 통제로 강한 인내력이 필요하다.
고통과 시련을 견디어내면 크게 성공을 한다.
　참지 못하면 어려운 인생길이 되는 것이며 방어적이라기보다는 선제공격형이며 이를 고집으로 잘못 판단한다.
　자식 남편이나 정부로 본다.
　직업 명예 계급사회 군 경 검 등으로 부정적이지만 강인한 인내력을 요구하며 최고의 경지나 최저의 인생길이다.
　음양(陰陽)은 같지만 오행(五行)이 다르고 상대가 나를 극(剋)하는 관계이다.
　식상(食傷)을 싫어하고 재성(財星)을 그리워하며 인성(印星)을 좋아한다.
　비겁(比劫)을 보면 구속하려고 한다.
　편관은 비견(比肩)을 극(剋)한다. 남자 비견은 형제 친구 자매이며 여자는 형제자매 친구 등이다.
　편관이 약(弱)하면 무사하지만 편관이 강(強)하면 비견이 극

(克)을 당하게 되므로 건강이나 불구(不具) 단명(短命) 또는 항상 몸이 아픈 것 같다.

편관은 일명 칠살(七殺) 이라고 하며 7번째 가서 충(沖)을 하므로 칠살 이라고 한다.

또한 철저한 명령계통으로서 계급(階級)으로 이루어진 곳이나 아니면 철저히 나홀로 살아가면 관계 없다.
사주 속에 오직 편관 하나만 있으면 총명하고 영리하다고 본다.

영웅호걸의 기질로 급(急)하고 진취적(進取的)이며 의협심(義俠心)이 강하다. 또한 의리를 중요시 여기며 자존심이 강하고 야성적(野性的)으로 생겼으며 귀족타입이나 부모형제 덕(德)이 별로 없고 고향과 인연이 없으며 친구가 별로 없다.

년(年)의 편관은 어린 시절에 힘들었다고 할 수가 있다.

월(月)에 있으면 직업이 불확실하다고 할 수가 있다.

일(日)에 있으면 자존심이 강하다.

시(時)에 있으면 노후가 불안하다.
신강 한 일주에 시주(時柱) 천간에 편관이 있으면 귀한 사주다.
편관은 내가 극(克)을 받으며 음양(陰陽)이 같은 것이다.
임(壬)수(水)가 진(辰)토(土)를 보면 편관이 된다.

오행으로 분석하여 보자.

甲木은 최고의 권력자

乙木은 참모진이다.

丙火 인기 연예인

丁火는 야간업소 출연진이다.

戊土는 악산

己土는 불모지다.

庚金은 야당성이 강하다
辛金은 음성적인 직업이다.
壬水은 독극물
癸水는 브로커다.

주거가 불안하며 항상 피로하다. 불구 장애 등 알 수 없는 잔병이 있는 것 같으며 재물 손실이 많아서 벌어도 지출을 따르지 못하고 재화(災禍)가 많다.

강자를 이용하여 약자를 도우나 조급한 성격이 편굴(偏屈) 되어 주위에서 싫어하는 사람이 많다.

인격과 권위는 있으나 타인과 투쟁이 심(甚)하고 권모술수가 뛰어나 상대방을 잘 이용한다.

모험심이 강하여 어떤 일에도 도전적이며 기회포착과 과단성(果斷性)이 정확하며 타인과 논쟁에서도 지기 싫어한다.
품위가 준수하고 문무(文武)에 이름이 자주 난다.

신약이면 의타심이 강하고 대담하고 난폭하여 문제를 일으키나 반성하는 마음보다는 반발과 적개심(敵愾心)이 불타고 성격이 조급하여 시기질투와 시비로 관재수(官災數)가 항상 따르고 몸에 흉터가 있으며 자식이 많다.

여자는 재가(再嫁) 팔자이며 구박(毆縛)속에 살아간다.
결혼 후 병이 들며 소실(小室)이나 첩으로 또는 정부(情婦)를 두기도 한다.

사주가 강하고 청(淸)하면 권력가의 아내로 살지만 때로는 의사 군인 기생 비구니도 많으며 신(神)병처럼 고생도 한다.

인간사는 자식 남편 정부 외할머니 매형 형부 며느리 시누이 등이다.

신명(神命)으로 분석하여 본다면 문무를 겸비한 할아버지 또는 허주일 가능성이 높다.

사회성으로는 명예직이며 최고의 권력 최고의 고통 군 검 경찰 권력 권위 높은 자리 봉사 복종 명령계통 희생정신 어려운 일 모방성 모험 인내심 신용과 직업 급진적 속단 의협심 자존심 고집 의리 명예 상신(傷神) 병액 환자 고집 형액(刑厄) 투쟁 고독 야성적 투쟁심 영리함 권력의 중심 감사관 강제성 폭력단 시체 귀 강직파직 충성 용감 침착함 야성적 우두머리 막노동 3D업종 빈곤 반발 적개 구박구타 구속 경쟁 피지배 억압 통제 감정적 경계 위험한곳 천재지변 기억력 여필종부 종점 앞장서기 체면 반항 스트레스 법 계통 야당 정치인 등 부정성(否定性)이 강하며 폭력적이다.

행동에 절도가 있으며 굴곡(屈曲)이 심하다.

정신적 인내력은 강하지만 과감한 모험심이나 지나친 투기심으로 낭패를 본다.

학력적으로 보면 2류 이며 정치나 권력 법조 윤리(倫理) 등으로 본다.

천간(天干)의 편관이 있으면 자기 억제나 참을성으로 보며 또는 감투에 애착을 가진다고 할 것이다.

지지(地支)는 극(克)과 극(克)의 관계로 행위를 한다.
야성적이며 무뢰한 타입에 인정과 의리가 있고 눈물이 많으며 기본적으로 인간적인 따뜻함을 속에 간직하고 또 그것을 바라고 있다.

의지가 강하며 모험을 할 수도 있고 투쟁심이 왕성하며 보통 수단이 넘는다. 두뇌 회전은 빨라도 인정에 약하여 가난한 자를 보면 가만 있지 못한다.

　남자는 강하고 늠름하지만 눈물이 많은 타입이며 여자는 우두머리 기질이 있다.

　편관이 강력한 단체로 분석하여 보자.

　木이면 인권계통

　火는 방송 언론계통

　土는 기업이나 금융계통

　金은 군부나 권력계통

　水는 학생이나 지식단체 등으로 분석하여 본다.

　편관은 인성을 좋아하며 식신을 싫어한다.

6하 원칙에 의하여 이해하여보자.

　　누가 : 회장님이…
　　언제 : 오늘…
　　어디서 : 이사회 회의실에서…
　　무엇을 : 차기 회장선출에 대하여…
　　어떻게 : 일방적으로 결정을 하였다.
　　왜 : 자신의 재산과 권력을 지키기 위해서…

8) 정관

　정관(합리적 지배를 받는다.): 타협적인 제도권에서 생활하는 것으로 본다. 법과 질서를 신중하게 여기며 모범적으로 바른 생활을 하면서 정확하다.

　타협적이지만 형식에서 벗어나지 못하고 일정한 상식을 중하게 여긴다.

자식 남편 직업 관직 명예 등으로 긍정적이며 타인의 보호 아래서 살아가는 것이 좋다.

음양(陰陽)도 다르고 오행(五行)도 다르지만 자신을 극(克)하는 관계이다.

식상(食傷)을 싫어하고 재성(財星)을 그리워하며 인성(印星)을 좋아한다.
비겁(比劫)을 보면 구속하려고 한다.
정관은 겁재(劫財)를 극(剋)한다.

남자 겁재는 이복(異腹)형제 자매 친구 등이며 여자 이복(異腹)형제 자매 친구 등이 있다.
약(弱)하면 무사하지만 정관이 강하면 겁재가 극(克)을 당하게 된다는 것이다.

정관은 나를 극(克)하는 관계로 음양(陰陽)이 다르다.
긍정적(肯定的)이며 경(庚)일주가 오(午)를 보면 정관이다.
상대적으로 겁재를 극(克)한다.

어떻게 상대를 교화(敎化)시키는지 오행(五行)을 보고 통변(通辯)한다.

오행으로 분석하여 보자.

甲木은 고위 공직자

乙木은 일반 공직이다.

丙火 문화 예술 체육장

丁火는 일반적인 문화 체육 예술 등의 활동인이다.

戊土는 국립공원

己土는 도립공원이다.

庚金은 여당 정치인

辛金은 긍정적인 관련단체이다.

壬水은 국가 연구소

癸水는 이익단체 연구소이다.

준법정신이 뛰어나고 품행이 단정하며 예의가 바르고 착실하며 온화하다.

보수적이며 청렴결백하고 남의 눈치나 체면을 많이 본다.

좋은 가문의 출신이며 원만한 가정에서 착하게 자랐다.

행동이 바르고 인내심도 있고 규칙적인 생활이 습관화 되어 있다.

누구에게나 인정받고 책임감이 강하며 판단력이 빨라서 윗사람들로부터 인정받아 승진이 빠르다.

명분을 중요시하며 한 방향으로 고지식하게 밀고 나가는 스타일이며 명랑 온후하다.

자존심이 강하고 사치를 하지 않고 근면 검소하며 성실 섬세하여 신용과 경우가 바르고 타인에게 신세 지지 않는 성격이며 책임감이 투철하다.

실속보다는 명예를 따르고 계획적인 행동을 하며 교제도 비교적 원만하다.

가정이 편안하고 건강과 학업성취도가 높으며 사회진출에 장애가 없이 순조롭다.

매사에 합리적이며 점잖게 행동하며 형식과 체면위주의 봉사정신도 있다.

신약일 때는 인격이 떨어지고 성취하고자 하는 것이 부족하다.

관살(官殺)이 혼잡하면 비천(卑賤)하게 살아가며 색난(色難)에 패가망신이 뒤따른다.

특히 여자 사주에 관살혼잡은 자기 수행을 철저하게 하여야 된다.

항상 불안하고 초조하다.
짜임새가 좋으면 매너가 좋고 권위의식이 강하다.
인간사는 자식. 남편. 정부. 며느리. 외할아버지 등…

　신명(神命)으로 분석하여 본다면 대감이나 할아버지로 본다.

　사회적으로는 직장 명예 표창 공직중책 체면 품위 형식적 양반 기질 계급승진 통제기관 용모 인격 책임감 신의 결백 보수적 소심 옹졸 배려심 관공서 질서 정법모범 내근직 군 경 검 행정관료 입찰 지배인 원리원칙 신사 정찰제. 인내심 타협 통합 전문적행정인 장기 합법적 명력계통 저장 암기 잔소리. 옳고 그름 평범 자원봉사 세밀 트집 상식적 감사 정도 기본양심 검사원 등…
정관은 행동이 바르며 인사성이 바르다.

　생각하는 것은 상당히 긍정적으로 예의와 예절, 그리고 매사에 정확하다.

　학력으로 보면 2류 이상의 실력으로 교육목적을 제외한 최고의 직업인으로 성장하려고 한다.

　木: 인격과 덕망
　火: 성급하며 불의에 대항
　土: 인품과 정직 약속
　金: 정직 의리
　水: 지혜 공정 인정이 많으면서 냉정하다.
　정관은 인성을 좋아하며 상관을 싫어한다.
　정관도 많으면 법을 교묘하게 이용하며 결과는 실패로 끝난다.

6하 원칙에 의하여 이해하여보자.

누가 : 아들이…
언제 : 수업시간에…
어디서 : 학교에서…
무엇을 : 교과서를…
어떻게 : 잃어버렸다.
왜 : 제자리에 두지 않아서…

9) 편인

편인(偏印)(깊이를 알 수가 없다.) : 무엇을 생각하는지 언제 끝이 나는지 알 수가 없으며 항상 이야기로 정당화 하려고 한다.

자신이 하는 일에는 믿음을 가지고 있지만 진행이 느리고 타인이 하는 것에는 의심을 많이 한다.

할아버지 할머니 계모 사위 가문서 무기명 서류 정신세계 등으로 전문적인 직업인으로 살아가면 좋다.

특히 의사나 학자 연구원이나 종교인이면 자신의 뜻을 펼쳐나간다.

부정적이지만 의심이 많아서 연구 개발 쪽으로 뛰어나며 때로는 강한 인내력으로 종교적으로나 문장가로 성공할 수도 있을 것이다.

요리에 타고난 감각이 있지만 나태(懶怠)하고 급변한 성격으로 구상은 잘 하지만 실천력이 약한데 능력을 발휘하면 성공한다.

음양(陰陽)은 같으나 오행(五行)이 다르고 자신을 생(生)하여 주는 관계이다.

재성(財星)을 싫어하고 관성(官星)을 그리워하며 비겁(比劫)

을 좋아한다.
식상(食傷)을 보면 흡수한다.
편인(偏印)은 식신(食神)을 극(剋)한다.

   남자 식신은 장모(丈母) 수명(壽命) 사위이며 여자는 자식(子息) 자궁(子宮) 수명(壽命) 등이다.

   편인이 약(弱)하면 무사하지만 편인이 강(强)하면 식신이 극(克)을 당하게 되며 심할 때에는 많은 장애가 일어날 수도 있다.

   편인(偏印)이란 나를 생(生)하여 주는데 음양(陰陽)이 같으며 부정적(否定的)이다.

병(丙)일주가 인(寅)을 보면 편인이다.
상대적으로 식신을 극(克)하며 건강상 문제가 있다.

   오행으로 분석하여보자.
   甲木은 최고의 전문 교육인
   乙木은 연구원이다.
   丙火 전문 창작 예술인
   丁火는 미확인 정보이다.
   戊土는 무기명 채권
   己土는 주식정보다.
   庚金은 작전문서
   辛金은 비공개 정치문서이다.
   壬水은 연구논문
   癸水는 발표되지 못한 논문이다.

   두뇌 회전이 빠르며 눈치와 임기응변이 대단하고 성격이 조금 급한 편이면서 외모가 씩씩하고 군자같이 보인다.

   말과 행동이 일치하지 않으며 비상한 생각으로 시작은 잘하나 과정에서 나태(懶怠)하여 결과가 미약하다.
싫증을 잘 내고 태만(怠慢)한 성격이 있다.

자존심이 강하고 요령(要領)과 몸단장에 신경을 많이 쓰며 칭찬은 좋아하지만 잔소리는 싫어한다.

정신적인 학문과 예술에 뛰어나며 끝맺기가 힘들고 대충 대충 일을 처리하여 성공률이 아주 낮다.

심신이 나태하여 안과 밖이 다르기 때문에 심(深)히 측량하기가 힘들며 변덕과 경솔한 행동을 자주 드러낸다.

식신을 극(克)하기 때문에 수명(壽命)이 짧고 복(福)이 부족하다.

사주에 편인이 많으면 만사가 잘 안 되며 다양한 직업과 기술 그리고 기행(奇行)을 잘한다.

고독에 익숙하여 깊은 정신수련이나 철학 쪽으로 잘 발달된다.

특이한 재능이나 취미가 있고 자기 멋대로 행동하며 자유업이나 전문적인 것에 소질이 있다.

즉흥적 위기 모면이나 거짓말 기만성은 타의 추종을 불허한다.

자식 복이 없고 본인이 싫어하는 것은 여하한 경우라도 하지 않으려고 하며 의견 충돌이 자주 일으킨다.

양(陽) 편인이 많으면 도식이라고 하여 자식이 부모보다 앞서 죽은 예가 많다고 할 수 있다.

비현실적이며 종교나 철학과 역학에 관심이 많으며 참선(參禪)이나 기도 수행 수도(修道) 같은 것이나 무속(巫俗)적 신비와 무형(無形)의 정신세계에 잘 빠져 든다.

부정인 것을 잘 찾아내며 의심이 많고 불평불만이 심(甚)하다.

변덕과 색난 그리고 변태적(變態的) 기질 시기 질투가 많으며 게으르다.
변호사보다 더 뛰어난 언어 구사로 상대를 이해시킨다.
구속되는 것을 싫어하고 싫증을 잘 낸다.
한번 좌절하면 극한 상황까지 생각하며 깊은 수면(睡眠)유지가 안 되어 신경과민으로 건강이 나쁘다.
성격이 까다롭고 분석적이며 주도면밀하다.
한편으로는 인자하고 가정적이며 학자의 기질이다.
인간사는 계모 서모 할머니 조부 사위 손자 어머니 등등…

　신명(神命)으로는 할아버지 글 문으로 분석한다.
　사회성은 교수 가문서 전문학 외국어 각종계약서 각종금융증권 보험과 대행문서 신비주의 정신세계 침실 섹스 공상 여행가이드 잡지 소설가 환자 변덕 의심 임기능변 부도 도둑 사기 놀부 파재 단명 이별 고독 실패 실직 욕심 가난 천재성 불구 참모 비서 예술성 기인 기술 전문요리 창작 종교학 발명가 연구원 판결문 송사 소개서 보증서 변호사 검사 감별사 분석가 정보과 약사 약물 중독자 대인관계 수용성 인내심 식당 활인 법무 서사 대서 대필 공증 집요성 하자 문제점 비평 비판 전문 기술서적 세관원 잔소리 중도하차 정류장 거짓말 많은 생각 거지근성 게으름 등…
　편인(偏印)은 행동적으로는 열심히 하는 것 같으나 싫증을 잘 내며 게으른 사람이 많다.
　마무리가 힘들고 본인 스스로 참아야 하고 노력 여하에 따라서 성패가 좌우된다.
　전문적인 한 방향으로 연구나 공부 또는 수도(修道)를 하면 좋은 결과가 있으나 지속성이 없어서 힘이 든다.
　학력으로 보면 초일류에 해당하지만 학문이나 전문 연구개발 언어 논문 등으로 본다.

편인(偏印)이 전문적인 학문으로 분석하여 보자.

木이면 교육연구나 유전 공학

火는 창작예술이나 전자공학

土는 금융이나 지질학

金은 정보작전이나 금속공학

水 법학이나 물리 화학 등으로 분석하여 본다.

두뇌회전은 빠르지만 마무리 하려는 근성이 약(弱)하다.

정신세계에서는 특이한 능력을 발휘 할 수도 있으며 종교에 관련되는 것은 관심이 많다.

무엇보다도 공상(空想)과 상상력이 뛰어나서 창작 창조 개발 등 다양한 방면으로 관심이 많으나 전문적이지 못하다.

천간(天干)에 편인이 있으면 언어가 뛰어나며 정신세계에 관심이 많아서 꿈의 세계로 살아간다.

지지(地支)에 편인이 있으면 게으르며 그로 인하여 병마(病魔)에 시달릴 수 있다.

편인(偏印)은 비견(比肩)을 좋아하며 편재(偏財)를 싫어한다.

6하 원칙에 의하여 이해하여보자.

    누가 : 유능한 변호사가…
    언제 : 오후에…
    어디서 : 법원에서…
    무엇을 : 변호를 하려고…
    어떻게 : 소송 문서와 증거자료를 가지고…
    왜 : 변론하여 합의서나 판결문을 받으려고…

10) 정인

정인(正印) (자신의 깊이를 어느 정도 드러낸다.) : 자신이 알고 있는 만큼 전해주고자 하며 항상 어질고 인자하다.
상대를 잘 타이르며 교화(敎化)하고 상당히 교육적이다.
긍정적이라서 믿음이 강하고 전형적인 어머니 상이다.

음양(陰陽)이 다르며 오행(五行)도 다르지만 나를 생(生)하여 주는 관계이다.

재성(財星)을 싫어하고 관성(官星)을 그리워하며, 비겁(比劫)을 좋아한다.
식상(食傷)을 보면 타이른다.
정인(正印)을 때로는 인수(印綬)라고도 한다.
인수(印綬)는 상관(傷官)을 극(剋)한다.

남자 상관은 조모(祖母) 사위 예술(藝術) 선생(先生) 등이며 여자는 자식(子息) 조모(祖母) 교사(敎師) 등으로 인수가 약(弱)하면 무사하지만 인수가 강(强)하면 상관이 극(克)을 당하여 몰락(沒落)하게 된다.

인수(印綬)는 나를 생(生)하여 주는데 음양(陰陽)이 다른 것이다. 갑목(甲木)이 자수(子水)를 보면 인수이다.
총명하고 지혜가 많다.
눈빛이 맑고 빛이 나며 점잖은 성품의 인격자다.
건강하며 병이 없고 해(害)가 없으며 음식을 잘한다.

반면에 재물에 인색하여 이기적인 면이 강하고 수행(修行)이나 수양(修養)으로 자신을 잘 다스리며 재물에 여유가 있다.
또한 의리를 생각하게 되니 자연히 군자의 기풍으로 집착력을 버리고 사심 없이 마음이 여유로워 많은 사람이 따른다.

서정적(抒情的)이고 정서적(情緒的)이라 자기위주에 많은 사람들이 있으며 이해심과 아량이 넓고 긍정적인 사고로 품위와 자존심 명예를 중요시 한다. 깨끗한 환경을 좋아하고 앞에 나서는 것을 싫어하지만 지혜와 언어구사력(驅使力)이 뛰어나며 종교적이다.

오행으로 분석하여보자.

甲木은 교육 책이나 교사

乙木은 학습지나 보모이다.

丙火 그림이나 서예

丁火는 사진이나 영상이다.

戊土는 논문 소설

己土는 번역이나 통역이다.

庚金은 계약서나 활자

辛金은 문서나 인쇄이다.

壬水은 판결문이나 계획서

癸水는 연설문이나 비밀문서이다.

모성애가 강하여 순수하고 진실하나 인성이 많으면 망상이 많고 게으르며 자식인연과 남편인연이 없다.

인간사는 어머니. 장인. 사위. 계모 등…

신명(神命)으로는 글 문이나 대신으로 분석한다.

사회성으로는 교육 인문 문서 수양 예술 학문 정신 윤리 추진력 집중력 직관력 영감 예언 예감 지혜 총명 논리적 음덕 수명 학자 교육자 언론인 저자 대필자 종교계 도장 모성애 도덕성 눈치 글 자격증 덕망 얼굴 머리 의무와 책임감 고지식 문학기획 의학 정치 국문학 생산학과 예습 복습 국어 언어 부모덕 윗사람 귀인 생각뿐 바른말 등…

　정인(印綬)은 행동이 어질고 보호정신이 강하며 실천하여 보여주는 식의 가르침이다. 또한 정인은 생각이 깊으며 교육자에 적합하고 언어가 차분하며 생각이 깊다.

　학력적으로 보면 일류이며 학문이나 전문적인 교육자 언어 논문 등으로 본다.

　인수(印綬)를 어머니로 정하여 분석하여보자.

　木은 어질고 교육적인 면이 강하다.

　火는 팔방미인이시며 자랑을 많이 한다.

　土는 언어가 적으며 믿음이 강하고 알뜰하다.

　金은 건강하며 강하고 도전적인 어머니다.

　水의 어머니 상은 차분하고 논리적이다.

　자식을 위해서 희생적이지만 건강이 안 좋다고 본다.

　천간(天干)에 있으면 가르치고자 하는 생각과 보육(保育)적으로 바라보며 지지(地支)에 있으면 어머니의 특성이 알게 모르게 드러낸다.

　정인(印綬)은 정재(正財)를 싫어하며 비겁(比劫)을 좋아한다.

　6하 원칙에 의하여 이해하여보자.

> 누가 : 행정관이…
> 언제 : 근무시간에…
> 어디서 : 국회 청문회에서…
> 무엇을 : 업무보고서를…
> 어떻게 : 공개적 질의에 답하고 있다.
> 왜 : 투명하게 행정처리 한다는 것을 검증받기 위해서…

3. 십신의 관계성 이해

1) 공간(空間)
비겁은 텅 빈 허공으로 누구나 쉽게 갈 수 있는 공간
식상은 새롭게 형성된 공간
재성은 가까운 곳으로 자주갈 수 있는 공간
관성은 아주 오래 되었거나 쉽게 갈 수 없는 공간
인성은 미지의 공간

2) 거리(距離)
비겁은 현재의 자리
식상은 새로운 자리
재성은 진행하다가 머무는 곳
관성은 높은 자리로 이동
인성은 어떠한 곳이라고 드러내지는 않는다.

3) 인연(因緣)
비겁은 서로 알고 지내는 관계이며 친하지만 경쟁적인 관계
식상은 생각하고 아껴주고 베풀어주고 싶어 하는 관계
재성은 도움을 받을 수 있는 사람 또는 목적으로 이루어진 관계
관성은 일정한 법을 정하여 서로의 권리를 침범하지 못하는 관계
인성은 수단을 동원하여 때로는 좋게 혹은 나쁘게 주고받는 관계

4) 사회(社會)
비겁은 일상적인 일 (노력)

식상은 생산적이고 흥겨운 일 (활동)
재성은 이익이 되는 일 (관리)
관성은 명예와 권력에 의하여 움직이는 일 (계급)
인성은 노출되지 않는 일 (비밀)

5) 재물(財物)

비겁은 재물에 관심은 많으나 가지기 힘이 든다.
(비견: 평범한 생활. 겁재: 어렵게 생활. 극히 일부는 최상류)

식상은 투자할 곳을 항상 찾는다.
(식신: 여유롭다. 상관: 빈부의 차가 심하다.)

재성은 강한 투기성을 가진다.
(정재: 편안하게 살아간다. 편재: 부자가 많으나 몰락도 잘한다.)

관성은 정확한 이익을 생각한다.
(정관: 상류층으로 본다. 편관: 최상이나 최하에 속한다.)

인성은 문서적인 것으로 정보에 의지하며 손익을 계산한다.
(정인: 알게 모르게 부유하다. 편인: 부유한 것 같지만 빚으로
 살아간다.)

6) 승과 패(勝敗)

비겁은 무승부
(비견: 단체… 겁재: 개인…)

식상은 경기시작
(식신: 새로운 경기… 상관: 재(再)경기…)

재성은 패자
(정재: 정기적인 경기… 편재: 친선경기…)

관성은 승자
(정관: 리그… 편관: 토너먼트…)

인성은 승부차기
(정인: 규정된 인원만… 편인: 추가 인원까지…)

7) 성격(性格)

비겁은 고집과 아집으로 뭉쳐있다.
(비견: 평범하고 원만하다. 겁재: 평범하지만 부정적이 있다.)

식상은 여유롭다.
(식신: 어질고 후하다. 상관: 원만한 것 같으면서 까다롭다.)

재성은 상당히 계산적이다.
(정재: 계산적이다. 편재: 주인의식이 없어 보이지만 자기위주다.)

관성은 고지식한 편이며 방어적인 것 같으나 실체는 공격적이다.
(정관: 예의바르고 정확하다. 편관: 바르지만 폭력적이다.)

인성은 인자하지만 속내를 숨기고 참는다.
(정인: 인자하고 어질다. 편인: 인자하지만 이중성이 강하다.)

8) 직업(職業)
비겁은 누구나 할 수 있는 일반적인 분야
(비견: 평범한 일반직… 겁재: 일용직 촉탁…)

식상은 연구하고 생각하여 만들거나 수리 변형하는 분야
(식신: 개발 생산… 상관: 예능 기술…)

재성은 관리나 사업적인 분야
(정재: 일반적 관리… 편재: 장사나 무역…)

관성은 고정된 자기분야 또는 특성이 있는 분야
(정관: 사무직(공무) 사장… 편관: 계약직(촉탁) 회장단…)

인성은 교육이나 행정이며 언어분야
(정인: 법이나 교육… 편인: 전문 연구…)

9) 학문(學文)
비겁은 일반적인 학문으로 전문학 또는 체육학
식상은 기술을 전문으로 하거나 개발하는 특수연구 전문학
재성은 관리나 무역학으로 경제 관련학
관성은 단체를 관리하거나 운영하는 정치학
인성은 인류발전이나 교육목적으로 하는 인성학

10) 유형(有形)

비겁은 있으나 마나 하다.
(비견: 변함없이… 겁재: 차이가 많이 난다…)

식상은 생겨난다.
(식신: 줄어들지 않는다… 상관: 변화가 심하다…)

재성은 이익과 손실
(정재: 계산된 이익… 편재: 투기성 손실…)

관성은 사회적 직위
(정관: 평범한 권력… 편관: 강력한 명령권…)

인성은 문서화된 것
(정인: 확정된 문서… 편인: 수정이 가능한 문서…)

11) 무형(無形)

비겁은 보이는 상(想)
(비견: 보여 지는 상(想)… 겁재: 가물거리는 상(想)…)

식상은 꿈
(식신: 길몽(吉夢)… 상관: 흉몽(凶夢)…)

재성은 투기
(정재: 현실성이 가능한 것… 편재: 비현실적인 것…)

관성은 명예
(정관: 국가적인 것… 편관: 대 국민적인 것…)

인성은 언어
(정인: 바르고 고운 우리말… 편인: 알아듣지 못하는 외국어…)

12) 신명(神命)
비겁은 신장이나 걸립 선녀 또는 5대조 (허주)
식상은 대신보살이나 동자설녀 (식신친가. 상관 외가)
재성은 할아버지나 아버지 또는 한량대감 (시집)
관성은 대감이나 국사 문무겸한 대감 (허주)
인성은 할머니 또는 글 문 (종교)

4. 종교적 이야기

木은 양식이므로 유교의 감사함에 동의하는 것이다.

火는 사랑과 믿음과 소망으로 자신을 드러내려는 것으로 기독교의 생각과 동의하는 것이다.

土는 자연적이며 토속적인 민족의 신앙의 대상이므로 무속과 같은 이념이다.

金은 결실이며 핵이다. 즉 하나뿐인 마음으로 오로지 그것을 중히 여기고 다스리는 종교로 불교와 일치하는 것이다.

水는 스스로 알아서 찾아들어가고 흐르므로 홀로 각고의 노력을 통해 하늘에 오르길 바라는 생각이 도교의 교리와 일치하게 보는 것이다.

제 7 장

지장간(地藏干)

1. 지장간이란?

제7장
지장간(地藏干)

1. 지장간이란?

 지장간(地藏干)이란 지지(地支) 속에 암장(暗藏)되어 있는 천간(天干)을 말한다.
 이는 원인(原因)이나 어떠한 뜻인가를 나타내는 것이며 깊게는 생각이나 마음 또는 전생(前生)을 그려내며 때로는 어떤 형상(形象)을 글자로 드러내기도 한다.
 지장간(地藏干)을 깊이 있게 연구 분석하여 보면 자연사의 모든 이야기를 할 수 있도록 한 것이며, 무엇이든 지장간 속에서 읽어야 한다.
 그렇게 하려면 글자로 분석하는 것이 아니고 지장간의 또 다른 생각을 읽어야 한다.
 이것이 우리 인간사로 이야기 한다면 육신(肉身)은 혼자이지만 생각(生角)이라는 것이 있고 더 깊이는 마음(心)이라는 것이 자리한다.
 또한 전생(前生)과 내생(內生)과 후생(後生)을 가지고 있으며 역시 살아가면서 주변(周邊) 인물(人物)이나 결혼하여 동거인

(同居人)이나 후손(後孫)까지도 장간에서 이야기 할 수가 있다.

그렇게 하려면 지장간의 육합(六合)으로 하는 글자와 충(沖)으로 하는 글자 그리고 삼합(三合)이나 방위합(方位合) 또는 자신이 싫어하는 것을 알고자 한다면 형(刑) 충(沖) 파(破) 해(害)의 글자를 찾아서 읽고 원인을 분석하여 또 다른 글자를 응용하여 해원(解冤)시키는 방법으로 다양하게 쓰여지는 것이 지장간이라고 할 수가 있다.

학문적으로 용신(用神)과 격국(格局)을 정하는 등 쓰임새가 적으면 응용할 수가 없다.

지장간을 충분하게 응용하여 다양한 방면으로 사용하려면 무엇보다도 지지를 잘 이해하고 지지의 깊은 뜻을 분석하여야 한다.

이는 학문적(學問的)으로 분석하는 것보다는 자연적(自然的)으로 이해하고 분석하는 것이 쉽고 이해가 빠르다.

단순한 글자이지만 어마어마한 뜻이 담겨져 있다는 사실을 알고 심도(深度)있게 연구하여 보길 바란다.

지장간을 육합(六合)으로 분석하여보면 木 6개 火 9개 土 6개 金 6개 水 6개 있으며, 총 33개로 이루어져 있는데 특이한 것은 火가 당연히 많다는 것이다.

이는 火가 무형(無形)이므로 표현이 다른 오행보다 다양하다는 것이다.

또한 열(熱)과 빛(光)이 가장 중요하다는 것이다.

장생(長生)지: 처음 시작으로 역마살 망신살 지살 겁살이다.

	여기(餘氣)	중기(中氣)	정기(正氣)
인(寅)	무(戊)7일2분	병(丙)7일2분	갑(甲)16일5분
신(申)	무(戊)7일2분	임(壬)7일2분	경(庚)16일5분
사(巳)	무(戊)7일2분	경(庚)7일2분	병(丙)16일5분
해(亥)	무(戊)7일2분	갑(甲)7일2분	임(壬)16일5분

寅 申 巳 亥는 장생지로서 무(戊)토(土)가 공통적으로 있다.
이는 모든 것이 토(土)에 의하여 생멸(生滅)을 한다고 보는 것이다.

인(寅)월에는 丙火가 장생이며 甲木이 본성이다.
신(申)월에는 壬水가 장생이며 庚金이 본성이다.
사(巳)월에는 庚金이 장생이며 丙火가 본성이다.
해(亥)월에는 甲木이 장생이며 壬水가 본성이다.

자연적(自然的)
인(寅) 戊丙甲: 나무들이 꽃이 만발한다.
신(申) 戊壬庚: 바위 밑에서 물이 흐른다.
사(巳) 戊庚丙: 땅속 깊은 곳에 용암이 흐른다.
해(亥) 戊甲壬: 생명체는 쉬어야 재생된다.

계절적(季節的)
인(寅) 戊丙甲: 월 산과 들에 새싹이 피어난다.
신(申) 戊壬庚: 월 산속 바위 밑에 샘물이 난다.
사(巳) 戊庚丙: 월 땅속의 열기로 인하여 광물이 만들어진다.
해(亥) 戊甲壬: 산과 들에 나무들이 얼지 않으려고 물을 내린다.

일일(一日)

인(寅) 戊丙甲: 새벽에 여명이 밝아온다.

신(申) 戊壬庚: 오후에 어둠이 시작된다.

사(巳) 戊庚丙: 오전에 모든 것이 제일 활기차다.

해(亥) 戊甲壬: 저녁에 모든 것이 멈춘다.

시간적(時間的)

인(寅) 戊丙甲: 시에 살아있는 것들이 깨어난다.

신(申) 戊壬庚: 시에 어두움으로 음(陰)의 세계가 시작한다.

사(巳) 戊庚丙: 시에 살아있는 것들이 왕성하게 활동한다.

해(亥) 戊甲壬: 시에 살아있는 것들이 쉴 때이다.

제왕(帝王)지: 최고의 자리이며 장성살 재살 년살 육해살 도화살이다.

	여기(餘氣)	중기(中氣)	정기(正氣)
자(子)	임(壬)10일3분		계(癸)20일6분
오(午)	병(丙)10일3분	기(己)11일1분	정(丁)10일6분
묘(卯)	갑(甲)10일3분		을(乙)20일6분
유(酉)	경(庚)10일3분		신(辛)20일6분

제왕지로서 본성만 간직한다.

자(子)수는 壬 癸만이 있다.

오(午)화는 丙 己 丁가 있다.

己土는 무형(無形)이라 열기(熱氣)와 빛(光)을 표현하기 위함이다.

묘(卯)목은 甲 乙뿐이다.

유(酉)금은 庚 辛만 있다.

자연적(自然的)
자(子) 壬癸: 물이 정화하려고 북쪽으로 돌아간다.
오(午) 丙己丁: 열과 빛으로 자신을 드러낸다.
묘(卯) 甲乙: 끝없는 변화를 요구한다.
유(酉) 庚辛: 단단해야 보전된다.

계절적(季節的)
자(子) 壬癸: 물이 맑고 차다.
오(午) 丙己丁: 열기와 빛이 대지로 스며든다.
묘(卯) 甲乙: 나무들이 성성하고 푸르다.
유(酉) 庚辛: 열매가 빛과 모양 그리고 맛이 최고다.

일일(一日)
자(子) 壬癸: 자정에 모든 것을 놓고 깊은 수면에 든다.
오(午) 丙己丁: 정오에 하루 중 최고로 열기가 가장 강하다.
묘(卯) 甲乙: 이른 아침에 강한 원기로 시작한다.
유(酉) 庚辛: 이른 저녁에 지쳐서 하루를 정리한다.

시간적(時間的)
자(子) 壬癸: 시가 가장 어둡다.
오(午) 丙己丁: 시가 가장 밝다.
묘(卯) 甲乙: 시에 가장 생기가 넘친다.
유(酉) 庚辛: 시에 가장 피로하다.

묘(墓地)지: 생(生)을 마감하고 흙으로 돌아간다. 반안살 수옥살 월살이다.

	여기(餘氣)	중기(中氣)	정기(正氣)
진(辰)	을(乙)9일3분	계(癸)3일1분	무(戊)18일6분
술(戌)	신(辛)9일3분	정(丁)3일1분	무(戊)18일6분
축(丑)	계(癸)9일3분	신(辛)3일1분	기(己)18일6분
미(未)	정(丁)9일3분	을(乙)3일1분	기(己)18일6분

寅 申 巳 亥는 장생지로서 무(戊)토(土)가 공통적으로 있다. 이는 모든 것이 토(土)에 의하여 생(生) 한다고 보는 것이다.
辰 戌 丑 未는 묘지(墓地)로서 土에서 생(生)하고 멸(滅) 한다고 하여 戊己土를 마지막에 두고 있다.

辰土는 乙木이 많은 물을 먹고 살아간다고 癸수와 戊토가 있으며 이들이 合火 한 것은 살아간다. 또는 변화된다는 것이다.
그래서 水의 묘지(墓地)다.

戌土는 辛金을 오랫동안 보전하기 위하여 丁火의 빛으로 천천히 건조하여 戊土에 보전하려고 하는 것이다.
그래서 火의 묘지(墓地)다.

丑土는 癸水를 정화하고 다시 흘러 보내기 전에 辛金의 얼음으로 냉동 살균하여 己土가 있는 곳으로 보낸다.
그래서 금(金)의 묘지(墓地)다.

未土는 丁火의 꽃가루를 멀리 보내려고 乙木 바람을 이용하여

己土의 넓은 땅으로 보내는 것이다.

그래서 목(木)의 묘지(墓地)다.

자연적(自然的)
진(辰) 乙癸戊: 물에 의하여 생멸(生滅)을 거듭한다.
술(戌) 辛丁戊: 열과 빛에 의하여 순환하고 발전한다.
축(丑) 癸辛己: 단단하고 강하여야 영원할 것이다.
미(未) 丁乙己: 아주 작은 것에서 시작된다.

계절적(季節的)
진(辰) 乙癸戊: 봄에 새 생명이 자라므로 물이 필요하다.
술(戌) 辛丁戊: 가을 곡식을 보전하려고 빛으로 말린다.
축(丑) 癸辛己: 겨울 추위 속에 물이 얼어 살균된다.
미(未) 丁乙己: 여름 지열(地熱)과 하늘의 빛으로 만물이 지친다.

일일(一日)
진(辰) 乙癸戊: 이 시간에 안에서 밖으로 나가야 한다.
술(戌) 辛丁戊: 이 시간에 밖에서 안으로 들어와야 한다.
축(丑) 癸辛己: 이 시간은 여하한 일이 있어도 잠을 자야 한다.
미(未) 丁乙己: 이 시간이 가장 힘이 들고 지친다.

시간적(時間的)
진(辰) 乙癸戊: 시에 일터로 나아가야 한다.
술(戌) 辛丁戊: 시에 하루를 마감하고 포근하게 쉬어야 한다.
축(丑) 癸辛己: 시에는 죽은 듯이 수면에 들어있다.

미(未) 丁乙己: 시에는 지쳐서 나른하다.

1) 자(子)

子水에는 壬癸가 있는데 이는 동짓달에 물이 북(北)쪽으로 흘러가는 것이다. 그래야 정화(淨化)가 되고 보다 맑은 물을 생명체(生命體)들에게 공급하려고 하는 것이다.

동짓달이 오기전까지의 물의 수난(受難)은 이루 말로는 표현이 안 된다. 戊土의 하늘로 癸水가 올라가서 뜻이 같은 것끼리 뭉쳐진 것이 己土이며 이 속에는 많은 생명의 씨앗이 들어있다.

어떠한 조건에 의하여 땅으로 떨어지면 수많은 생명체(生命體)가 또 다른 생(生)을 받아서 새싹을 틔우는 것이다. 그것이 甲木이라고 할 것이다.

만약 사람들이 살아가는 공간(空間)으로 이동하여 보자.
하루 중에는 꼭 亥子丑시(時)에는 잠을 자며 쉬라는 것이고 일년 12달 중에 亥子丑월(月)에는 활동력(活動力)을 최소한으로 줄이고 쉬어야 하는 계절인 것이다.
특히 자시(子時)에는 모든 것이 쉬는 것이며 음(陰)의 기운이 강하다.

그래서 겨울이란 혹한기를 두고 모든 것의 성장이나 활동을 억제한다고 할 수가 있으며 이는 더욱 강하고 새로운 것으로 거듭나기 위함일 것이다.
이를 인생에서 바라보면 12년에 한 번씩 찾아오는 삼재(三災)라고 하는 것과 같다.

지장간의 壬癸는 분명 丁火와 합하여 木은 새 생명을 이야기하며 戊土와 합하여 火는 새로운 생명체(生命體)에 이로움을 준다는 것이다.

2) 축(丑)

丑土에는 癸 辛 己가 있는데 이는 물이 초저온 살균(殺菌) 처리를 한다는 것이다.

이는 북(北)으로 돌아 정화(淨化)한 물을 초저온 장기 살균 처리하는 것과 같은 것이다.

그래야 많은 생명체(生命體)들에게 안심하고 공급할 수가 있는 것이다. 만약 탁(濁)한 물을 맑게 정화(淨化)만 하였다면 에너지원으로는 사용을 할 수가 없을 것이다.

만약 살아있는 생명체들이 소독되지 않은 물을 공급받아서 섭취하면 병원균(病原菌)에 감염되어 오히려 멸종(滅種)을 하고 말 것이다.

이를 인간사에 적용한다면 하루 중에는 여하한 일이 있어도 축시(丑時)에는 단잠이라도 취해야 된다는 것이다.

일년 중에는 축월(丑月)이 가장 춥다는 것이며 12년에 마지막 한해는 꼭 정리를 하고 다시 진행하여야 한다.

만약 그러하지 못하고 인간의 욕심으로 살아간다면 운(運)을 따질 것이며 한 생(生)을 살아가는데 몇 번의 공든 탑이 무너지는 것과 같은 것이다.

지장간의 癸水는 戊土와 合火하여 미세하게 분해되어 재생(再生)할 것이고 분해된 물의 입자 辛金은 丙火의 열기로 다시 水로 변하고 이렇게 맑고 좋은 물은 己土의 땅속으로 흡수되어 수많은 생명체의 甲木을 탄생한다고 할 수가 있다.

이렇게 정화된 물을 水火의 沖으로 대변화를 요구하는 것이며 이를 合土에 담아두는 것이다.

3) 인(寅)

寅에는 戊 丙 甲이 있다. 이는 모든 생명체들이 깨어난다는 것이다.

만약 인월(寅月)의 대지에 따스한 햇살을 받고도 새싹을 틔우지 못하고 또한 수분이 없다면 많은 생명체(生命體)들이 살아남지 못하고 멸종(滅種)할 수도 있다.

특히 우리 농경사회에서는 인월(寅月)에 파종(播種)할 준비를 하지 못하면 한해의 먹거리를 구할 수가 없으므로 상당한 고통을 받을 것이다. 물론 도시에도 이와 같이 일찍 일어나 하루를 준비하는 자가 잘 살아가는 것은 당연한 것이다.

인시(寅時)에 저 멀리서 여명이 밝아온다.

하루를 시작하려고 깊은 수면에서 깨어날 준비를 한다.

인월(寅月)은 한해의 농사를 준비하려고 할 것이다.

자연에서는 산과 들에 새싹이 튼다고 할 것이다.

지장간의 戊土는 癸水와 합하여 火로 변화하여 밝음이 찾아든다고 할 것이며 丙火는 辛金과 합하여 水가되어 새로운 에너지를 가지고 열심히 살아가려고 甲己合土할 것이다.

그래서 또 다른 새 생명(生命)으로 태어나거나 아니면 살아가려는 것이다.

4) 묘(卯)

卯에는 甲과 乙이 있는데 이는 강한 생명력(生命力)을 나타내는 것이다.

묘월(卯月)에는 생명을 가진 것들이 가장 건강하게 살 수 있는 계절인 것이다.

만약 묘월(卯月)에 건강하지 못한다면 이는 한해를 잘 견딜 수가 없다고 할 것이다.

또한 한해의 농사를 지으려면 이월(二月)이 가기 전에 묘종(苗種)을 하여야 한다.

즉 인월(寅月)에 농사지을 준비를 하여 묘월(卯月)에 묘종(苗種)을 심어야 한다는 것이다. 그래야 삼월에 이양(移讓)할 수가 있을 것이다.

물론 직접적으로 파종(播種)하는 것도 많이 있다고 한다.

하루의 시작은 묘시(卯時)부터 왕성하게 활동하며 묘월(卯月)에는 포근한 봄날이라서 만물이 성장하는데 최고의 계절인 것이다.

자연에서 바라본 卯는 가장 왕성하게 성장할 때라는 것이다.

그래서 지장간에서 甲木이 己土와 합하여 土로 변화한 것이며 乙木은 庚金과 합하여 金으로 변화한 것은 땅에 파종(播種)한다는 것이다. 즉 땅속에 씨앗을 묻어두는 것이다.

5) 진(辰)

辰土 속에는 乙 癸 戊가 있다.
이는 수많은 생명체(生命體)들이 물을 필요로 한다는 것이다.
그래서 생명력(生命力)을 가진 것들은 스스로 자신을 성장하는 계절이다.

만약 진월(辰月)에 물이 없어 아무것도 하지 못하고 멈춘다면 생명력이 떨어지고 장래를 보장 받을 수가 없을 것이다.
혹 생명을 가지고 살아간다고 하여도 종족(種族)번식(繁殖)에 실패할 수가 있으며 강한 경쟁력(競爭力)에서 밀려날 것이다.

이 시기에 묘종(苗種)도 옮겨 심어야 하고 물도 충분하게 있어야한다.

 하루 중 진시(辰時)에 자신이 활동하는 곳으로 자리를 옮겨갈 것이며 진월(辰月) 봄바람에 많은 생명체들이 화려하게 피어난다.

 자연으로 분석하여 보면 화사한 기운(氣運) 속에 만물이 각자의 영역을 만들면서 자신의 모습을 드러내려고 한다.

 지장간에는 乙木이 庚金과 合하여 봄바람에 파종을 할 것이며 癸水는 戊土를 合하여 火로 변화하니 이는 따스한 계절이라 乙木이 푸르게 피어난다는 것이다.

6) 사(巳)

 巳火는 戊 庚 丙이 있다.
이는 땅속의 지열(地熱)로 광물이 형성된다는 것이다.
사월(巳月)은 강렬한 태양과 충분한 수분(水粉)을 요구한다.
그리고 또 다른 생명을 잉태(孕胎)하려고 바람과 곤충들의 노력을 요구하는 것이다.

 이는 바람에 가루를 날리고 꽃으로 자신을 드러내면서 향기로 곤충(昆蟲)들을 불러들여서 꿀을 주면서 자신의 번식(繁殖)을 위하여 노력을 부탁하는 것이다.

 사월(巳月)에 자신이 잉태를 하려고 꽃을 피우지 못한다면 벌나비들이 다가오지 않을 것이며 그렇게 된다면 자신의 꽃가루를 보다 많이 보내지 못하여 후손(後孫)을 걱정하여야 할 것이다.

 하루 중에는 가장 왕성하게 자신의 일터에서 노력할 때이다.

 가장 활동하기가 좋아서 능률이 많을 때라고 한다.

 자연 속에서는 일 년 중 가장 포근하고 왕성한 성장기(成長期)라고 한다.

지장간에는 戊土가 癸水을 合火하여 적당한 열기가 땅으로 내려와 포근한 초여름을 알릴 것이며 庚金은 乙木을 불러서 자신의 종자(種子)를 바람결에 또는 곤충(昆蟲)들을 이용하여 맺을 것이다.

또한 丙火는 辛金과 合水로 하여 수분이 아지랑이로 변하여 너울거리며 하늘로 올라가면서 성장을 알리는 것이다.

7) 오(午)

午火는 丙己丁이 있는데 이는 오월(午月)의 열기(熱氣)가 대지 속으로 스며든다는 것이다.
오월(午月)의 작열하는 태양 아래 무엇 하나 견딜 수가 있겠는가? 하지만 모진 것이 목숨인지라 살아있는 생명체(生命體)들은 각각의 고통을 이겨내면서 종족(種族)을 번식하려고 안간힘을 쓴다.

이렇게 뜨거운 여름날이지만 강한 생명력(生命力)을 가진 잡초들은 꾸물꾸물 자신의 영역을 확장하려고 할 것이고 화려한 꽃들은 씨종을 맺으려고 노력한다.

하루 중 가장 뜨거운 시간이라서 모든 것이 지쳐있을 것이며 능력도 떨어진다.

계절적으로는 꽃과 열매가 동시에 있으므로 속히 꽃을 떨어뜨리고 알찬 결실(結實)을 위하여 어마어마하게 진땀을 흘리며 노력할 것이다.

자연으로 바라보면 하늘에서 쏟아지는 태양열에 산천의 생명체들은 기진맥진하여 흐느적거릴 것이고 모든 것이 더위를 피하여 쉬고 싶을 것이다.

지장간을 분석하여 보면 丙火의 꽃이 辛金의 열매로 변화하여 영글어가는 것을 水로 표현한 것이다.

己土의 새로운 것이 甲木을 만나서 하나의 새로운 생명체를 만들어가는 것을 土로 표현한 것이다.

또한 丁火의 부드러운 햇살에 壬水의 영양분이 가득한 물을 충분하게 먹고 자란 것이 木으로 표현한 것이다.

그래서 火는 성장을 주관하는 것으로 본다.

8) 미(未)

未土속에는 丁 乙 己가 있다. 이는 땅속의 열기(熱氣)와 빛이 나무를 힘들게 한다는 것이다.

미월(未月)은 지열(地熱)이 뜨겁고 하늘의 햇살도 뜨겁다.

그래서 오월(午月)보다 더욱 지칠 수가 있으며 생명체(生命體)들이 더위로 죽을 맛이라고 할 수가 있다.

또한 꽃은 떨어지고 열매가 영글어가는 계절이라고 볼 수가 있다.

즉 한 여인이 임신(姙娠)을 하여 뱃속의 태아(胎兒)가 완전한 모습으로 자리 잡고 산모(産母)의 움직임에 반응을 할 것이다.

未시에 가장 피로를 느끼며 지친 상태라고 할 것이다.

하루일과를 정리하면서 마무리 하는 단계이다.

미월(未月)에는 지열(地熱)과 강한 햇살로 인하여 동식물들이 지친다고 한다. 자연으로 바라보면 나무에 많은 열매가 맺을 것이고 이로 인하여 자신을 희생하면서 종족을 번식하는데 최선을 다한다고 한다.

그토록 많은 열매를 모두 자라게 할 수는 없다. 그래서 정당한 조절을 필요로 하는 것이다.

쉽게 생각하여 본다면 농사를 지으면서 과일이나 채소 같은 것들의 일부를 정리하여 주는 현상이라고 생각하면 된다.
이때 극심한 기후변화나 홍수가 난다면 무척 힘이 들 것이다.

丁火의 강한 빛으로 열매가 익어가고 그 열매 속에는 壬水가 가득차면서 또 다른 씨방을 만들어 낸다. 그래서 木이라는 것으로 성립되는 것이다.

유실수인 乙木은 열매라는 庚金을 키우고 또한 合하여 씨방을 만들어 갈 것이다.

그래서 己土라는 덩어리 속에 甲木이라는 새로운 생명이 자신의 존재를 기억할 것이며 후에 자신의 모양을 만들어 나아간다.

9) 신(申)

申金 속에는 戊 壬 庚이 있는데 이는 열매 속에는 수분(水盆)이 있다는 것이다.
가을 문턱을 넘어 풍요로움을 시작하고 약속하는 계절이다.
무엇인가 결실(結實)을 보려고 하는 것이며 이때까지 자신의 노력을 정리하며 흔적을 남기려고 하는 것이다.

신월(申月)의 기대감은 무엇으로도 감당하기 힘이 든다.
오로지 약속만이 있을 뿐이다. 하루를 마무리하고 수고로움의 대가(代價)를 받아야 하는 것이며 또 다른 무언가를 위하여 준비하여야 할 시간이다.

즉 양(陽)의 기운(氣運)이 사라지고 음(陰)의 기운이 발동하는 시간인 것이다.

자연(自然)에서 바라보는 申金은 약속이다.
변함없이 이루어 질 것이라고 믿는다. 그리고 자신의 존재감을 알리고 넓은 곳으로 진출하려고 하는 것이다.

지장간의 戊土의 허공 같은 광활한 곳에 癸水같은 입자를 合火하여 분열하고 壬水의 에너지를 丁火로 발효하여 또 다른 생명(生命)을 이익 되게 하는 것이다.

그래서 庚金의 종자는 乙木의 바람을 타고 소리 없이 먼 곳까지 자신의 후손을 영원토록 펼치는 것이다.

10) 유(酉)

酉金 속에는 庚 辛이 있는데 이는 종족(種族)을 보전하려고 열매가 단단하여야 한다는 것이다.
그래서 유월(酉月)에는 만물들이 내성(耐性)을 강하게 하면서 외면(外面)으로는 화려한 색감(色感)으로 자신의 모습을 드러낸다.
이유는 새들이나 곤충들을 유혹하여 멀리까지 이동하려고 하는 수단이다.

사람들도 유시(酉時)에는 일과를 정리하고 새로운 시간에 또 다른 삶으로 왕성하게 진행하려는 생각을 한다.

유월(酉月)에 역시 농경사회에서 가장 중요한 결실을 거두어 들이는 시기이므로 무척 바쁜 계절이 되는 것이다.

자연 속에서 酉라 것은 한 생(生)을 마감하려고 자신을 정리하고 한편으로는 자신의 후손(後孫)을 널리 퍼뜨리려고 한다.

지장간에는 庚金씨앗이 乙木 바람의 도움으로 자신의 열매나 씨앗을 멀리까지 날려 보내려고 하며 辛金은 庚金의 씨방에 해당하므로 열(熱)에 의하여 庚金이 변하여 발효된 에너지이다.

이를 丙辛 合水라고 할 수가 있다.

11) 술(戌)

戌土 속에는 辛丁戊가 있다. 이는 빛으로 열매를 익히는 것이다. 즉 오랫동안 보관하려고 가을 햇살에 말리는 것이다.

술월(戌月)에는 하나의 마무리가 이루어질 시기인 것이다. 이때부터 자신에게 충실하고 새로운 세상을 만들어가려고 잠시 쉬어가는 것이라고 할 수가 있으며 내실을 더욱 강하게 다지는 때라고 할 것이다.

술시(戌時)에는 어둠속으로 자신을 숨기고 자신의 운명(運命)을 하늘에 맡기는 것이며 꿈으로 자신의 희망을 열어가는 시기다. 이 시간이 지나기 전에 쉴 수 있는 곳으로 가야할 것이다.

하루를 마감하고 충분한 휴식을 취할 준비를 하여야 할 것이다. 그러하지 못하면 내일이 피곤하다고 할 수가 있다.

술월(戌月)에는 주변을 정리하고 동면에 들어갈 준비를 하여야 하므로 월동 준비할 때라고 할 것이다.

다음 생(生)을 설계하기 위하여 스스로 응축(凝縮)하고 인내하여 변화를 요구한다고 하여야 할 것이다.

술(戌)이라는 것에서 자신을 강하게 만들지 못하면 앞으로의 희망은 사라질 수가 있다.

자연(紫煙)에서는 또 다른 세계로 들어갈 준비를 하여야 할 것이며 그래야 종족번식이나 자신의 변화된 모습을 볼 수가 있다. 물론 각자의 근기(根氣)나 목적에 따라서 다르겠지만 계절의 변화에 잘 적응한다면 멸종(滅種)이란 것이 없고 영원할 것이다.

그래서 辛金의 종자는 丙火의 성장이나 발전을 위하여 合水의 휴식기에 접어들 것이고 丁火처럼 변화를 위하여 壬水의 에너지를 이용하여 기나긴 어둠의 세월을 기다려 새롭게 탄생하는 것을 合木이라고 하는 것이다.

이는 戊土라는 둥지가 필요할 것이고 그 속에는 癸水라는 에너지를 많이 가지고 있다 할 것이다. 이를 合火로 하여 부활(復活)을 약속한다.

12) 해(亥)

亥水 속에는 戊 甲 壬이 있다.

이는 살아있는 것들은 동면(冬眠)을 준비한다는 것이며 다음해의 활동력(活動力)을 올리고 내성(耐性)을 강하게 하려고 하는 것이다.

차가운 겨울을 지내야 강하게 다져지며 물이라면 쓰고 남은 것을 정수장으로 모으는 것이다.

사람들이 하루의 피로를 말끔하게 풀어내려면 해시(亥時)에 잠자리에 들어가야 하는 것이다.

하루를 정리하고 충분한 휴식만이 내일의 발전을 이룰 수가 있는 것이다.

계절적(季節的)으로는 겨울문턱이라서 동면(冬眠)에 들어갈 준비를 마치고 자월(子月)이 오기 전에 활동을 멈추고 깊은 수면(睡眠)에 들어가는 것이다.

겨울인데도 왕성한 활동을 한다면 추운 겨울에 먹이를 구하기 위하여 산천(山川)을 헤매야 한다.

자연으로 생각하여 보면 산천초목(山川草木)들은 잎을 떨어트리고 흡수하고 있던 물은 밖으로 내려야 할 것이다.

왕성하게 활동하던 동물들도 휴식기(休息期)에 들어가려고 만반의 준비를 하는 것이다.

해자축(亥子丑月)에 활동하는 동물들은 언제나 겨울을 나기 위해서 안간힘을 다하여 먹이를 구하러 다닌다.

지장간을 분석하여 보면 戊土의 보금자리로 들어가서 癸水의 에너지를 최소한으로 소모시켜 가면서 자신의 기본적인 체온을 유지하는 것으로 合火가 되며 이를 꿈으로 이어지고 탈바꿈을 요구하는 것이다.

甲木의 활동성는 己土 속으로 들어가 合土가 되어 동면(冬眠)에 들어간다.

壬水의 기나긴 수면(睡眠)과 에너지가 약하게 丁火의 생명을 유지하였다가 合목(木)으로 다시금 활동을 할 수가 있다는 것으로 생각하여도 될 것이다.

제 8 장

합(合)과
형(刑) 충(沖) 파(破) 해(害)

1. 합(合)

2. 형(刑)

3. 충(沖)

4. 파(破)

5. 해(害)

제8장
합(合)과 형(刑) 충(沖) 파(破) 해(害)

1. 합(合)

合이라고 하는 것은 긍정적(肯定的)으로 생각하면 서로 도와가면서 더불어 살아가는 것이라 좋다.
하지만 부정적(否定的)으로 생각하여 보면 완전히 다른 것이라고 할 수가 있다.
合으로 인하여 일이 더디게 진행하는 것으로 발전이 안 되거나 추진력(推進力)이 떨어진다.

1) 삼합(三合)
三合은 무엇인가가 처음으로 시작한다는 의미의 장생지(長生地)와 왕성한 성장을 의미하는 제왕지(帝王地), 그리고 원만하게 마무리로 이루어진다는 묘지(墓地)의 세 글자로 이루어진 것이다.

삼합에서 장생지(長生地)가 없으면 자신감이 부족하여 망설이지만 어렵게 시작만 하면 왕성하게 잘한다고 할 수가 있다.

삼합에서 제왕지(帝王地)가 없으면 시작은 하였지만 왕성한 추진력이 떨어진다고 할 수가 있으며 이럴 때는 강한 추진력을 가진 사람을 곁에 두는 것이 좋다고 할 수 있다.

삼합에서 묘지(墓地)가 없으면 시작과 왕성한 추진력으로 모든 면에서 능력을 발휘하는데 결정적인 순간에 처리할 수 있는 능력이 부족하다고 할 수가 있다.

亥卯未은 木으로 합한다.
亥水에 만물이 의지를 한다.
卯木으로 탄생을 알린다.
未土의 한 점으로 돌아간다.
그래서 살아있는 것들은 물에서 태어나 한 줌의 흙으로 돌아간다고 할 수가 있다.

亥월에 살아있는 것들은 다음 생(生)을 기약하며 동면(冬眠)에 들어간다.
卯월에 왕성하게 자신의 강한 생명력을 보여준다.
未월의 다른 생명을 잉태(孕胎)하여 자신의 후손을 남기고 돌아간다.
그래서 겨울을 이겨낸 씨앗들이 혹한과 무더위를 겪으면서 많은 열매를 맺는다.

亥시에 귀가하여 쉬어야 한다.

卯시에 일어나 하루를 준비한다.
未시에 가장 힘이 든다.
그래서 木은 하루의 삼분의 일은 충분히 쉬어야 한다.

寅午戌은 火로 합한다.
寅木은 살아있음을 증명한다.
午火는 자신을 드러낸다.
戌土는 흔적을 남기고 간다.
그래서 생명은 꽃피고 종종번식을 목적으로 하는 것이다.

寅월에 강하게 싹이 올라온다.
午월에 꽃과 향기가 화려하다.
戌월에 붉게 변하여 마른 잎으로 떨어진다.
그래서 자신을 화려하게 하고 싶은 것이 욕망이다.

寅시에 밝음이 시작된다.
午시에 가장 열기가 강하다.
戌시에 열기는 빛으로 사라진다.
그래서 밝음에 시작되고 어둠에 끝이 난다.

巳酉丑은 金으로 합한다.
巳火는 번식의 시작이다
酉金은 하나의 결정체이다.
丑土는 종자로 영원하길 바란다.
그래서 강한 것이 오래간다는 것이다.

巳월에 향기와 꿀로 벌과 나비로 수정을 한다.
酉월에 완벽한 결정체로 이룬다.
丑월에 응축(凝縮)하여 다음 생으로 이어진다.
그래서 金은 윤회(輪回)를 한다는 것을 증명하는 것이다.

巳시에 왕성한 활동을 한다.
酉시에 하루의 결과를 맺는다.
丑시 새로운 날을 기다리며 깊은 수면에 든다.
그래서 金이 강하므로 다음날로 계속 이어지는 것이다.

申子辰 水로 합한다.
申金은 에너지의 원천이다.
子水는 하나의 젖줄이다.
辰土는 생명체의 어머니로 영원하다.
그래서 水가 가장 많으면서 귀중한 것이다.

申월에 샘물이 최고로 달콤하다.
子월에 버려진 물들을 여과한다.
辰월에 모든 생명수로 희생한다.
그래서 水가하는 일이 막중하다.

申시에 들어가려고 정리한다.
子시에 수면을 취한다.
辰시에 시작하려고 나간다.
그래서 水는 양식(養殖)을 위하여 돌고 돈다.

2)방위합(方位合)

　방위 합이란 뜻을 같이하는 세력끼리 무리를 만드는 것이다. 사방(四方)이라고 하여 동(東)서(西)남(南)북(北)으로 나누어져 있는데 오행(五行)에서 木은 동(東)쪽, 火는 남(南)쪽, 金은 서(西)쪽, 水는 북(北)쪽으로 나누어서 지지(地支)의 다양한 뜻을 나타내는 것이다.

　寅卯辰 합하여 이를 동방(東方) 목국(木局)이라고 한다.
오행 중 살아있다는 것은 오직 木 하나이다. 이는 많은 이에게 이로움이 되는 농사나 가르치는 선생으로 가면 좋다.
그래야 번식을 할 것이며 또한 자신을 귀하게 만들려고 노력할 것이다.

　巳午未 합하여 이를 남방(南方) 화국(火局)이라고 한다.
오행 중 무형으로 자신의 타 오행과는 다르다. 때문에 정신적으로 발달된 것이라고 할 수가 있으며 어둠을 싫어한다.
자신의 생각을 개발하는 것이나 예능계통과 전기 전자 관련업이면 좋다.

　申酉戌 합하여 이를 서방(西方) 금국(金局)이라고 한다.
오행 중 이렇게 단단하고 강한 것은 없다. 그래서 잘 깨어질 수도 있다. 화합보다는 개개인이 스스로 강해지는 것으로 강한 경쟁이나 강력한 명령계통이나 결정내리는 것에 적합하며 스포츠관련업도 좋다.

亥子丑 合하여 이를 북방(北方) 수국(水局)이라고 한다.
오행 중 스스로 낮은 곳으로 찾아서 흐르는 것은 水이다. 또한 약하면 장애를 헤치지 못하므로 뭉치려는 성격이 강하고 힘이 강해지면 무엇이든 안고 가려고 한다. 한문적인 연구 법 또는 인류 발전에 이바지하는 직업이면 좋다.

3) 육합(六合)

六合이라는 것은 하나가 하나를 만남으로써 이루어지기 때문에 서로가 기다리는 합(合)이다.
사주 구성상 합이 많으면 정(情) 때문에 자신의 생각을 지속적으로 진행하기가 힘이 든다고 할 것이다. 그래서 성공할 기회를 번번히 놓쳐버릴 수 있으므로 좋다. 라고 할 수만은 없다.

子丑 合土: 겨울 합으로 움직임이 느리므로 내실을 강하게 하여서 자신의 가야할 길을 냉정하게 판단해야한다.
속이 차고 냉(冷)하므로 건강에 조심하여야 한다.

寅亥 合木: 초봄의 합으로 성급한 변화와 욕심이 실패의 원인이 된다.
만성 피로로 간(肝)에 부담을 주어 과민. 신경성으로 항상 스트레스 해소에 노력하는 것이 좋다.

卯戌 合火: 따스한 봄날의 합으로 긍정적인 사고력으로 살아가면 결과가 매우 좋다.
수족이나 신경성 혈압. 위열로 인한 비만을 조심하여야 할 것이다.

辰酉 合金: 삼월의 합으로 조건적인 합이라 가을에 결실(結實)을 볼 수가 있다.
위산과다(胃酸過多)나 호흡기(呼吸器)에 조심하여야 한다.

巳申 合水: 꽃피고 수정하는 계절의 합으로 서두르지 말 것이며 진행에 있어 기다림이 우선이다.
혈압(血壓)과 신장(腎臟)에 조심하여야 한다.

午未 合火: 午未월의 강한 열기로 합하여 의욕(意慾)을 상실할 수 있으므로 스스로 자신을 잘 다스림이 좋다.
저혈압(低血壓)과 피부(皮膚) 알레르기에 주의 하여야 할 것이다.
또한 방합(方合)의 일부분이므로 六合에서는 제외한다.
기다려지는 것은 당연하지만 별 뜻을 두지 않는 교우관계 같다.

2. 형(刑)

刑이라는 것은 모양을 완전히 달리한다고 생각하여야 한다. 즉 본래의 모습을 버리고 또 다른 모습으로 변하거나 아니면 소멸(消滅)시켜버리는 것을 刑이라고 한다.
예를 들어서 형사(刑事)적인 구속이나 의사(醫師)의 절단 또는 일반적으로 폐기(廢棄) 시켜버린다는 것이다.

1) 삼형(三刑)
강하게 형(刑)을 일으키는 세 가지를 삼형(三刑)이라고 한다.

子卯형: 무례지형(無禮之刑)이라고 하며 두 개의 제왕지가 만나서 이루어진 형살(刑殺)이므로 성질이 난폭하다.
또한 질서 없는 행동으로 타인에게 불쾌한 느낌을 강하게 주며 자신은 이러한 것을 느끼지 못한다.

寅巳申형: 지세지형(持勢之刑)이라고 하는데 이는 장생지이며 건록(建祿)의 자리에서 이루어진 것으로 강한 힘으로 추진하려다가 일어나는 형살(刑殺)이다.
일주가 강하면 좋으나 약하면 길함보다 흉함이 오히려 많을 수 있고 교만한 사람이 많이 있을 수도 있다.

丑戌未형: 무은지형(無恩之刑)이라고도 하는데 묘지(墓地)로 이루어져서 고마움을 원수로 갚으려 하며 주변의 인연(因緣)들에게 피해를 입힌다고 본다. 이 형(刑)이 사주에 있으면 냉정(冷情)하며 부정적(否定的)이다.

2) 육형(六刑)

三刑이 나누어져 한 글자는 떨어져도 두 글자로 이루어진 것이다. 비록 미약하다고는 하지만 형의 작용은 한다.

寅巳형: 다양하게 문제를 일으켜서 곤란에 빠지는 수가 많이 있으며 학습장애가 있을 수 있으므로 많은 노력과 인내력이 필요하다.
정신질환이나 교통사고를 조심하여야 한다.

寅申: 노력을 많이 하지만 수고로움에 대한 보답은 적을 것이고 지출이 많아서 절약하는 습관을 익혀야 한다.
신경성 과로나 호흡기 계통 또는 대장질환에 조심하여야 하며 항상 사고에 주의하여야 한다.

巳申: 合으로 시작하여 결과가 刑으로 끝이 나므로 인하여 마무리가 어려울 수가 있으므로 자신의 이익만 생각하면 심각한 문제를 일으킨다.
심장이나 고혈압으로 신장질환이 있을 수가 있으며 이비질환에도 조심하여야 한다.

丑未: 자신의 배경이나 종교(宗敎) 갈등을 일으킬 수가 있으므로 항상 자신을 낮추는 것이 좋다.
속이 차가워서 소화불량이나 비장기능이 떨어져 당뇨병 유발에 조심하여야 한다.

丑戌: 조상의 도움이 약하고 주변의 인연들과 다툼이 많이 일어나므로 고독할 수가 있다.
다양한 피부질환이 발생할 수가 있으며, 정신적인 질환도 발생할 수가 있다.

未戌: 종교(宗敎)적인 갈등이나 인덕이 약하므로 구설이 많이 발생하며 고집이 세다.
위열로 인하여 많은 병이 생겨나며 당뇨 피부발진 신방계통에 조심하여야 한다.

3) 자형(自刑)

自刑은 스스로 자신의 변화를 요구하거나 자신의 행위에 대한 불만족으로 자해(自害) 또는 패배(敗北)를 자초하며 모양도 달리하는 것이다.

일반적으로 두 글자가 이상이 있어야 합이나 형 충 파 해를 일으키는데 자형이란 글은 스스로 일어난다는 의미에서 자형인 것이다.

만약 두 글자 이상이면 자형이 더욱 심하다는 것이다. 즉 강약을 나타낸다고 생각하는 것이다.

辰辰형: 강한 水의 기운으로 자신의 잘못된 생각으로 부모 형제의 덕이 없다고 할 수가 있으며 고독하다.
비만(肥滿)이나 방광(膀胱)과 요도(尿道)에 조심하고 여자는 몸이 차갑고 유방(乳房)에 문제를 일으킬 수가 있으므로 조심하여야 한다.

午午형: 강한 火의 기운으로 인하여 배우자 인연이 약하고 가족 간의 불화(不和)가 많다고 할 수가 있다.
시력(視力)이나 정신질환(精神疾患)으로 자해(自害)의 위험이 있으므로 항상 자기수련을 하여야 한다.

酉酉형: 강한 살성(殺性)으로 공격적인 면을 밖으로 드러낸다면 이루어지는 것이 없을 것이고 이를 자기 발전에 충실하면 좋다. 항상 호흡기계통(呼吸器系統)에 조심하여야 할 것이며, 골절상(骨折傷)에 주의하여야 한다.

亥亥형: 시작하려는 의지가 약하므로 자신의 실수가 많다. 주변으로부터 도움이 적다고 할 것이며 스스로 고독에 빠져든다. 이뇨(利尿)계통의 질환(疾患)에 조심하고 신경성 소화불량도 있을 수가 있다.

3. 충(沖)

지지(地支)가 서로 沖을 한다는 것은 현실적이며 유형(有形)이 沖을 하기 때문에 상당한 충격(衝擊)이 있다고 보는 것이 당연하다.

沖이라는 것이 흔히들 부정적(否定的)으로 해석한다. 하지만 연구나 개발을 하는데 沖을 하여야 성공 여부를 알 수가 있듯이 좀 더 발전적(發展的)이고 긍정적(肯定的)으로 이야기 하는 것이 좋다.

예를 들어 형사적으로 본다면 합의 가능하며 때로는 구속도 가능하며 병원에서 본다면 골절된 부분을 복원 가능한 상태이며 일반적으로는 깨어진다 하여도 수리에 사용이 가능한 것이라고 할 수가 있다.

1) 장생지의 충(沖)
寅申巳亥는 장생지(長生地)라서 沖하는 것을 싫어하는데 이는 시작하는 과정이므로 그러한 것이다. 또한 역마(役馬)이므로 개척정신이 투철하고 분주하다.

2) 제왕지의 충(沖)

子午卯酉는 제왕지(帝王地)이므로 相沖을 가장 흉(凶)하게 생각한다.

이는 최고의 자리에서 沖을 일으키면 공든 탑이 무너지는 것과 같다.

도화(桃花)이므로 핵심적인 인물이다.

3) 묘지의 충(沖)

辰戌丑未는 묘지(墓地)라서 沖하는 것을 오히려 좋아한다. 하지만 묘지(墓地)가 沖을 한다면 조상(祖上)의 산소를 이장(移葬)하는 것이라도 꼭 좋다고만 볼 수는 없다.

고장(庫藏)으로 沖을 하면 좋은 점도 많지만 흉(凶)함도 많이 발생한다.

子午충: 상하(上下)의 沖으로 극심한 변화를 요구한다. 재관(財官)이 沖을 하므로 항상 불안하여 한 곳에 오래 머물러 있지를 못한다.

질병(疾病)으로는 심장(心臟)과 신장(腎臟)의 관계되며 생식기나 배설기관 등에 질환이 발생할 수가 있다.

물과 불의 관계라서 화공(化工)이나 화재(火災) 등의 피해가 염려된다.

丑未충: 묘지(墓地) 沖으로 집안 문제나 재물관계로 다툼이 많이 일어날 수도 있으며 발전이 느릴 것이다.

비견이 沖을 하므로 형제나 친구간의 불화가 발생할 수 있다.

비장(脾臟)이나 위장(胃臟)계통에 문제가 있으며 피부질환도 있다.
당뇨계통이나 맹장염도 발생할 수가 있고 묘지(墓地)의 沖으로 부동산이나 산소문제로 관재(官災)가 발생할 수 있다.

寅申충: 시작과 결실의 관계에서 沖을 일으키므로 구설수가 많을 것이다.
또한 상호 재관이 沖을 하므로 남녀관계에 문제가 있다고 본다.
간(肝) 신경계 그리고 폐(肺)질환이 발생할 수도 있으며 호흡기계통이나 대장(大腸)질환도 발생할 수가 있다.
역마(役馬)이므로 교통사고 등으로 관재(官災)가 일어날 수도 있다.

卯酉충: 제왕이 沖을 하므로 부부(夫婦)간 의견충돌이 많이 발생하며 그로 인하여 가족이 불안하다.
재관(財官)이 상충(相沖)을 하므로 인하여 과소비로 재물이 불안정할 것이다.
말초(末梢)신경계통이나 이비(耳鼻)계통에 질환이 발생할 수 있으며 간장(肝臟)이나 폐질환(肺疾患)도 주의 하여야 한다.
집안 문제나 가정변화가 자주 일어날 수가 있다.

辰戌충: 붕(朋)충(沖)이라고 하여 좋은 일이 많이 있다. 하지만 비견이 붕충(朋沖)을 하면 경쟁적 심리가 발동하여 오히려 풍파(風波)를 당할 수가 있다.
피부(皮膚)나 위장(胃臟)계통으로 질환이 발생할 수 있으며 당뇨합병증도 있을 수가 있다.
부동산 관련 문제가 발생할 수 있으며 그로 인한 시비가 발생할 수 있다.

巳亥충: 확장(擴張)하려는 것과 응축(凝縮)하려는 것이 상충(相沖)하면서 반복적이므로 상호간의 극심한 손해를 보게 되는 것이다.
서로가 외적인 것이 아니고 내적이므로 걱정거리다.
소장(小腸)이나 방광(膀胱) 또는 이뇨(耳尿)계통의 질환이 발생할 수 있으며 심장(心臟)이나 혈압(血壓) 신장(腎臟)도 조심하여야 한다.
역마(役馬)이므로 원거리 이동시 조심하여야 할 것이며 독극물(毒劇物)이나 위험물(危險物)로 인한 화재에 조심하여야 할 것이다.

4. 파(破)

破라고 하는 것은 부정적(否定的)으로는 깨진다고 하며 긍정적(肯定的)으로 생각하여 본다면 일부분이 파괴(破壞)되어도 항상 복구 가능하다는 것이다.
유형적으로 본다면 실물수이고 무형적이면 생각을 털어버리는 것일 수도 있다.
예를 들어본다면 형사적으로는 합의하여 결정되며 구속성은 없다. 라고 할 것이며 병원에서 본다면 외상이 찢어지거나 파괴되어 치료로 완치 가능한 것이다. 일반적으로 본다면 합의하여

원상 복구하여 주는 상태라고 할 것이다.

子酉파: 편인(偏印)과 식신(食神)이 파를 일으키는 것으로 부모 형제와 자식들의 우환(憂患)이라고 할 수가 있다.
비염(鼻炎) 폐(肺)질환 신장(腎臟)이나 방광(膀胱)등의 질환이 올 수 있다.

丑辰파: 비겁(比劫)이 파를 일으키는 관계이므로 건강과 주변의 인연들로부터 덕이 없으며 오히려 화(禍)가 많이 발생한다.
비장(脾臟)이나 위장(胃臟) 맹장(盲腸)이나 피부질환이 발생할 수도 있다.

寅亥파: 合으로 이루었다가 파(破)를 하므로 유종(有終)의 미를 거둘 수 있도록 항상 노력하여야 할 것이다.
신경성 감염으로 고생을 할 수도 있으며 신장(腎臟)과 방광(膀胱) 계통에 질환이 발생할 수도 있다.

卯午파: 도화(桃花) 식상(食傷)과 인성(印星)이 파를 하는 것으로 유흥이나 오락에 빠질 수가 있다.
색정(色情)으로 명예가 떨어지며 하는 일도 어렵다고 할 수가 있다.

巳申파: 合을 하면서 파와 형을 일으키므로 인하여 마무리에 신중을 기하여야 할 것이다.
재성(財星)과 관성(官星)의 관계라서 웃으며 시작하지만 오래지 않아 시비와 불화로 관재(官災)나 구설을 많이 당할 수가 있다.
심장(心臟)이나 소장(小腸)계통 그리고 대장(大腸) 또는 수족(手足) 냉증(冷症) 등의 질환이 발생할 수도 있다.

戌未파: 비겁(比劫)의 관계로 일으키는 파와 형이라서 친인척간의 극심한 투쟁이나 주변의 인연들로부터 시기질투와 배신을 당할 수도 있다.
각종 신경통(神經痛)과 피부질환으로 고생할 수가 있으며, 위장병(胃腸病)도 있을 수 있다.

5. 해(害)

해라는 것은 단순하게 피해(被害)를 본다고 하는 것인데 자주 일어나면 살아가는데 많은 장애(障碍)가 일어날 수가 있으므로 오히려 沖破보다 괴롭다는 것이다.
일반적으로 해석한다면 주변에서 시비가 발생한다고 할 수가 있으며 형사적으로 해석한다면 단순 과태료나 벌과금 정도의 경미한 사항이며 의학적으로 해석한다면 소독약으로 간단하게 치료한다고 할 수가 있다.
하지만 이렇게 쉽게 생각한 것이 자주 발생하고 그로 인하여 감염되고 습관처럼 될 수가 있다는 것이다. 그래서 비록 미약하다고 하지만 조심하여야 할 것이다.

子未해: 재성(財星)과 관성(官星)의 해(害)이므로 관재구설이나 재물로 인한 장애가 있다.
또한 원진살(怨嗔殺)의 관계이므로 이에 해당하는 육친의 장애(障碍)가 심하다고 할 것이다.
속 쓰림이나 생식기 또는 이뇨계통의 장애가 있을 수 있다.

丑午해: 편인(偏印)과 식신(食神)이 서로 해(害)를 이루고 있으며 원진살(怨嗔殺)이다.
가족 간의 불화하고 해당하는 육친은 더욱 심하다고 할 것이며 학창시절에는 학업장애도 있을 수 있으며 정신질환을 일으킬 수도 있다.

寅巳해: 인성(印星)과 식상(食傷)의 관계로서 형(刑)을 하면서 해(害)를 일으킨다.
문서 장애나 시비구설이 있으며, 교통사고나 관재(官災)로 형(刑)을 당할 수도 있다.
신경성 빈혈(貧血)이나 심장과 간에 장애를 일으킬 수 있다.

卯辰해: 방위 합(合)의 관계에서 배신(背信)과 허무감을 느낄 수 있으며 하고자 하는 것에 대한 장애가 있다.
신경성 위장이나 신경성 알레르기 또는 과로에 의한 간의 부담을 유발할 수 있다.

申亥해: 강한 역마(役馬)를 동반한 해(害)이므로 교통사고를 조심하여야 할 것이다.

보증(保證) 관계로 장애가 발생할 수도 있다.
배설계통이나 폐 대장 계통에 장애가 있을 수 있다.

酉戌해: 방위 합(合)으로 이루어지면서 해(害)를 하는 것이다. 또한 인성(印星)과 상관(傷官)관계이므로 변화가 극심할 것이고 인간관계에 장애가 있으므로 종교적(宗敎的)으로 진출하면 좋다.
담석(膽石)이나 언어장애 영양결핍이나 소화불량이 일어날 수도 있으며 피부질환도 생긴다.

제 9 장

십이운성(十二運星)

1. 12운성이란?

2. 손으로 짚어보는 수장도

3. 12운성(運星) 조견표(早見表)

제9장
십이운성(十二運星)

1. 12운성이란?

12운성은 불교에서는 12연기(緣起) 기독교에서는 12제자로 나타나며 12라는 숫자는 자연수(自然數)이므로 여러 곳에 많이 등장하고 응용하기도 한다.
  양간은 시계방향으로 돌아가면서 짚고 음간은 이와 반대방향으로 흐른다.
십이 운성은 같은 오행이라도 음양에 따라서 장생지가 다르다.
이는 음과 양이 서로 뜻을 달리하는 관계로 장생지가 다르다.

  甲木은 亥월에 물을 내리고 동사(凍死)에서 벗어나려고 하는 것이다.
  乙木은 종족(種族) 번식을 위하여 午월에 열매가 맺기 시작하는 것이다.

  丙火는 寅月에 싹이 트는 것으로 장생을 잡는다.
  丁火는 酉월이 되어야 빛이 필요로 한다는 것이다.

戊土는 寅월부터 받아들이므로 장생으로 본다.
己土는 酉월에 가장 발달한다고 장생으로 보는 것이다.

庚金은 巳월에 수정하는 것으로 장생을 정한다.
辛金은 子월이 되어야 스스로 자신을 강하게 하므로 장생을 가능하다는 것이다.

壬水는 申월이 되어야 귀(貴)하다는 것을 장생으로 인정한다.
癸水는 卯월에 빠른 윤회를 하므로 장생이 되는 것이다.
이렇게 목적이 다르므로 같은 오행(五行)이라도 생(生)을 달리하는 것이다.

2. 손으로 짚어보는 수장도

사(巳)	오(午)	미(未)	신(申)
진(辰)	손바닥이라고 생각하고 寅巳申亥가 검지와 약지이다.		유(酉)
묘(卯)			술(戌)
인(寅)	축(丑)	자(子)	해(亥)

3. 12운성(運星)조견표(早見表)

日干 運星	甲	乙	丙	丁	戊	己	庚	辛	壬	癸
장생(長生)	亥	午	寅	酉	寅	酉	巳	子	申	卯
목욕(沐浴)	子	巳	卯	申	卯	申	午	亥	酉	寅
관대(冠帶)	丑	辰	辰	未	辰	未	未	戌	戌	丑
건록(建祿)	寅	卯	巳	午	巳	午	申	酉	亥	子
제왕(帝王)	卯	寅	午	巳	午	巳	酉	申	子	亥
쇠(衰)	辰	丑	未	辰	未	辰	戌	未	丑	戌
병(病)	巳	子	申	卯	申	卯	亥	午	寅	酉
사(死)	午	亥	酉	寅	酉	寅	子	巳	卯	申
묘(墓)	未	戌	戌	丑	戌	丑	丑	辰	辰	未
절(絕)	申	酉	亥	子	亥	子	寅	卯	巳	午
태(胎)	酉	申	子	亥	子	亥	卯	寅	午	巳
양(養)	戌	未	丑	戌	丑	戌	辰	丑	未	辰

양간의 장생지(長生地)는 寅申巳亥다.
寅木으로 초봄으로 만물이 시작하는 시점이므로 무엇이든 해보려고 한다는 것이다. 하지만 초기 계획이라서 성공률은 그리 높다고 할 수는 없을 것이다.

巳火는 따뜻한 봄날 바람결에 벌과 나비들이 여기저기로 날아다니고 꽃들은 자신의 향기와 꿀을 가지고 이들을 유혹하듯이 巳火 역시 자신을 여기 저기 알리고 광고적인 효과를 보려고 하는 것으로 시작한다.
즉 시작보다 광고를 먼저 한다고 생각하는 것이다.

申金은 흔히 하는 이야기로 풋과일이다. 자신의 결정을 변함없이 진행하려고 하며 강한 추진력으로 자신의 인내력을 발휘하여 최선을 다한다.

亥水는 어떠한 것을 시작하여 두고 또 다른 무엇인가를 남들이 모르게 시작한다는 것이다.
자신의 계획이 노출되는 것을 꺼리는 것은 당연한 것이며 비밀리에 추진하려고 한다는 것이다.

음간(陰干)의 장생지(長生地)는 子 午 卯 酉이다.
乙木의 열매는 午月에 맺기 시작한다.
丁火의 볕은 酉月부터 그리워진다.
己土의 구름도 酉月부터 높아진다.
癸水 물안개는 卯月이 최고다.

목욕(沐浴) 관대(冠帶) 건록(建祿) 제왕(帝王)은 기(氣)가 강하므로 인하여 사왕지(四王地)라고 한다.
하지만 형(刑) 충(沖) 파(破)를 당하면 기력(氣力)이 반감된다고 볼 수 있다.

양(養) 장생(長生) 쇠(衰) 병(病)은 기운(氣運)이 빠지는 것으로 사평지(四平地)라고 한다.

일반적이고 평범하다고 할 수 있으며 형(刑)충(沖)파(破)를 싫어한다.

사(死), 묘(墓), 절(絶), 태(胎)는 기(氣)가 약하여 사쇠지(四衰地)라고 한다.
이는 자신의 기운(氣運)이 약하여 타인(他人)의 보호나 도움이 절실한 것으로 오히려 형(刑) 충(沖) 파(破)를 기다린다.

1) 장생(長生)
처음으로 무엇인가가 생겨나거나 시작하는 것을 장생이라고 할 수 있다.
대표적인 장생지로서 寅 巳 申 亥를 이야기할 수 있으며 이를 이야기 하려면 이렇게 중심적인 것을 두고 말해야 한다.
무엇인가 창의적으로 시작하려고 큰 희망과 발전을 성공적으로 이루어 보려고 한다.
때문에 원만한 대인관계로 사교성이 좋으며 성공률이 높다고 할 수 있다.

2) 목욕(沐浴)
자신을 드러내고자 많은 노력을 하지만 실수(失手)가 많다.
생명을 가지고 태어나서 연약하다고 할 것이며 누군가의 보호를 받아야 한다. 하지만 자신은 이를 모르고 벗어나려고 한다.
그래서 일명 도화살(桃花殺) 이라고 하며 함지살 파(破)살이나 패(敗)살이라고도 한다.
화려하고 고급스럽게 살아가려고 하며 이로 인하여 낭비가 많으며 이성이나 색정(色情)에 빠져들기 쉬워서 뜻을 이루기가 어렵다.

3) 관대(冠帶)

많은 실수와 경험으로 자신의 능력을 기른다.
타인의 보호에서 벗어나 스스로 일어서서 자신의 장래를 추진할 수 있다고 한다. 그래서 믿음과 대우를 받으며 어느 정도의 책임과 임무가 주어진다. 또한 자기의사를 주장할 수 있으며 자존심도 강하다.

옳고 그름을 스스로 판단하여 추진하므로 타인으로부터 경계의 대상이 된다.

4) 건록(建祿)

강한 기운(氣運)으로 중심적인 역할을 담당하려고 한다.
자신의 결정을 내릴 수 있는 세력으로 성장하여 타인의 지배를 벗어나려고 한다.

부정적인 것을 싫어하고 원칙적으로 행동하며 항상 공정하려고 한다.

강한 자존심과 냉철한 판단으로 자수성가 하려고 노력하며 자신의 명예를 지키기 위해 강력한 통솔력을 발휘한다.

5) 제왕(帝王)

최고의 정력으로 살아가지만 고달프다.
인고의 세월을 겪어서 다방면으로 통달하고 수완이 뛰어나서 최고의 전성시대라고 할 수가 있다.

타인의 간섭이나 지배를 받지 않으려고 하면서 자신의 능력만 믿고 강하게 돌파하려고 한다.

불굴의 정신력으로 최고의 경지에 오르므로 작은 것에는 관심이 별로 없는데 이로 인하여 실패를 당하고 고통을 받을 수 있다.

6) 쇠(衰)

저무는 석양처럼 마지막 기력으로 일어서려고 한다.
최고의 자리에 서서 천하를 호령하던 시절은 잠시이며 자신이 물러날 곳을 찾아야 한다.

한때의 기백은 쇠퇴하여 정신적으로나 육체적으로 지친 상태라고 할 수 있으며 어디론가 혼자만의 조용한 곳으로 떠나야 할 것이다.

항상 불안하며 자신의 용기를 상실하여 밀려드는 재앙이나 병을 감당하기 힘들 때이다.

7) 병(病)

비록 늙었지만 지혜가 충분하다.
너무 늙어 병이든 상태라서 만사가 귀찮고 고요한 것을 즐기는 것이며 활동력이 많이 떨어져서 무기력하다.

태어날 때부터 병약하다고 보며 성장과정에서 힘들었다고 본다.
성인이 되어도 자신감과 건강에 자신감이 없어서 인연 맺기가 어려우며 환경이 자주 바뀐다고 할 수가 있다.

8) 사(死)

정신이나 육신이나 병이 들어서 힘겹게 된다.

육신은 생명력을 잃어버린 상태라고 할 수가 있으니 의욕이나 추진력이 전혀 없다고 할 것이니 종말이다.
아집이 강하고 타협이 잘 안 된다고 할 수가 있으며 한 곳에 집착하는 수가 있다. 또한 육신보다 정신이 발달하는 예가 있으므로 예측을 정확하게 하는 수가 있다.
대인기피와 상호 협력이 잘 안 된다고 할 수가 있다.

9) 묘(墓)

자신의 생각은 편안하다고 하지만 힘들게 살아간다. 육신과 정신이 완전하게 분리 상태라서 모든 일이 생각처럼 이루어지는 것이 어렵고 가족이나 주변의 인연이 약하고 자력으로 살아가는 것이 힘이 든다.
때문에 일찍부터 집을 떠나서 방황을 할 것이며 다음 생을 기약하는 의미에서 인생의 전반기와 후반기로 나누어진다고 생각하면 좋다.
즉 전반기가 좋으면 후반기는 나쁘고 반대로 전반기가 어려우면 40대 후반에는 편안할 것이다.

10) 절(絕)

어떻게 하여야 하는지 망설이는 상태이므로 쉽게 흔들린다. 절이라는 뜻은 완전히 끊어진 상태라고 할 수가 있으며 무(無)에서 유(有)로 이어질 수도 있다는 것이다.
그러므로 활동적이지 못하고 공격적으로 살아가기 힘들어서 작은 충동에도 강한 반응을 나타낼 수도 있다.
작은 인정에 쉽게 흔들리며 남녀 모두가 연약하고 타인의 말에 잘 속는다고 할 수 있다.

11) 태(胎)

비록 약하지만 자신의 생각은 탁월하다.

처음으로 생겨난다는 것으로 모든 것이 구상과 계획뿐이고 실천력이 약하다고 할 수가 있다.

타인의 도움을 바라는 입장이고 보호받기를 바라는 입장이라서 인간사로 본다면 정(情)을 그리워할 것이며 그로 인하여 문제가 발생할 수도 있을 것이다.

활동성이 약하므로 기억력이 좋으며 탁월한 구상이나 감성을 가질 수 있다.

12) 양(養)

많은 이로 하여금 시선을 집중 받는다.

이제는 어떤 모양을 갖추고 있으므로 타인의 간섭은 싫어하면서도 보호는 받으려고 하는 이중성을 가지고 있으며 착실하지만 낙천적이고 강한 공격력이 부족하다.

자신의 계획이나 생각을 우선적으로 하려고 하는 기질이 강하므로 앞서가는 것을 좋아한다.

작은 무리의 우두머리나 참모가 되려고 한다.

제 10 장

십이신살(十二神殺)

1. 12신살(神殺) 조견표

제10장
십이신살(神殺)

1. 12신살(神殺) 조견표

살(殺) 年地	겁(劫)살(殺)	재(災)살(殺)	천(天)살(殺)	지(地)살(殺)	년(年)살(殺)	월(月)살(殺)	망(亡)신(身)	장(將)성(星)	반(攀)안(鞍)	역(驛)마(馬)	육(六)해(害)	화(華)개(蓋)
亥卯未	신(申)	유(酉)	술(戌)	해(亥)	자(子)	축(丑)	인(寅)	묘(卯)	진(辰)	사(巳)	오(午)	미(未)
寅午戌	해(亥)	자(子)	축(丑)	인(寅)	묘(卯)	진(辰)	사(巳)	오(午)	미(未)	신(申)	자(子)	술(戌)
巳酉丑	인(寅)	묘(卯)	진(辰)	사(巳)	오(午)	미(未)	신(申)	유(酉)	술(戌)	해(亥)	유(酉)	축(丑)
申子辰	사(巳)	오(午)	미(未)	신(申)	유(酉)	술(戌)	해(亥)	자(子)	축(丑)	인(寅)	묘(卯)	진(辰)

 살(殺)이라고 하는 것을 다른 방향에서 조명하여 보자.
 우리가 살아가는데 긍정적(肯定的)인 것보다는 부정적(否定的)인 경향이 월등하게 많이 발생한다.

다시 말해서 보이는 세계보다 보이지 않은 세계가 훨씬 많다는 것이다.

이를 우리는 신살(神殺)이라고 표현한다.

하루가 24시간인데 두 시간 간격으로 각종 살성이 바뀌어 흐른다는 것이다.

다시 말하자면 하루에 24시간 중에 활동하는 시간이 약16시간이다. 나머지 8시간은 수면으로 쉬어야 하는 것이다.

우리가 즐겁게 활동하는 시간은 대략 25%정도인 몇 시간에 불과하며 나머지 시간 약 75%정도는 짜증을 많이 낸다고 한다. 이렇게 짜증을 내면서 활동하는 시간에 스스로 화(禍)를 일으키는 경우도 많이 있지만 주변의 환경적인 영향이나 타인(他人)의 영향으로 인(因)하여 일어나는 불행(不幸)이 더욱 많다고 한다.

이를 두고 학문적으로 신살(神殺)이라고 하며 일명 흉살(凶殺)이라고 한다.

수면(睡眠)에 들어갔다고 짜증이 사라진다고 할 수가 없다. 이는 기분 나쁜 꿈으로 인하여 일어날 때의 불쾌감도 신살이다. 꿈속에 신살이 강하게 작용하는 것은 흔히 하는 이야기로 가위눌림 현상이다. 한번 가위눌림을 당하고 나면 계속 잠을 잘 수도 없을 뿐만 아니라 새로운 일과를 진행하는데 있어 상당한 부담을 주기도 하는데 이것 또한 신살이다.

이러한 역학을 공부하면서 너무 깊게 신살을 다루면 오히려 사도로 흘러갈 수가 있으므로 신살을 위주로 주장하는 것은 오히려 잘못된 공부라고 할 수가 있다. 매사 조심하는 것은 당연한 일이다.

또한 일주를 기준으로 신살을 볼 때는 가까운 곳이나 그해 안으로 일어난다고 보며 년을 중심으로 하여 신살을 찾는다면 좀 멀리 천천히 일어난다고 할 수가 있다.

1) 겁살(劫煞)

부정적으로는 겁탈이나 강탈을 당할 수가 있는데 이는 외부로부터 일어난다고 할 수가 있다.

자신이 좋은 의미에서 무엇인가를 하였지만 타인의 시각에서 보면 상당히 불쾌하게 생각하므로 강제성이 강한 압류를 당할 수가 있다.

또한 급성질환으로 고생을 하거나 수술을 받는 수도 있다.

긍정적으로 해석하여 보면 겁살이 사주구성에 좋으며 귀인이다.

비겁에 자리하면 좋은 인연을 많이 만날 것이다.

식상에 자리하면 많은 선행을 한다고 할 것이다.

재성에 자리한다면 재물이 많을 수가 있을 것이다.

관성에 자리한다면 명예가 높을 것이고 좋은 직업을 가진다고 할 수가 있다.

인성에 자리한다면 자신의 학문을 이룰 것이다.

2) 재살(災煞)

강한 살성을 가지면 심할 때 생명이나 명예까지도 위협을 받을 수가 있다.

신약한 사주에 재살이 있으면 비명횡사나 혈관병으로 고생을 하거나 죽을 수도 있다. 칼이나 흉기 또는 관재구설이나 관액을 당하며 인연이 약하면 파란만장한 일생사로 일신이 불안할 수가 있다.

신강사주는 지혜가 뛰어나며 주도권 싸움이 강하게 일어날 수도 있다.

긍정적으로 사주구성이 강하고 좋으면 부귀영화를 누릴 수가 있을 것이다.

3) 천살(天煞)

하늘에서 내리는 벌(罰)이라서 불시에 일어난다고 할 수가 있으며 재난이나 재화가 갑자기 당할 수 있다.

또한 천재지변으로 극심한 고통을 당할 수가 있고 지금의 시대적 상황으로 본다면 전기 감전이나 벼락, 고통사고, 급성전염병 같은 것으로 인하여 당하는 고통이 많다고 할 수가 있다.

암이나 정신질환 같은 희귀병으로 고생할 수 있고 심하면 목숨이 위태롭다.

갑자기 찾아드는 고혈압이나 뇌졸중(중풍), 급성마비증상, 언어장애, 급체 등의 병(病)으로 장기간 고생할 수도 있다.

성격이 조급하고 내성적이며 변덕이 심할 것이고 직업이 불안할 것이다.

4) 지살(地煞)

역마성이라서 활동적이다. 그래서 변화 변동이 많으며 한곳에서 오래 머무르지 못한다.

타향이나 객지로 돌아다니며 떠돌이 인생이라서 운전이나 배달하는 직업으로 살아가는 사람이 많다.

그러므로 보편적으로 건강한 편이다.

사주구성상 지살이 또 다른 흉살과 같이 있다면 행동이 오히려 줄어들고 활동성이 적으므로 비협조적인 생활을 한다고 볼 수가 있으니 자신의 모습을 잘 드러내려고 하지 않을 것이다.

긍정적으로 흐름이 좋으면 승진이나 해외에서 성공할 수가 있고 여행 전문가나 해외공직으로 나아가면 좋을 것이다.

5) 년살(年煞)

일명 도화살 이라고 하는데 남녀모두가 화려한 것을 좋아하고 사교적인 분위기에 민감하여 음주 가무 등으로 쾌락을 요구한다.

강한 성욕이나 자극으로 색정문제를 일으킬 수가 있으므로 조심하여야 할 것이며 잘못하면 가정파탄이나 가까운 인연과의 단절된 고독한 세상을 살아가야 한다.

사주구성이 좋은데 년 살이 있으면 자신의 뜻을 이루려고 부단한 노력을 할 것이다. 그러면 자신의 뜻을 꼭 이룰 것이며 그러하지 못하면 주색으로 방탕한 생활에 힘겨운 인생길을 가야 한다.

자신을 잘 다스리면 대성할 수 있고 연예인으로 진출하여도 상당한 인기를 얻을 수 있다.

6) 월살(月煞)

달을 보고 살아간다고 하여 고독(孤獨)살 이라고도 한다.
때문에 종교에 의지하여 살아가면 좋으며 종교적인 비판도 서슴없이 할 수가 있다.

또한 수옥(囚獄)살 이라고 하는데 이는 행동적인 장애, 신체불구 등이 있을 수가 있다는 것이다.
즉 신체일부가 자연스럽지 못하며 여러 가지 장애가 많아서 구속 또는 분쟁을 많이 당한다고 볼 수가 있다.

월(月) 살이라는 것은 달빛을 보고 살아간다는 것으로 음성적인 직업이면 좋고 연구실이나 지하실 같은 곳에서 종일 불을 켜고 생활하는 사람이라고 할 수가 있다.

만약 대낮에 하는 직업인으로 살아간다면 직업이 불안정할 수도 있다.

여자는 밤에 불 켜고 외롭게 기다리는 팔자가 많이 있다고 할 수 있다.

7) 망신살(亡身煞)

자신의 실수(失手)가 망신이다. 이는 주변이나 가까운 곳에서 일어나며 순간의 생각을 실행하는데서 일어나는 경우가 많이 있다고 할 수가 있다.

권력을 이용한다거나 투기목적 또는 과도한 에너지를 소모하여 일시적으로 질병에 걸리는 경우가 많이 있을 수가 있다.

사기나 도난, 사업실패가 있으며 일가친척으로부터 외면당하고 체면이나 명예가 떨어진다고 할 수 있다.

자신의 결정에 좀 더 냉정하고 어떠한 일을 도모할 때는 말을 아껴야 할 것이다.

사주 구성이 좋고 길성이나 귀인성과 같이 있으면 좋으며 인물도 준수하고 능력이 뛰어났다고 할 수가 있다.

사주가 탁(濁)하면 주색잡기에 풍류를 즐기며 거짓말과 시비 송사가 자주 있으며 성격이 모질다고 할 수 있고 천박하게 살아가는 수도 있다.

8) 장성살(將星煞)

장군(將軍)살 이라고 하는데 이는 용감하고 과감하며 자존심이 강하고 굴복을 하지 않는다는 것이다.

남자는 이 살이 있으면 강인한 정신력과 인내심으로 자신의 뜻을 이루려고 부단한 노력을 하지만 여자는 그러하지 못하고 지배당하는 것을 싫어하여 남편에게 반항하고 집에 가만히 있으면 가슴이 답답하여 꼭 신기(神氣)가 발동하는 것 같다고 할 수가 있다.

정확한 것을 좋아하고 공직에 적합하며 특히 사주구성이 좋으면 검찰이나 직업군인으로 살아가면 성공한다.

타인과 타협을 이루지 못하면 고독한 인생길이 될 것이고 여자는 인내심과 절대 순종이 필요하다.

9) 반안살(按殺煞)

반안 이라는 뜻은 말안장에 앉는다는 것이며 이는 오히려 길신으로 해석한다.

형편이 점차로 좋아지며 의식주에 불편이 없으며 자신이 원하는 것은 순조롭게 이루어진다고 할 수가 있다.

사주구성이 맑고 흐름이 좋을 때 관(官)으로 진출하면 이름이 널리 알려지며 집안이 화목하다. 사업가는 번창하여 이익이 많이 나고 승진이나 학업도 오르고 결혼 적령기의 연인들은 혼사가 성립될 것이다.

12신 살에서 최고의 길신으로 형 충 파 해를 당하지 않아야 좋다.

10) 역마살(役馬殺)

일종의 이동 살이라고 하는데 많이 움직인다는 것이다. 그래서 운수업이나 해외 또는 원거리 출장 그리고 이사 등 이러한 것을 업으로 한다면 좋을 것이다.

역마가 형 충을 꺼려한다. 이는 바로 교통사고로 볼 수가 있으며 심하면 불구 장애도 있을 수가 있다.

申子辰生은 寅이 역마이다.

육상으로 다니는 것으로 교통편은 많은 대중이 이용하는 버스에 해당한다고 보는 것이다.
寅의 자동차 역마 속에서 바라보면 이럴 것이다.
寅은 일반적인 버스
巳는 승용차
申은 화물차이다.
亥는 특수 화물차이다.

亥卯未生이 巳가 역마이다.

하늘로 나는 역마라고 보며 비행기로 통한다.
巳의 비행기역마 속에서 바라보면 이럴 것이다.
寅은 대형 여객기
巳는 전용기
申은 화물을 싣고 나는 비행기이다.
亥는 특수화물을 실어나르는 비행기이다.

寅午戌生은 申이 역마다.
정하여진 철길이므로 열차 대형트럭으로 보는 것이다.
申의 철로 역마 속에서 바라보면 이럴 것이다.
寅이 여객열차
巳는 초고속 특급열차
申은 화물을 실어나르는 화차이다.
亥는 역시 기름이나 액체로 된 것을 실어나르는 열차이다.

巳酉丑生은 亥가 역마이다.
바다 위를 떠다니는 역마로서 배를 가르치는 것이다.
亥의 바다역마 속에서 바라보면 이럴 것이다.
寅이 여객선
巳는 초호화 유람선이나 요트
申은 화물선이다.
亥는 원유 같은 것을 실어나르는 것이다.

11) 육해살(六害煞)

여섯 가지의 해로움이란 뜻으로 육해라고 하는데 살아가는데 많은 장애가 있을 것이며 때로는 질병으로 고생도 많이 할 것이다.

보편적으로 조급한 성격에 감추려 하는 마음이 있으며 잔꾀를 많이 부린다.

관재구설이나 관액이 자주 발생하고 살아가는데 굴곡이 심할 것이다.

가끔은 신기(神氣)를 접하는 수가 있으며 여자들은 아이를 낳을 때 고생을 많이 하는 경우도 있다.

12) 화개살(華蓋煞)

덮어두었다고 하는 것으로 무엇인가를 저장 한다거나 기회를 노리다가 실패하는 예가 많이 있을 수가 있으며 인생에는 숨어서 살아간다는 의미에서 종교인으로 살아가면 좋다.

때로는 문화 예술분야에서 의외의 실력을 발휘하여 성공하는 예도 왕왕 있다.

辰 戌 丑 未가 화개살에 해당하는데 이는 충(沖)을 하여 재생한다는 의미에서 재생(再生)살 이라고도 한다.
때문에 반복되는 일이 자주 발생한다고 볼 수도 있다.

여자들에게는 애교(愛嬌)살 이라고 하며 항상 행동을 조심스럽게 하는 것이 좋다.

제 11 장

공(空)망(亡)과 삼재(三災)팔난(八難)

1. 공망

2. 삼재

3. 팔난

제 11 장
공망(空亡)과 삼재(三災) 팔난(八難)

1. 공망

　공망이란 것이 지지(地支)는 있는데 천간(天干)이 없는 것을 공망이라고 하며 천중(天中)살 이라고도 한다. 즉 짝이 없다는 것으로 사주 속에서 공망에 해당되는 육친(六親)과 인연(因緣)이 약하다고 할 것이며 여기에 해당하는 십신 또한 이득이 없다고 할 것이다.
특히 음(陰)일주의 공망보다 양(陽)일주의 공망 작용이 심하다고 할 수가 있다.
　공망은 형(刑) 충(沖) 파(破) 해(害)나 합(合)을 이루고 있으면 해공이 되는데 흔히 하는 말로 공치고 망한다고 하는 흉살(凶殺)이라 할 수가 있다.
　이를 긍정적(肯定的)으로 바라보면 다양한 이야기가 나오는데 부정적(否定的)으로 많이들 해석하므로 인하여 실질적으로 흉(凶)하다고 한다.
　공망도 다양하여 일주를 중심으로 하여 공망에 해당하는 방향을 방위 공망이라 하며 이 방향으로 이사나 무엇을 하려고 하여도 잘 이루어지지 않는다.

　이외에도 길흉 공망 상호 공망 절로 공망이 있다.
또한 사대 공망이라고 하여 육십갑자(六十甲子)의 갑자(甲子) 순에는 임신(壬申) 계유(癸酉)가 공망이고 갑오(甲午) 순에는 임인(壬寅) 계묘(癸卯)가 공망이다.

　갑신(甲申) 순에는 경인(庚寅) 신묘(辛卯)가 공망이며 갑인(甲寅) 순에는 경신(庚申) 신유(辛酉)가 공망이다.
여기에 해당하면 크게 성공을 한다거나 아니면 수명(壽命)이 단축(短縮)될 수가 있다.

　연월일시가 공망이 들어있으면 이러할 수도 있다.

　년(年)주가 공망이면 조상음덕이 부족할 것이고 어린 시절이나 학창시절이 불운하였다고 할 것이다.

　월(月)주가 공망이면 부모형제 궁이라서 부모님과 형제들의 도움이 부족할 것이며 사회에 진출하면 순조롭게 되는 것이 별로 없고 청년에 힘이 들것이다.

　일(日)주가 공망이면 부부인연이 부족하고 장년기에 어려움을 당할 것이다.

　시(時)주가 공망이면 자식 덕이 별로 없고 말년에 고생한다고 할 수가 있다.

또한 육친이 공망이면 해당하는 육친과 인덕이 약하다고 할 것이다.
예를 들어본다면 이러할 것이다.

비견이면 형제 친구가 없거나 덕이 부족할 것이라고 한다.
겁재일 때는 의리나 우애가 부족할 것이다.

식신이 공망이면 생각이나 활동성이 약할 것이며 자식인연도 희박하다.
상관이 공망이면 기예(技藝)성이 부족하고 정신계통에 관심을 가진다.

편재가 공망이면 사업 운이나 처복이 약하다고 할 수가 있다.
정재가 공망이면 재물이 빈약하고 여자의 인연이 약하다.

편관이 공망이면 관운이 약하고 남편 덕이 약하다.
정관이 공망이면 명예나 관운이 약하고 자식 덕이 없을 것이며, 여자는 결혼이 늦어지거나 남자와 인연이 희박하다.

편인이 공망이면 전문직이 어렵고 뜻을 이루기가 어렵다.
정인이 공망이면 부모와의 인연이 약하고 학업성취가 힘이 들 것이다.

1) 공망 조견표

간지	갑자(甲子) 을축(乙丑)	갑술(甲戌) 을해(乙亥)	갑신(甲申) 을유(乙酉)	갑오(甲午) 을미(乙未)	갑진(甲辰) 을사(乙巳)	갑인(甲寅) 을묘(乙卯)
납음	해(海) 중(中) 금(金)	산(山) 두(頭) 화(火)	천(泉) 중(中) 수(水)	사(沙) 중(中) 금(金)	복(覆) 등(燈) 화(火)	대(大) 계(溪) 수(水)
간지	병인(丙寅) 정묘(丁卯)	병자(丙子) 정축(丁丑)	병술(丙戌) 정해(丁亥)	병신(丙申) 정유(丁酉)	병오(丙午) 정미(丁未)	병진(丙辰) 정사(丁巳)
납음	노(爐) 중(中) 화(火)	간(澗) 하(下) 수(水)	옥(屋) 상(上) 토(土)	산(山) 하(下) 화(火)	천(天) 하(河) 수(水)	사(沙) 중(中) 토(土)
간지	무진(戊辰) 기사(己巳)	무인(戊寅) 기묘(己卯)	무자(戊子) 기축(己丑)	무술(戊戌) 기해(己亥)	무신(戊申) 기유(己酉)	무오(戊午) 기미(己未)
납음	대(大) 림(林) 목(木)	성(城) 두(頭) 토(土)	벽(霹) 력(靂) 화(火)	평(平) 지(地) 목(木)	대(大) 역(驛) 토(土)	천(天) 상(上) 화(火)
간지	경오(庚午) 신미(辛未)	경진(庚辰) 신사(辛巳)	경인(庚寅) 신묘(辛卯)	경자(庚子) 신축(辛丑)	경술(庚戌) 신해(辛亥)	경신(庚申) 신유(辛酉)
납음	노(路) 방(傍) 토(土)	백(白) 랍(蠟) 금(金)	송(松) 백(栢) 목(木)	벽(壁) 상(上) 토(土)	차(叉) 천(釧) 금(金)	석(石) 류(榴) 목(木)
간지	임신(壬申) 계유(癸酉)	임오(壬午) 계미(癸未)	임진(壬辰) 계사(癸巳)	임인(壬寅) 계유(癸酉)	임자(壬子) 계축(癸丑)	임술(壬戌) 계해(癸亥)
납음	검(劍) 봉(鋒) 금(金)	양(陽) 류(柳) 목(木)	장(長) 류(流) 수(水)	금(金) 박(箔) 금(金)	상(桑) 자(柘) 목(木)	대(大) 해(海) 수(水)
공망	술(戌) 해(亥)	신(申) 유(酉)	오(午) 미(未)	진(辰) 사(巳)	인(寅) 묘(卯)	자(子) 축(丑)
공	수(水)	무(無)	금(金)	수(水)	무(無)	금(金)

2. 삼재(三災)

12년에 삼년은 쉬어가라는 의미에서 삼재라고 하는데 흔히들 욕심 때문에 쉬지 않고 계속하다 보면 하늘에서 미치는 기운이 달라 많은 피해를 입는다고 한다.

첫 해는 들 삼재라고 하며 두 번째 해는 눌 삼재라고 한다. 마지막으로 닥치는 해에는 나간다는 의미에서 날 삼재라고 하는데 우리가 하루 일과를 마치고 저녁에 쉬는 것처럼 하늘의 기운도 12년에 3년 정도는 쉬어가는 시기라서 이를 삼재라고 한다.

일상적으로 삼재는 하늘에서 내리는 천재지변으로 수재라고 하며 두 번째는 공간적으로 불어오는 바람의 영향으로 인한 풍재이다.

마지막으로 우리 생활의 주변에서 가장 많이 사용하고 꼭 필요한 불인데 이것을 화재라고 한다.

운(運)이 좋을 때의 삼재는 오히려 길하다고 할 수가 있으며 이를 복 삼재라고 하는 것이다.

운의 흐름이 지극히 좋지 못할 때 삼재를 만나면 그 흉함의 작용이 너무 심하며 이럴 때 관재구설이나 재산손실이 있을 수 있다.

사고나 질병 또는 수술 상해 이별 등을 당하는 수가 많이 있다.

1) 삼재조견표

띠별	亥卯未생	寅午戌생	巳酉丑생	申子辰생
삼재	巳午未년	申酉戌년	亥子丑년	寅卯辰년

3. 팔난(八難)

팔난(八難)이라고 하는 것은 다양하게 일어나는 재난을 여덟 가지로 묶은 것이라고 할 수가 있다.

우리가 알고 있는 팔난은 이러할 것이다.

① 손재(損災)

② 관재(官災)

③ 질병(疾病)

④ 학업중단(學業中斷)

⑤ 주색잡기(酒色雜技)

⑥ 부모(父母)

⑦ 형제(兄弟)

⑧ 부부(夫婦) 등이라고 할 수가 있으며 이외에도 여러 가지가 있다.

이는 팔난이라는 뜻이 꼭 여덟 가지라고 단정하는 것이 아니고 다양하다는 것으로 받아들여야 한다.

제 12 장

통변

1. 근묘화실(根苗花實)

2. 근묘화실 조견표

제12장
통변(通辯)

사주의 꽃을 통변이라고 하는데 이는 무엇인가를 통하여 말을 한다는 뜻이다. 사주(四柱)를 통하여 이야기하는 법은 먼저 오행(五行)으로 간단하게 하는 방법과 그 다음은 장간(藏干)과 음양(陰陽) 오행(五行)을 비교 분석하는 것이 있다.

자연을 통하여 이야기하는 것은 사주를 정하고 크게는 우주로 적게는 내 몸을 그려보면서 계절의 변화와 주위환경의 변화에 따라서 많은 변화를 알 수가 있고 이런 것을 이야기하는 것이다.

일정한 규칙을 정하여놓고 이야기 한다면 항상 같은 답이 나온다. 물론 대운과 세운에 따라서 변화가 있다고 하지만 전체적인 흐름은 같다고 할 수밖에 없다.

어떠한 도구를 가지고 어디에 사용하는지 또는 용도에 따라서 이름도 달라질 수도 있고 값어치도 다를 것이다.

그래서 운을 이야기하기 전에 어떤 곳에 적합한 것인지 알고 이후에 언제쯤 필요한가를 이야기 하는 것이 중요한 것이다.

이때 대운이라는 환경 속에서 세운이라는 인연의 변화를 비교 분석하여 이야기 하는 것이다.

일정한 격국(格局) 같은 것은 자연 속에서 없다.

모두가 자연속의 한 부분일 뿐이고 더도 덜도 아니다. 다만 어느 정도의 중요성을 가지고 있는가 하는 것이다.

그래서 자신의 전생인연이나 업 또는 지금의 환경이나 인연 따라 중요성이 달라지는 것이다. 그러하다고 스스로 생(生)을 포기하고 마감하는 사람이 다음 생에는 좋은 환경과 이로운 인연으로 태어날 것 같지만 그러하지 못하다.

다음 생에 좋은 환경과 좋은 은연을 만나려면 타고난 명(命)에 최선을 다하여 열심히 살아가는 것이지 욕심(慾心)으로 살아가서는 아니 된다는 것이다.

대자연(大自然)의 주인은 어느 누구도 아니고 잠시 머물면서 쉬어가는 그곳이 좋은 환경에서 내가 확실하게 무엇인가 하고 드러내는가 아니면 좋지 못한 환경이나 또 다른 주변의 환경으로 인하여 내가 빛을 보지 못하고 평범하게 살아갈 것인가를 가려보는 것이다.

어떠한 고정관념에 사로잡히지 말고 변화되는 환경을 잘 연구하여 보자.

학문으로 공부하여 정해진 원리로 설명하고 중심이 되는 격국과 용신을 정확하게 정하면 될 것 같지만 동일한 사주가 많다는 것을 알아야 한다.

운명을 감정 할 때는 오행을 먼저 관찰한 다음 육신(六神)을 살피면서 감정(鑑定)을 하면 된다.

운명도 허명(虛命)과 실명(實命)이 두 가지가 있다. 그것이 허실(虛實)이라는 것이다. 감정의 예를 들어본다면 사주의 여덟 글자 중에 오행의 목(木)이 없든지 약(弱)하면 간장(肝腸) 담낭(膽囊) 근육신경 두통이나 안면에 질병이 생기고 겁이 많으며 밤길을 싫어한다.

 목성(木星)이 많아도 비만(肥滿)이 되어 간경변증(肝硬變症)이나 담석증(膽石症) 지방간(脂肪肝) 간암(肝癌)이 발생한다고 볼 수 있다. 하지만 너무 많아도 문제가 많이 있으며 눈에 이상이 생기거나 특히 신경계나 신경성 질병이 올 수 있다.

 화(火)가 없든지 약(弱)하면 심장질환(心臟疾患) 정신(精神) 소장(小腸) 눈병질환 편두통(偏頭痛) 고혈압(高血壓) 혈관병(血管病) 혈액순환(血液循環) 등에 관련된 모든 질병이 발생한다. 깜짝깜짝 잘 놀라면서 어지러움 증이 발생한다. 하지만 너무 많으면 고혈압이나 저혈압(高低血壓) 심장비대(心臟肥大)가 발생한다고 볼 수 있다.
이외에도 정신분열증(精神分裂症)등 여러가지 정신질환이 발병한다.

 토(土)가 없든지 너무 약(弱)하면 비장질환(脾臟疾患) 위장질환(胃腸疾患) 복부질환(腹部疾患) 피부질환(皮膚疾患) 당뇨질환(糖尿疾患) 등이 발생 할 수 있고 많으면 흉터가 많다든가 위확장(胃擴張) 당뇨병(糖尿病)등 여러 위장질환이 발생하여서 고생하는 예가 많이 볼 수 있다.
土가 너무 많으면 피부에 많은 질병을 일으킬 수 있으며 입안으로 문제가 있다고 본다.

 금(金)이 너무 약(弱)하든지 없든지 하면 폐장질환(肺臟疾患) 호흡기질환(呼吸器疾患) 대장질환(大腸疾患) 근골질환(筋骨疾患) 사지질환(四肢疾患)이 발병하고 폐암(肺癌)과 같은 종류나 폐장질환(肺臟疾患)과 대장(大腸)의 질병이 발생한다고 보는 것이다.
金이 너무 많으면 뼈가 약하고 코에 많은 문제를 일으킨다.

수(水)가 없든지 너무 약(弱)하면 신장질환(腎臟疾患) 방광질환(膀胱疾患) 혈액(血液)이상 자궁질환(子宮疾患) 생식기질환(生殖期疾患) 신장결석 중(腎臟結石症)이 발생하여 고생하며, 많으면 역시 신장(腎臟)이나 방광(膀胱)이나 생식기(生殖期) 질병이 발생한다고 볼 수 있다.

이외 귀(耳)라는 것에서 바라본다면 木은 신경계의 이상으로 듣는데 문제가 있으며 火는 열로 인하여 문제가 발생할 수가 있다.
土는 구조상 문제가 있으며 金은 코와 연결되어 압(壓)이 차서 문제일 수 있다. 水는 중이염으로 문제다.
천간(天干)은 정신(精神)이며 생각(生角)이다. 무형적(無形的)이고 발명이며 이상을 꿈꾸고 교육으로 성취하며 희망사항이다.
지지(地支)는 현실적(現實的)이고 행동(行動)으로 움직이며 유형(有形)으로 개발 하려고 한다. 도전적이며 경험으로 익혀가는 육신(肉身)이다.
또한 몇 가지 원칙이 있는데 사주란 태어날 때 본인이 무엇으로 살아가야 하는가를 알아야 할 것이다.
그렇다고 쉽게 이루어지는 것도 없다. 많은 고통이나 장애가 있으며 이를 극복하여야 한다. 때로는 대박(大舶)이라는 것을 만날 때도 있다. 이를 자연에서 이야기 한다면 이상 기후인 것이다.
어느 날 갑자기 벼락을 맞고 쓰러지는 나무를 생각하면 될 것 같다. 그런데도 많은 사람들이 벼락을 맞고 싶어한다. 그래서 요행(僥倖)이라고 하는 것이다.

하지만 타고난 사주대로 살아가면 운도 불행도 없다. 다만 건강상 약간의 문제만 있을 뿐이라고 생각한다. 이는 알게 모르게 외부의 기운이 오장(五臟)과 연결되어 있기 때문이다.

장생(長生)지가 많으면 무엇이든 시작하려는 성격이 강하고 제왕(帝王)지가 많으면 명령적(命令的)이라서 지배당하는 것을 싫어한다.

또한 사주에 묘지(墓地)가 많이 있으면 움직임이 더디고 마무리 형(形)으로서 적합하다.

오행(五行)으로 병(病)을 찾아보고 월주에서 어느 오행이 힘이 강하게 받으며 또한 유리한지를 알고 묘(妙)한 관계를 알아야 쉽게 이야기를 할 수가 있을 것이다.

무엇을 하여야 잘하는 것인지 알아보고 어느 정도의 그릇인가를 알고 무엇으로 채워야 하는지를 알고 판단한다.
물론 용신과 격국으로 가늠 하지만 자연으로 바라보면 더욱 정확하게 알 수 있다.

중요한 것은 묻는 말에 답하고 묻지 않으면 답할 필요가 없다. 또한 상담이므로 서로 문답(問答)식으로 상담하면서 길흉(吉凶)을 판단하는 것보다 무엇을 할 때 자신의 뜻을 이룰 수가 있는지를 잘 분석하는 것이 유능한 상담(相談)이라고 할 수가 있다.

상담을 받고자 찾아온 사람의 약점이나 말하고 금전적으로 부담을 주는 것은 자신의 업보(業報)로 차후에 본인이나 자식 또는 후손(後孫)에 많은 영향을 미친다고 생각한다.

양(陽)과 음(陰)의 차이는 미세(微細)하지만 하늘과 땅만큼 멀게 느껴진다.

이야기는 자연(自然)의 노래다.

양간(陽干)은 남성적이며 음간(陰干)은 여성적이다.

양간은 높고 넓지만 음간은 깊고 복잡하다.

양간은 드러내면서도 감추려고 하고 음간은 숨기려고 하면서도 드러낸다.

양간은 현실적이며 음간은 감상적이다.

양간은 실천보다 말이 우선이고 음간은 실천하면서 말한다.

양간은 자랑하지만 음간은 부끄러워한다.

양간은 공격적이며 음간은 방어적이다.

양간은 미래 지향적이며 음간은 과거 안주형이다.

양간은 형식적이며 음간은 계산적이다.

1. 근(根)묘(苗)화(花)실(實)

1) 근(根)

근이라고 하는 것은 년 주이며 초년(初年)을 알아보고 자신의 뿌리를 이야기 하는 것으로 조상(祖上)이나 어린 시절을 알아보는 곳이다.

2) 묘(苗)

묘라고 하는 것은 월주이며 자신의 줄기이므로 매우 중요하다. 부모 형제나 청년(靑年)시절을 보는 곳이며 직업(職業)이나 성격(性格)등도 알 수 있다.

3) 화(花)

화는 일주이며 자신을 가르키는 곳으로 장년(壯年)을 뜻하고 강(强)한지 약(弱)한지를 알아보는 곳이다.

중요한 것은 자신이 어떤 환경속의 무엇인가를 알아보는 곳이다. 또한 지지(地支)는 배우자의 자리이며 어떤 인연(因緣)이 되는지도 알 수도 있다.

4) 실(實)

실은 시주이며 노년(老年)을 보며 자식(子息)이 어떻게 성장할 것인지를 알아보는 곳이다. 또한 인생의 결과나 목적을 알아볼 수가 있다.

2. 근묘화실 조견표

	근(根)	묘(苗)	화(花)	실(實)
사주(四柱)	년(年)주	월(月)주	일(日)주	시(時)주
육친(六親)	조상(祖上)	부모(父母) 형제(兄弟)	나와 처	자녀.후손
사기	초년(初年)	청년(靑年)	장년(壯年)	노년(老年)
나이	3~25세	20~45세	35~60세	50~88세
위치	대문 밖	대문 안	현관 안	안방
활동성	사회(社會)	직장(職場)	가정(家庭)	대기(待機)
사생	전생(前生)	금생(今生)	현생(現生)	후생(後生)
계절	봄	여름	가을	겨울
하루	새벽	오전(午前)	오후(午後)	밤
격(格)	원(元)	형(亨)	이(利)	정(貞)
시간	과거(過去)	현재(現在)	지금(至今)	미래(未來)

제 13 장

운(運)

제 13 장
운(運)

　우리가 운기(運氣)라고 하는 것은 욕심을 가득 실은 열차가 언덕길을 올라 갈 때는 운이 나쁘다고 한다. 일반적인 평평한 길을 달릴 때는 좋고 나쁨을 잘 모르고 간다. 그런데 가득 실은 화물차가 내리막길을 무한질주 할 때는 운기가 좋아서 어디까지 가려는지 모르고 욕심으로 한없이 가길 바란다. 하지만 이처럼 좋은 운기가 어디쯤에서 끝이 나고 또 다시 힘든 고갯길을 만나는지를 알아야 한다.
　세상사의 모든 이치는 같다 할 수가 있다. 넓고 넓은 바다의 파도를 연상하여 보면 알 수가 있을 것이다. 높은 산이 있으면 깊은 골짜기가 반드시 있다.
　인생길도 바다나 산처럼 그러한 리듬을 가지고 흐른다고 생각하면 쉽다.
　좋은 운(運)이 있으면 반드시 나쁜 기운(氣運)이 흐르는 것이 당연한 사실이다. 즉 바이오리듬같이 하루에도 흐름이 여러 번 교차하듯이 너울 성 파도처럼 머나먼 여정에 알게 모르게 밀려드는 파도처럼 우리의 운명도 알 수가 없는 것이다.
　우리는 이것을 알기 위하여 역학(易學)이라는 학문을 공부하는 것이고 인간은 자신의 앞길이 불투명하여 알고자 무한한 노력을 기울이고 있는 것이다.

현자(賢者)는 어려울 때 자신의 가야할 길을 미리 준비하는 사람이며 어리석은 자는 좋은 기운은 편안하다고 그렇게 흘러 보내고 운이 나쁠 때 많은 변화를 일으켜보지만 준비가 소홀한 관계로 하는 일마다 실패로 쓴맛을 보게 되는 것이다.

그래서 운이란 준비된 자가 때를 만났을 때라고 할 수가 있다.

다만 때는 모르지만 자신의 타고난 용도와 그릇을 알고 그 방향으로 참고 계속 간다면 참으로 좋은 운을 만날 때가 있다.

유능한 선장이 급변하는 망망대해에서 자신의 능력을 발휘하여 슬기롭게 안전하게 항해(航海)하여 순풍을 만나는 것과 같은 이치이다.

타고난 팔자가 중요한 것이 아니고 환경(環境)과 인연(因緣)이 가장 중요하다.

인간과 짐승의 차이는 없다. 다만 생각을 가지고 욕심을 부리면 사람이고 생각 없이 욕심을 부리면 짐승이다.

자신이 타고난 환경(環境)과 인연(因緣), 그리고 운명(運命)을 알면 그곳에서 자신의 그릇만큼 담으면서 살아가면 행복한 것이다. 여기에 욕심을 낸다면 운을 알아야 할 것이고 행복은 잠시며 심한 환경의 변화를 적응하려고 엄청난 스트레스로 직업병(職業病)이라는 것을 덤으로 받게 되어 힘들고 어렵게 일생을 마감할 수가 있다.

제 14 장

육십갑자(六十甲子)

제14장
육십갑자(六十甲子)

甲子 乙丑: 해중금(金海中) 소금이다.
(소금은 물이 용신이다.)

丙寅 丁卯: 노중화(爐中火) 화롯불

戊辰 己巳: 대림목(大林木) 큰나무
(귀인을 만나면 득세한다. 재물이 따른다.)

庚午 辛未: 노방토(路傍土) 수로(물길)

壬申 癸酉 : 검봉금(劍鋒金) 칼 붓 주사기 침
(무당이나 관련된 전문직)

甲戌 乙亥: 산두화(山頭火) 산불(역적화이며 혁명적이다.)

丙子 丁丑: 간하수(澗下水) 약수 (암반에서 흐르는 맑은 샘)

戊寅 己卯: 성두토(城頭土) 넓은 벌판 (우두머리)

庚辰 辛巳: 백랍금(白蠟金) 빙벽 (얼음 빙하)

壬午 癸未: 양류목(陽柳木) 버드나무 (水용신으로 화류계)

甲申 乙酉: 천중수(泉中水) 샘물 (흉하게 본다.)

丙戌 丁亥: 옥상토(屋上土) 댐 (지붕위)

戊子 己丑: 벽력화(霹靂火) 벼락 (水용신)

庚寅 辛卯: 송백목(松栢木) 해송 (바닷가에서 살아가면 좋다.)

壬辰 癸巳: 장류수(長流水) 큰강 (흐르는 물)

甲午 乙未: 사중금(沙中金) 모래속의 사금이다.
(필히 제련이 필요하다.)

丙申 丁酉: 산하화(山下火) 아지랑이
(종교인이나 사이비교주가 많다.)
=천화수가 관살이며 간화수를 만나면 득세한다.

戊戌 己亥: 평지목(平地木) 밀이나 보리 같은 연약한 것
(金용신이다.)

庚子 辛丑: 벽상토(壁上土) 벽채나 담벼락 같은 것
壬寅 癸酉: 금박금(金箔金) 왕관 (왕이나 우두머리에 두르는 띠)

甲辰 乙巳: 복등화(覆燈火) 전등불
(밤에 빛이 나는 것으로 별이나 달)
=천상화로 극을 받는다.

丙午 丁未: 천하수(天河水) 장마비 (빗물)

戊申 己酉: 대역토(大驛土) 역전 같은 곳
(많은 사람이 모이거나 다니는 곳)

庚戌 辛亥: 차천금(叉釧金) 여인들의 비녀이다. (연예인)

壬子 癸丑: 상자목(桑柘木) 뽕나무
(남자는 여자 여자는 욕심으로 부정 탄다. 소개업으로 성공)

甲寅 乙卯: 대계수(大溪水) 강 시냇물 생명수
(희생하면서 살아가면 좋다.)

丙辰 丁巳: 사중토(沙中土) 모래 (백사장)

戊午 己未: 천상화(天上火) 태양 (바닷가가 길지)

庚申 辛酉: 석목류(石榴木) 열매 (스승의 길)

壬戌 癸亥: 대해수(大海水) 바닷물

1) 납음오행

간(干) 지(支)	갑(甲)을(乙) 자(子)축(丑)	갑(甲)을(乙) 술(戌)해(亥)	갑(甲)을(乙) 신(申)유(酉)	갑(甲)을(乙) 오(午)미(未)	갑(甲)을(乙) 진(辰)사(巳)	갑(甲)을(乙) 인(寅)묘(卯)
납(納) 음(音)	해(海) 중(中) 금(金)	산(山) 두(頭) 화(火)	천(泉) 중(中) 수(水)	사(沙) 중(中) 금(金)	복(復) 등(登) 화(火)	대(大) 계(溪) 수(水)
간 지	병(丙)정(丁) 인(寅)묘(卯)	병(丙)정(丁) 자(子)축(丑)	병(丙)정(丁) 술(戌)해(亥)	병(丙)정(丁) 신(申)유(酉)	병(丙)정(丁) 오(午)미(未)	병(丙)정(丁) 진(辰)사(巳)
납 음	노(爐) 중(中) 화(火)	간(澗) 하(下) 수(水)	옥(屋) 상(上) 토(土)	산(山) 하(下) 화(火)	천(天) 하(河) 수(水)	사(沙) 중(中) 토(土)
간 지	무(戊)기(己) 진(辰)사(巳)	무(戊)기(己) 인(寅)묘(卯)	무(戊)기(己) 자(子)축(丑)	무(戊)기(己) 술(戌)해(亥)	무(戊)기(己) 신(申)유(酉)	무(戊)기(己) 오(午)미(未)
납 음	대(大) 림(林) 목(木)	성(城) 두(頭) 토(土)	벽(霹) 력(靂) 화(火)	평(平) 지(地) 목(木)	대(大) 역(驛) 토(土)	천(天) 상(上) 화(火)
간 지	경(庚)신(辛) 오(午)미(未)	경(庚)신(辛) 진(辰)사(巳)	경(庚)신(辛) 인(寅)묘(卯)	경(庚)신(辛) 자(子)축(丑)	경(庚)신(辛) 술(戌)해(亥)	경(庚)신(辛) 신(辛)유(酉)
납 음	노(路) 방(傍) 토(土)	백(白) 랍(蠟) 금(金)	송(松) 백(栢) 목(木)	벽(壁) 상(上) 토(土)	차(叉) 천(釧) 금(金)	석(石) 류(榴) 목(木)
간 지	임(壬)계(癸) 신(申)유(酉)	임(壬)계(癸) 오(午)미(未)	임(壬)계(癸) 진(辰)사(巳)	임(壬)계(癸) 인(寅)묘(卯)	임(壬)계(癸) 자(子)축(丑)	임(壬)계(癸) 술(戌)해(亥)
납 음	검(劍) 봉(峰) 금(金)	양(陽) 류(柳) 목(木)	장(長) 류(流) 수(水)	금(金) 박(箔) 금(金)	상(桑) 자(柘) 목(木)	대(大) 해(海) 수(水)

제 15 장

격(格) 국(局)

1. 건록격

2. 양인(羊刃)격

3. 식신(食神)격

4. 상관(傷官)격

5. 편재(偏財)격

6. 정재(正財)격

7. 편관(偏官)격

8. 정관(正官)격

9. 편인(偏印)격

10. 정인(正印)격

제15장
격 국

1. 건록격

　건강하고 강직하며 욕심 없는 일처리와 속임수 없는 공정성 모든 면에 성실하며 봉사나 자발적으로 움직이므로 대중 속에 인기가 좋다.
　때로는 고집이 세고 타협이 불가하며 자신의 결정을 밀고 나가려는 성격이 흠이다.
　부모나 형제의 덕은 별로 없고 집안의 대소사를 주도하는 장남의 역할도 하여야 한다.
재복은 없어도 건강하며 자식은 똑똑하다.
　처(妻)궁에 문제가 있으며 이혼이나 별거 또는 재혼하는 수가 많이 있으며 노후가 불리하다.
　록(祿)이란 관직이며 공직자나 행정계통이 적당하며 사업가로도 성공한다.
　여(女)명에 건록은 비견이므로 남편의 첩이 되는 것이다.
　때문에 남편과의 인연이 약하여 고독하다.

재성이 강하여 신약하면 비겁이 용신이다.
재가 많으면서 신강하면 관살이나 식상이 용신이 된다.
관살이 많아서 신약하면 재성이 용신이다.
관살이 많으면서 신강하면 식상이 용신이다.
식상이 많아서 신약하면 인성이 용신이다.
식상이 많아서 신강하면 재성이 용신이다.
비겁이 강하면 관살이 용신이다.
인성이 강하면 재성이 용신이 된다.

2. 양인(羊刃) 격

꿈과 희망은 크지만 쉽게 이룰 수가 없으며 부모 형제 친구 등 주변의 인덕이 없으며 경쟁이 심하여 승승장구도 한순간이고 외롭고 어려운 인생길이 되는 수가 많다.

자존심이나 고집 자기주장이 강하고 안과 밖이 다르므로 신용을 잃어버리면 회복하기 힘들고 시기 질투를 많이 당하며 화합이 잘 안 된다.

양인이 본성을 드러내면 불행한 일들이 많이 일어나고 몸도 불편하다.

남녀가 양인격이면 부부인연이 없고 이별이나 사별하는 수가 많으며 남자는 여자를 무시하는 성향이 강하고 여자는 경제활동으로 남성들과 경쟁하면서 상당히 도전적이다.

자식인연이 약하고 투기성이 많으며 요행도 바란다.

재성이 강하면 관살이 용신이다.
관살이 강하면 재성이 용신이다.
식상이 강하면 재성이 용신이다.
비겁이 강하면 관살이 용신이다.
인성이 강하면 재성이 용신이다.
재관식상이 용신일 때는 인성과 비겁 운이 오면 흉하다.
재관식상이 많아서 신약하면 인성과 비겁이 용신이다.

3. 식신(食神)격

월지에 식신이면 식신격으로 본다.
식신이란 수성(壽星)으로 후하며 마음이 넓고 신체는 풍만하고 외모가 부유하게 보인다.

타인의 배려도 깊고 서비스나 언어가 좋고 예의가 바르고 자상하다.

상대방을 잘 이해하고 영감(靈感)이 빠르며 노력하는 재주꾼이다.

원만한 대인관계에 정직한 일처리 편견 없는 생각과 사고력으로 친절하며 항상 넉넉하게 보인다.

감정적 대립보다는 대화로 해결하려 하며 주변으로부터 좋은 평을 받는다.

식신은 밥그릇으로 편인(偏印)이라는 도식(盜食)을 만나면 모든 걸 잃어버리고 빈곤하고 되는 것이 없다.

편인을 만나면 불행의 연속으로 천박함을 면치 못한다.

신강한 사주에는 인비 운을 만나면 나쁘다.
인성이 강하면 재성이 용신이다.
비겁이 강하면 식상이 용신이다
재성이 강하면 관살이 용신이다.

신약 사주에는 재관식상 운이 오면 나쁘다.
관살이 강하면 인성이 용신이다.
재성이 강하면 비겁이 용신이다.
식상이 강하면 인성이 용신이다.

4. 상관(傷官)격

월지 상관이면 상관격으로 본다.
인간성이 외면과 내면이 다르다. 마음이 넓은 것 같으면서도 옹졸하고 타인을 비평과 비방을 많이 한다.
희생과 봉사를 하는 것 같으면서도 계산과 눈치가 빨라서 실속을 챙기며 말이 많다.
자신이 우월하다는 생각과 자기주장이 강하며 보여주기 위하여 허세도 부린다.
임기응변이나 임시 꾸미기에 능하며 알게 모르게 불법도 행한다. 기예(技藝)에 능하며 교묘한 언어로 상대방을 기만하고 현혹하여 사기성이 강하다.
자만심이 강하고 지배당하는 것을 싫어하며 자신보다 우위에 있는 사람들을 비방하고 이간하며 무슨 일이든 잘하다가 손해나 비능률적이면 갑자기 돌아서서 흠을 보며 안면 몰수하는 사람이 많다.

반항심이나 피해의식이 강하고 자존심이 상하면 눈빛이 변하면서 공격적인 언어와 행동이 거칠고 막말을 잘한다.

예의가 없으며 직업이 일정하지 못하다.

특히 여자가 상관이 강하면 남편 덕이 없으며 아무리 똑똑한 남자라 해도 첫 자식을 낳고 3년 이내 이별하거나 남편이 무능 할 수가 있으며 무엇이든 잘되는 것이 없다.

일주가 강하고 비겁이 많으면 관살이 용신이다.
인성이 많으면 재성이 용신이다.
인성과 비겁 운을 만나면 나쁘다.

재성이 강하면 비겁이 용신이다.
관살이 강하면 인성이 용신이다.
식상관이 강하면 인성이 용신이다.

신약 사주에 재관식상 운으로 흐르면 흉하다.
비겁이 강하면 관살이 용신이다.
인성이 강하면 재식상이 용신이다.
신강한 사주에는 인비 운이 흉하다.

5. 편재(偏財)격

월지에 편재가 형성되면 편재격으로 본다.
한마디로 멋진 사람처럼 보인다. 주변에서 팔방미인 또는 영웅호

걸처럼 생겼다고 하며 시원한 성격에 화끈하고 무엇이든 줄 것만 같은 인심이다.

놀이와 운동을 즐기며 재치 있는 말솜씨로 무리의 중심이 되며 일주가 신약이면 도박과 주색 그리고 낭비가 심하며 남성은 여자를 좋아하여 망신당하는 사람이 많으며 패인의 길을 자초한다.

반면에 일주가 강한 사람은 통솔력이 뛰어나서 많은 사람을 거느리며 절도가 있고 사교성이 뛰어나 인기가 많으며 특히 여자들로부터 호평을 많이 받는다.

여성들은 외모가 여장부처럼 통이 크게 보이며 융통성과 통솔력이 좋아서 돈을 잘 벌고 잘 쓰는 여자들도 있다.

남성처럼 사업에 관심이 많으며 남편의 뒷바라지도 잘하지만 씀씀이가 너무 크므로 빚지고 사는 사람도 많으며 낭비벽이 있고 허세를 부린다.

신강사주에 인비 운이 오면 나쁘다.
비겁이 강하면 식상이 용신이다.
인성이 강하면 재성이 용신이다.

일주가 신약한데 재관식상 운을 만나면 나쁘다.
식상이 강하면 인성이 용신이다.
재성이 강하면 비겁이용신이다.
관살이 강하면 인성이 용신이다.

6. 정재(正財)격

월지에 정재이면 지장간에 투간 되면 정재격으로 본다.
외모상으로 알뜰하게 보이고 근면성실과 검소 절약이 몸으로 드러난다.

부모 형제가 부유하며 재정 쪽으로 뛰어났으며 철저한 금전관리와 경제관이 타고났으며 정당하면서 실속과 이익이 발생되는 곳에 투자하며 큰 욕심이 없는 것처럼 보인다.

자기가 하는 일에 항상 만족을 느끼며 큰 부자는 아니지만 항상 넉넉하다.

여자는 알뜰하게 살림을 잘하며 남편 덕도 있으며 재물에 애착을 가지고 잘 살아가며 재성은 시모이므로 시댁과의 사이만 원만하면 정말 좋다.

식재관운은 좋고 인비 운으로 가면 나쁘다.
비겁이 강하면 식상이 용신이다.
인성이 많으면 재성이 용신이다.

인비 운은 좋으나 식재관운으로 가면 나쁘다.
식상이 많으면 인성이 용신이다.
재성이 많으면 비겁이 용신이다.
관살이 강하면 인성이 용신이다.

7. 편관(偏官)격

월지에 편관이면 편관격으로 본다.
외모가 귀족 같거나 아니면 고생으로 힘이 들어 보이는 상이며 부모형제의 덕이 없고 독신(獨身)으로 떨어져 생활하거나 주거가 불안정하고 빈곤(貧困)하며 알 수 없는 병으로 고생을 하면서 하루 벌어서 하루 살아가는 사람이 많다.
피해의식을 많이 느끼며 반발심과 적개심이 강하고 반사회적으로 적응하려는 것이 힘들고 조급한 성격에 관재구설이나 시비 투쟁으로 주변으로부터 미움을 받는다.
몸에는 상처가 있으며 독재적이다.
여자는 인생에 변화가 심하며 구박(毆縛)으로 참고 살기 힘들며 재가(再嫁)를 하거나 아니면 정부(情夫)를 두거나 소실(小室)로 살아간다.
사주가 강하면 일선에서 종사하며 남자들이 하는 직업도 잘 소화하며 권력가의 부인이 될 수도 독신으로 살 수도 있다.
일주가 약하면 무조건 참고 살아야 한다. 하지만 일주가 강하다면 달라진다.

관인비운으로 가면 나쁘다.
비겁이 강하면 관살이 용신이다.
인성이 강하면 재성이 용신이다.
관살이 강하면 식상이 용신이다.

일주가 약할 때에는 식재관운이 나쁠 것이다.
재성이 강하면 비겁이 용신이다.
식상이 강하면 인성이 용신이다.
관살이 강하면 인성이 용신이다.
식재관 운으로 가면 나쁘다.

8. 정관(正官)격

월지가 정관이면 정관격으로 본다.
인품이 준수하고 단정하게 생겼으며 좋은 집안의 가문에서 태어나 부모님께 효도하고 형제간에 우애가 깊으며 행동은 신중하고 바르게 하며 거취(去取)가 분명하고 규칙적인 생활과 인내심도 강하다.

보통 공직의 집안이 많으며 선대가 책임감이 강하며 매사에 신중하여 승진이 빠르고 상사들의 신임도 높다.

명분(名分)을 중히 여기며 법대로 진행하려는 성격과 소극적이고 고지식한 면도 있다.

처나 자식은 건강하고 학업 성취도가 높으며 사회에서도 순조롭게 잘 적응한다고 할 수 있다.

여자는 남편 덕이 있으며 또한 내조를 잘하여 귀부인으로서 인정받으며 안팎으로 실수 없이 잘 조화한다.
월지에 정관이 있으면 바른 교육으로 얌전하고 정직하다.
결혼운도 좋아서 명문가로 출가하거나 좋은 집안에 시집간다.
정관격은 공직이 적당하며 보통 행정직에 종사하는 것이 좋다.
상업(商業)인으로는 적절하지 못하며 성공률이 낮다.

정관이란 관직으로 보며 상업(商業)은 아니다.

신강한 명조일 때
비겁이 많으면 관성이 용신이다.
재성 관성 운은 좋고 인성 비겁 운은 나쁘다.

인성이 많으면 재성이 용신이다.
식상 재성 운은 좋으나 인비운은 나쁘다.

식상이 강하면 재가 용신이다.
재관 운은 좋으나 인성 비겁 운은 나쁘다.

재성이 강하여 신약한 사주는 비겁이나 인성이 용신이다.
인성 비겁 운에는 좋으나 재 관성 운에는 흉하다.

식상이 강하면 인성이 용신이다.
관인 운은 좋으나 상관 재성 운에는 흉하다.

관살이 강하면 인성이 용신이다.
인성 비겁 운에는 좋으며 재관 운에는 나쁘다.

9. 편인(偏印)격

월지에 편인으로 되면 편인격으로 본다.
외모상 씩씩하고 군자같이 보이나 말뿐이고 행동적으로 실천하는 것은 없으며 약속을 잘 어기고 처음 시작은 잘하나 결과는 허술하게 끝나거나 아니면 흐지부지하게 된다.
또한 편인은 식신(食神)을 극(克)하므로 건강이 나쁘고 복록(福祿)이 약하여 성공률이 낮다.

거짓말이나 핑계를 잘 꾸며 상대방을 안심시키고 눈치는 빠르나 게으르고 요령을 잘 부린다.
자존심이 강하며 자기 위주로 생각하고 생활한다.
공상이나 반짝이는 생각은 많으나 개발을 못한다.
예술적 감각도 남다르며 작가의 소질도 있다.

여자는 자식 두는 것이 힘들거나 인연이 약하며 자식 복이 없으며 외롭다. 외고집에 자기주장이 강하고 시댁과의 인연도 약하여 본의 아니게 힘들게 살아간다.

전문직이나 말로 하는 직업이 좋으며 확실한 전문 직업에 종사하면 좋다.

종교인이나 교육학 활인업 의술종사와 전문연구원 강사 철학원 등도 잘한다.

비겁이 강하면 관살이나 식상이 용신이다.
관살 운과 식상 운은 좋으며 인비 운은 흉하다.

인성이 강하면 재성이 용신이다.
식상 재운은 길하고 관인 비겁 운에는 흉하다.

재성이 강하면서 신 강한 사주는 관살이 용신이다.
관인 운은 좋고 상재 운은 나쁘다.

신약사주에 관살이 강하면 인성이 용신이다.
인비는 좋으나 재관 운은 나쁘다.

식상이 강하면 인성이 용신이다.
식재 운에는 흉하다.
재성이 강하면 비겁이 용신이다.
인비 운은 좋으나 식재 운은 나쁘다.

10. 정인(正印)격

월지가 정인가 되면 정인격으로 본다.
인자(仁者)하고 눈이 맑고 빛이 난다. 성품이 후덕하고 학자풍이며 부모덕이 많은 편이고 학문에 관심이 많으며 성격이 온화하고 조용하여 종교나 예능계통에서도 소질이 있다.

재물에는 관심이 별로 없으며 욕심이나 사심이 적은편이고 자존심은 강하지만 타인에게 의지하려는 경향이 많으며 보편적으로 건강한 편이다.

인생전반이 강하면 후반에 힘들고 전반에 고생하면 후반에 편안하다.

인수가 강하면 부모 인연이 약하고 아버지가 힘들거나 일찍 죽을 수가 있다.

여명은 시댁과 불편한 관계가 많으며 매우 이론적이고 지나치면 남편과의 관계도 불편하여진다.

시댁은 무시하면서도 친정은 무척 애착을 가지며 어머니와 사이가 좋다.

교육계통이나 문화사업 등 토론이나 논리를 중요시 여기는 직업에 종사하면 성공할 수 있으며 봉사와 종교에도 적합하다.

비겁이 강하면 관살이나 식상이 용신이다.
인비 운이 오면 흉하다
인성이 강하면 재성이 용신이다.
관인 비겁 운에는 나쁘다.

재성이 강하고 일주가 신강하면 관살이 용신이다.
식 재운에 나쁘다.

관살이 강하면 인성이 용신이다.
재관 운에는 흉하다.

식상이 강하면 인성이 용신이다.
식재 운에 불길하다.

재성이 강하면 비겁이 용신이다.
식재 운이 나쁘다.

제 16 장

육십갑자 지장간
(六十甲子 地藏干) 해설

제16장
육십갑자(六十甲子) 지장간 해설(地藏干 解說)

　지장간은 명조를 기본으로 하여 지장간을 해석하여야 한다. 지장간이라는 것을 이해하려면 연월일시의 자리마다 이해를 달리하여야 할 것이며, 천간에 어떠한 글자로 이루어져 있는가에 따라서 뜻이 완전히 바뀌는 것이다.
　지장간에 드러난 글자가 천간과 합(合)을 하는 것과 필요에 따라서 합(合)하는 글자를 응용(應用)하기도 하는데 이는 세상사의 어마어마한 단어들을 열 마디로 압축(壓縮)되어 있으므로 인하여 어쩔 수 없이 없는 글자이지만 응용할 수밖에 없을 때가 있다.
　지장간을 이해하는 것에는 몇 가지 원칙을 가지고 있다.
그리고 천간과 지지의 다양한 변화를 적용할 수가 있어야 한다. 그렇기 때문에 한 글자 한 글자 속에 숨어 있는 깊은 뜻과 자연 그리고 형상과 글자의 뜻과 모양 등을 이해하여야 할 것이다.
　이렇게 다양한 것을 알아야 지장간을 쉽게 사용할 수가 있으며 원인을 규명하는데 가장 가깝게 접근할 수가 있다고 본다.
　첫째 원국에 부여된 십신을 중심으로 읽어야 한다.
　둘째 합으로 변해가는 것은 합 이전의 십신을 기본으로 하여 합화(合和)한 십신을 읽어야 한다.

셋째 지장간끼리 합이 이루어지는 글이 있으면 합으로 읽어도 무관할 것이다.

넷째 오행(五行)의 본성(本性)과 생각(生角) 그리고 부여된 십신(十神)을 통합하여 읽어야 한다.

木 : 비겁(比劫)+인성(印星)+(부여된 십신)
火 : 식상(食傷)+관성(官星)+(부여된 십신)
土 : 재성(財星)+재성(財星)+(부여된 십신)
金 : 관성(官星)+비겁(比劫)+(부여된 십신)
水 : 인성(印星)+식상(食傷)+(부여된 십신)

예)

庚申일주라고 한다면 申金의 본성인 관성(官星)과 생각에서 비겁(比劫)을 더하며 여기에 부여된 십신 비견(比肩)을 읽어야 한다는 것이다.

이렇게 세 가지의 십신으로 이야기를 하여야 한다는 이것도 통변이 불가능하다면 지장간 한자 한자의 오행도 이러한 방법으로 응용하면 약 열 가지 정도의 십신에 오행과 음양의 특징을 고려하여 읽어내면 되는 것이다.

그러나 명조에 같은 오행이나 같은 육신이 세 개 이상 있으면 과유불급이라고 하여 오히려 나쁘다고 할 수가 있다.

이는 한쪽으로 편굴하여 건강상 좋지 못하다고 본다. 하지만 상대성에 의하여 많은 오행이나 육신의 힘을 빼는 다른 것이 있다면 그렇게 보지 않아도 될 것 같다.

비겁이 많이 있으면 편관이 있어서 균형을 이루어지면 좋다.

편관이 많아서 식상으로 균형을 이루어질 수가 있으면 된다는 것이다.

식상이 많으면 인성으로 균형을 이루고 있으면 된다는 것이다.

인성이 강하면 재성으로 균형을 이루면 된다.

재성이 많으면 비겁이 많아서 서로 균형을 유지하면 된다.

木이 많으면 비겁이 많은 것이니 형제 친구나 재물이 파산될 것이다.

火가 많으면 식상이 강한 것이니 잔꾀나 미련스럽고 남편복이 없을 것이다.

土가 많으면 재성이 많다고 하여 재다신약(財多身弱)으로 고통이 많을 것이며 여자의 덕이 없다고 할 수가 있다.

金이 많으면 관성이 강하다고 하여 관의 도움을 받을 수가 없으며 직업이 불확실하고 자식 덕이 적고 일신이 괴로울 것이다.

水가 많으면 인성이 강하여 게으르고 강한 水가 火의 식상을 공격하여 자식이 안되고 金의 관성을 설기하여 자신감을 상실하고 직업이 없어 관운이 약할 것이다.

이렇게 사주에 많아서 도움이 되지못하고 오히려 병(病)이 된다고 하여 과유(실증實證) 불급(허증虛症) 이라고 하는 것 같다.

아래 예문은 이렇게 읽을 수도 있다는 것이다.
꼭 이러하다는 것이 아니며 이러한 방법으로 응용하여 깊이 있게 풀어볼 수가 있으며 다양한 단어들이 구사된다는 것이다.

【甲子순】

甲子=인수: 욕패지
동짓달 甲木이 열심히 공부하려고 노력은 하지만 되는 것이 없고 강변에서 추위에 떨고 있다.
壬: 편인=과잉반응. 게으름. 병환. 전문 연구. 거지. 고독…
癸: 정인= 학문. 노력
(子月 甲木이 수분을 취하면 얼어죽고 수기를 내리면 살아남는다.)

甲寅=비견: 록지
공부는 안 되지만 순간적 발상과 왕성한 활동력, 그리고 강인한 체력으로 자신감을 가지고 어떠한 단체를 리드 한다.
戊: 편재= 공부에 부적합. 자신감. 리더. 우두머리
丙: 식신= 순간적 발상. 왕성한 활동력
甲: 비견= 강인한 체력. 어떠한 단체

甲辰=편재: 쇠지
최고의 자리에서 자신의 능력을 발휘하여 많은 이익을 챙기며 술수와 뛰어난 화법(話法)으로 무리 속에서 단연 으뜸으로 자리하려고 한다.
乙: 겁재: 이익을 챙기며… 무리 속에서… 챙기며.
癸: 인수: 결정권. 실력. 능력. 당연히. 뛰어난. 자리한다.
戊: 편재: 최고의 자리. 많은. 이익을. 으뜸으로.
장간 속의 癸水 인수와 戊土 편재가 합火가 되어 상관으로 변화한다.
= 능력 발휘 술수와 화법으로…

甲午=상관: 사지
지쳐가는 육신에 아름다움은 더해진다.
丙: 식신= 새로운 잉태. 자신의 꽃. 분신. 건강
己: 정재= 甲己 合土로 인하여 또 다른 무엇인가가 생겨남으로 육신이…
丁: 상관= 성숙해진다. 아름다워진다.
지장간의 己土 정재가 천간의 甲木과 合土하여 정재로 자리한다.
=어떠한 인연에 의하여 또 다른 것이 생겨남으로 본다.
* 甲己 合土라는 것은 살아있는 많은 것을 속에 품고 있으므로.

甲申=편관: 절지
왜 이리도 힘이 들고 어려운지 맘대로 되는 것이 없다.
戊: 편재= 맘대로…
壬: 편인= 왜 이리도… 되는 것이 없다.
庚: 편관= 힘이 들고 어려운지
(申月은 초가을 열매가 익어가려고 하니 甲木은 많은 열매로 힘이 들 것이다.)

甲戌=편재: 양(養)지
수확의 즐거움이 크지 못하고 또 다른 걱정을 하여야 한다.
이는 건조와 매매 때의 수익을 생각하면 마음에 부담이 커진다.
辛: 정관= 수확 크지 못하고… 다른 마음에…

丁: 상관= 즐거움. 걱정. 적당하게. 건조. 생각하면… 부담이…
戊: 편재= 매매. 수익을… 커진다.
(戌月 甲木에 열매는 익어가고 잎은 붉게 물이 들어 보기는 좋을 것 같지만 즐거움 보다 괴로움이 앞선다.)

【乙丑순】

乙丑=편재: 쇠지
활동성이 약하여 생활이 어렵다고 할 수 있다.
투기 같은 위험한 것이라서 극비리에 꾼들만이 하는 전문 투기이다.
癸: 편인= 생활이 같은… 꾼들이… 전문
辛: 편관= 약하고 어렵다. 위험한 것이라서… 극비리에…
己: 편재= 활동성. 할 수 있는 것. 투기

乙卯=비견: 록지
바람에 많은 생명들이 엉켜서 자신의 강인함을 드러낸다.
甲: 겁재= 생명들이… 강인함을…
乙: 비견= 바람결에… 서로 엉켜서. 자신의… 드러낸다.

乙巳=상관: 욕패지
따스한 봄바람에 자신을 드러내려고 향기와 품새로 자신의 위상을 알린다. 그로 인하여 어울림이 이루어지고 또 다른 영역을 남몰래 만들어간다.
戊: 정재= 알리고. 이루어지고.

265

庚: 정관= 자신을 드러내고. 위상을. 영역을.
丙: 상관= 따스한 바람에. 향기와 품세로. 남몰래.
지장간의 庚金이 천간의 乙木과 合火 편관으로 자리한다.
=어울림이. 또 다른. 만들어 간다.
＊巳月 乙庚 合金은 바람과 곤충에 의하여 수정(受精)한다는 것으로 또 다른 것이 이루어진다. 만들어진다는 것이다.

乙未=편재: 양지
자신의 건전한 생각과 왕성한 활동성으로 무엇인가 뜻을 이루고자 한다.
丁: 식신= 생각과 활동성으로… 뜻을
乙: 비견= 자신의… 건전한 무엇인가…
己: 편재= 왕성한. 이루고자…

乙酉=편관: 절지
힘들고 어렵지만 어떻게 하여서라도 자신을 완전히 변화할 것이다.
庚: 정관= 자신을… 완전히
辛: 편관=힘이 들고 어렵지만
지장간의 庚金이 천간의 乙木과 合金 정관으로 변하고 있다.
=어떻게 하여서라도… 변화할 것이다.
＊酉月 乙木이 庚金과 합하는 것은 乙木 속의 씨앗으로 보며 이를 다른 모습으로 자신을 감추어서 드러내고자 하는 것. 열매나 종자.

乙亥=인수: 사지
자신이 변하기 위하여 많은 것을 버리고 새로운 것을 익히려고 한다.
戊: 정재= 많은 것을… 새로운 것을…
甲: 겁재= 자신이 변하기… 버리고.
壬: 인수= 위하여… 익히려고

【丙子순】

丙子=정관: 태지
보기는 좋을지언정 자신의 의욕만큼 되는 것이 없다.
壬: 편관= 의욕만큼 되는 것이 없다.
癸: 정관= 보기는 좋을지언정

丙寅= 편인: 장생지
전문인으로 믿음과 욕망이 강하여 주위로부터 시선을 집중시킨다.
戊: 식신= 믿음과 욕망이… 시선을…
丙: 비견= 강하여… 주위로부터…
甲: 편인= 전문인으로… 집중시킨다.

丙辰=식신: 관대지
수많은 사람들 속에서 확실한 자신의 자리를 인정받고 사회로 (복지원) 봉사하려는 생각이 자신의 인격을 높이는 것이다.
乙: 인수= 속에서 인정받고… 인격을… 것이다.

癸: 정관= 확실한 자리를… 사회로… 높이는…
戊: 식신= 봉사하려는(복지원)… 생각이…
장간 속에서 戊癸가 合火하여 겁재로 자리하고 있다.
=수많은 사람들… 자신의…

丙午=겁재: 제왕지
강한 자기주장으로 투서하고 모든 것을 포기하고 멋대로 살아가려고 한다.
丙: 비견= 자기주장… 모든 것을…
己: 상관= 투서하고… 멋대로…
丁: 겁재= 강한… 포기하고… 살아가려고 한다.

丙申=편재: 병지
자신이 하여야 할 일을 마무리하고 피곤하고 지친 육신과 영혼을 원래대로 돌아가고자 한다.
戊: 식신= 자신이 하여야 할… 육신과… 영혼을… 원래대로…
　　　　돌아가고자 한다. (癸水의 合으로 겁재하므로…)
壬: 편관= 피곤하고… 지친…
庚: 편재= 일을 마무리하고…

丙戌=식신: 묘지
이제 건강은 완전히 잃어버리고 활동할 수가 없다.
영혼이 떠나버린 상태라고 할 수가 있다.
辛: 정재= 이제… 완전히…
丁: 겁재= 잃어버리고… 떠나버린…

戊: 식신= 건강을… 활동할 수가 없으며…
지장간의 辛金이 천간의 丙火와 合水하여 정관으로 자리한다.
=영혼이… 상태라고 할 수가 있다.

【丁丑순】

丁丑=식신: 묘지
순진한 그 모습에 연약한 체격, 그리고 자신감이 없는 언어구사로 살아가는 것이 걱정된다.
癸: 편관= 그 모습에… 자신감이 없는… 걱정된다.
辛: 편재= 구사로… 살아간다는…
己: 식신= 순진한… 연약한 체격… 언어(자신감=활동성)
자기주장 사치 경솔할 수가 있다.
연약할 것 같은데 실제는 강한 정신력과 타고난 총명으로 생활력이 강하다.
특히 여자들이 더 강하며 남자는 노력만큼의 이익은 없다고 할 수가 있다.

丁卯=편인: 병지
잘못된 생각으로 자신이 가야할 학문은 뒤로 하고 특이한 직업을 선택한 것 같다.
甲: 인수= 학문은… 뒤로하고… 선택한 것 같다.
乙: 편인= 잘못된 생각… 가야할… 특이한 직업을…
아마도 타고난 손재주와 예술성이 있을 것 같으며 화초 같은 모습이라 꾸미기를 잘할 것이다.

약간의 소비성이 강하다고 할 수가 있다.
항상 자신의 건강에 관심을 가지고 생활하는 것이 좋을 듯하다.

丁巳=겁재: 제왕지
눈치가 빠르고 투기심이 강한 것 같으며, 강한 눈빛으로 상대를 현혹한다.
戊: 상관= 눈치가… 현혹한다.
庚: 정재= 투기심이 강한 것 같으며,
丙: 겁재= 빠르고… 강한 눈빛으로… 상대를…
강한 고집과 자존심 그리고 빠른 판단력 때문에 자신을 다스리지 못하고 흥분을 할 수가 있다. 이로 인하여 건강을 상하는 수가 많으므로 조심하라.
강인한 인내력으로 주변과 화합이 잘되면 성공할 수가 있다.

丁未=식신: 관대지
많은 대중을 사로잡을 만큼의 화술이 뛰어나며 외모나 언어구사력이 종교인이나 전문인 같다.
丁: 비견= 대중을… 같다.
乙: 편인= 사로잡을 만큼… 화술이 뛰어나며… 언어구사력이… 종교인이나… 전문인…
己: 식신= 많은… 외모나…
수단방법이 뛰어나지만 선량하고 복잡한 것을 싫어할 것 같다.
친근감이 많고 매사에 이야기로 풀어나갈 것 같으며 종교 쪽으로 많은 관심을 가질 수가 있다.
왕성한 식욕으로 비만일 수가 있다.

丁酉=편재: 장생지

자신감이 강하여 멋대로 하려는 성격이 오히려 자신을 더 힘들게 한다.

庚: 정재= 성격이 오히려… 자신을 더 힘들게 한다.

辛: 편재= 자신감이 강하여… 멋대로 하려는…

귀금속 진열대 같은 느낌으로 귀하고 총명하며 명랑한 성격을 가졌을 것이다. 또한 재복과 식복이 많으나 인내력이 부족할 수가 있다.

강한 자부심과 허영심 그리고 유흥도 즐길 것 같은데 이러한 부분을 조심하고 자신의 일은 자신이 끝까지 마무리 하면 더욱 좋다.

丁亥=정관: 태지

나름 열심히 노력하고 수단 방법 가리지 않고 지금의 최고자리까지 오는데 많은 고통과 장애가 있었을 것이다.

戊: 상관= 수단과 방법… 고통과 장애가…

甲: 인성= 열심히 노력하고… 가리지 않고…

壬: 정관= 나름… 지금의 최고자리까지…

지장간의 壬水는 천간의 丁火와 合木 인수로 자리한다.

=오는데 많은… 있었을 것이다.

壬水 관성이 甲木을 생하여 주는 관인 상생으로 공직에 적합하다. 인물이 좋으며 소심한 편이라서 장사나 사업에는 어울리지 못할 것 같으며 건강이 약한 편으로 본다.

【戊子순】

戊子=정재: 태지
많은 학문으로 자신을 연마하여 어느 한 분야에 인정받는 관리자가 되었으면 한다.
壬: 편재= 많은… 어느 한 분야에… (丁火의 合으로 官이 되어 한 분야가 됨)
癸: 정재= 관리자가…
지장간의 癸水는 천간의 戊土와 合火하여 인수로 자리한다.
=학문으로 자신을 연마하여… 인정받는… 되었으면 한다.

戊寅=편관: 장생지
비록 처음으로 자신의 전문분야 어렵게 시작은 하지만 많은 장애와 고통으로 우왕좌왕한다.
戊: 비견= 비록… 자신의… 많은… 우왕좌왕한다.
丙: 편인= 전문 분야… 장애와…
甲: 편관= 어렵게… 고통으로…
장생지 이므로 "처음으로" "시작은 하지만"

戊辰=비견: 관대지
일반인으로 평범한 생활 속에 직장에서 급여를 받으면서 살아가는 것이 힘이 든다.
乙: 정관= 직장인으로… 힘이 든다.
癸: 정재= 급여를
戊: 비견= 일반인으로… 평범한…

지장간 속에서 癸水는 천간 戊土와의 合으로
=생활 속에서… 받으면서… 살아가는 것이…
지장간 속의 戊土와 양 合火하여 정인으로 자리한다.
= …어질다.

戊午=인수: 제왕지
문서화 된 재물을 일방적으로 강하게 챙기려고 하며 특이한 성격으로 베풀 때와 빼앗을 때의 모습이 완전히 다르다.
丙: 편인= 일방적으로… 특이한 성격으로… 완전히 다르다.
己: 겁재= 재물을… 강하게… 챙기려고 하며… 빼앗을 때의…
丁: 인수= 문서화된… 베풀 때와… 모습이…

戊申=식신: 병지
왕성하던 건강은 한때이고 지금은 활동하는 것조차 내 마음대로 안 되니 친구들과 어울려서 이야기나 하고 지낸다.
戊: 비견= 왕성하던… 지금은… 친구들과…
壬: 편재= 한때이고… 내 마음대로 안 되니… 어울려서… 지낸다.
庚: 식신= 건강은… 활동하는 것조차… 이야기나 하고…

戊戌=비견: 묘지
강한 에너지는 고갈되고 믿음과 신용도 화려한 옛날이야기 같다. 멋진 친구도 아름다운 생각도 추억일 뿐이다.
辛: 상관= 고갈되고… 화려한 옛날이야기… 멋진… 아름다운 생각도…

丁: 인수= 에너지는… 신용도… 추억일 뿐이다.
戊: 비견= 강한… 믿음과… 친구도…

【己丑순】

己丑=비견: 묘지
활동을 멈추고 최소한의 에너지로 견디어 내면서 자신의 새로운 변화를 꿈꾸고 있다.
癸: 정재= 최소한의… 나름대로… 견디어 내면서…
辛: 식신= 활동을… 에너지로… 새로운 변화를… 꿈꾸고…
己: 비견= 멈추고… 자신의… 있다…

己卯=편관: 병지
나약한 생각과 인내력이 부족하여 어떤 곳에도 적응하기가 어려울 것이고 오로지 생각뿐이지 실행은 어렵다.
甲: 정관= 생각과… 어떤 곳에도… 생각뿐이지…
乙: 편관= 나약한… 인내력이 부족하여… 어려울 것이고… 어렵다.
甲木이 천간 己土와 합하여 비견으로 자리한다.
=적응하기가… 실행은…

己巳=인수: 제왕지
나름대로 자신의 기술이 잘났다고 자부하지만 아직 많이 부족하다.
戊: 겁재= 자신이… 아직… 많이… 부족하다.

庚: 상관= 기술이… 잘났다고…
丙: 인수= 나름대로… 자부하지만…

己未=비견: 관대지
믿고 있는 친구에게 어렵게 보증을 부탁하였지만 거절당하였다.
丁: 편인= 보증을(문서를)… 부탁하였지만…
乙: 편관= 어렵게… 거절당하였다.
己: 비견= 믿고 있는… 친구에게…

己酉=식신: 장생지
불확실한 건강에 새로운 희망을 가질 수가 있어서 자랑하고 싶다.
庚: 상관= 불확실한… 자랑하고 싶다.
辛: 식신= 건강에… 새로운… 희망을… 가질 수가 있어서…

己亥=편재: 태지
바르지 못한 곳에 불법투자를 하였지만 위법으로 인격이 손상되었다.
戊: 겁재= 바르지 못한… 손상되었다.
甲: 정관= 곳에… 위법으로…
壬: 정재= 투자를 하였지만… 인격에(자기 관리…)
장간의 甲木 정관이 천간의 己土와 合하여 土겁재로 간다.
=불법투자를 하였지만…

【庚子순】

庚子=상관: 사지
하지 않아야 할 행동으로 건강을 회복하지 못하고 장애를 안고 살아야 한다.
壬: 식신= 행동으로. 건강을… 회복하지 못하고… 살아야 한다.
癸: 상관= 하지 않아야 할… 장애를 안고…

庚寅=편재: 절지
수입에 비하여 과도한 소비로 인하여 자신의 거처마저 불확실한 상태
戊: 편인= 수입에 비하여… 인하여… 불확실한 상태.
丙: 편관= 과도한… (무리한 행동)
甲: 편재= 소비로… 거처마저…

庚辰=편인: 양지
자신이 전공하는 분야에서 능력을 발휘하려고 노력한다.
乙: 정재= 노력한다.
癸: 상관= 능력을… 발휘하려고…
戊: 편인= 전공하는… 분야에서…
乙木은 천간의 庚金과 합하여 비견으로 변한다.
=자신이…

庚午=정관: 욕패지
예능분야에 관심을 가지고 있으며 어렵지만 그러한 학문에 노

력을 한다.
丙: 편관= 어렵지만…
己: 인수= 관심을 가지고… 그러한 학문에… (공부한다.)
丁: 정관= 예능분야에… 노력한다.

庚申=비견: 건록지
자기주장과 학문을 많은 대중에게 알리려고 열심히 연구하고 노력한다.
戊: 편인=학문을… 연구하고… 노력한다.
壬: 식신= 알리려고… 열심히(노력한다.)…
庚: 비견= 자기주장과… 많은… 대중에게…

庚戌=편인: 쇠지
나름대로 노력하여 치열하게 공부하여 자리를 잡았지만 자신의 실수로 손실을 본다.
辛: 겁재= 나름대로… 치열하게… 자신의… 손실을 본다.
丁: 정관= 노력하여… 자리를… (자리에서 물려난다.)
戊: 편인= 공부하여… 잡았지만… 실수로…

【 辛丑순 】

辛丑=편인: 양지
둥지에서 새롭게 자신의 모습을 강하게 하려고 수양한다.
癸: 식신= 새롭게… 모습을…
辛: 비견= 자신의… 강하게 하려고…

己: 편인= 둥지에서… 수양한다.

辛卯=편재: 절지
믿음으로 모든 것을 버리고 자신의 변화를 위하여 노력한다.
甲: 정재= 믿음으로… 버리고… 노력한다.
乙: 편재= 모든 것을… 자신의… 변화를 위하여…

辛巳=정관: 사지
본래의 자리에서 새로운 곳으로 옮겨 또 다른 마음으로 시작한다.
戊: 인수= 옮겨… 마음으로…
庚: 겁재= 본래의…
丙: 정관= 자리에서… 곳으로…
丙火는 천간의 辛金과 合水하여 식신으로 자리한다.
=새로운… 또 다른… 시작한다.

辛未=편인: 쇠지
한곳에 집중적으로 빠진 것이 상당히 위험한 생각이었고 실수이며 그로 인하여 어렵다.
丁: 편관= 집중적으로… 상당히 위험한… 어렵다.
乙: 편재= 빠진 것이… 생각이었고…
己: 편인= 한곳에… 실수이며… 그로 인하여…

辛酉=비견: 건록지
자기주장이 강하여 어디에 적응하기가 힘들 것이다.
庚: 겁재= 자기주장이… 어디에도(관성)… 힘들 것이다.(관성)

辛: 비견= 강하여… 적응하기가(관성)…

辛亥=상관: 욕패지
왕성한 활동으로 이익을 노려보지만 능력이 부족하여 잘 되지 않는다.
戊: 인수= 능력이…부족하여…
甲: 정재= 이익을 노려보지만… 잘 되지…
壬: 상관= 왕성한 활동으로… 않는다.

【壬子순】

壬子=겁재: 제왕지
강한 추진력과 인내력으로 상대방을 설득한다.
壬: 비견= 강한… 인내력으로…
癸: 겁재= 추진력과… 상대방을… 설득한다.

壬寅=식신: 병지
비록 어리지만 자신의 모습에 강한 변화를 하기위하여 노력한다.
戊: 편관= 비록… 강한…
丙: 편재= 위하여… 노력한다.
甲: 식신= 어리지만… 자신의 모습에… 변화를.

壬辰=편관: 묘지
보여주기 위하여 어리석은 생각과 행동으로 자신이 재물의 노예가 되어간다.

乙: 상관= 보여주기⋯ 행동으로⋯
癸: 겁재= 자신이⋯ 노예가(편관)⋯
戊: 편관= 어리석은⋯
지장간속에서 癸水와 戊土가 합재성으로 들어온다.
=위하여⋯ 생각과⋯ 재물의⋯ 되어간다.

壬午=정재: 태지
많은 재물을 가지고 은근히 자랑하고 명예를 드러내고자 하지만 재물도 명예도 가지지 못하고 어렵다.
丙: 편재= 많은⋯ 드러내고자⋯
己: 정관= 자신의 명예⋯
丁: 정재= 재물⋯ 은근히⋯
丁火는 천간의 壬水와 합으로 木으로 변하여 상관이 되었다.
=자랑하고⋯ 가지지 못하고⋯ 어렵다.

壬申=편인: 장생지
목적을 이루기 위하여 어떠한 어려움도 참고 강한 경쟁력에서 이기려고 자신을 숨기고 노력한다.
戊: 편관= 목적을⋯ 어려움도⋯ 참고⋯ 노력한다.
壬: 비견= 강한⋯ 경쟁력에서⋯ 이기려고⋯ 자신을⋯
庚: 편인= 위하여⋯ 어떠한⋯ 숨기고⋯

壬戌=편관: 관대지
어렵고 힘이 들었지만 믿고 견디어 자신의 뜻을 이루었다.
辛: 인수= 믿고⋯ 자신의⋯ 이루었다.

丁: 정재= 견디어…
戊: 편관= 어렵고… 힘이 들었지만…
장간속의 丁火는 천간의 壬水와 合木으로 상관이 되었다.
=뜻을…

【癸丑순】

癸丑=편관: 관대지
여러 사람이 위험한 일을 전문적으로 하는 사업을 하는데 고난도 많지만 현상유지를 하고 있다.
癸: 비견= 여러 사람이… 현상유지를
辛: 편인= 전문적으로 하는… 많지만(근심걱정)… 하고 있다.
己: 편관= 위험한 일을… 사업을 하는데… 고난도…

癸卯=식신: 장생지
발상을 연구하여 새로운 생필품으로 개발하여 인기 상품으로 생산한다.
甲: 상관= 발상을… 생필품으로… 인기 상품으로…
乙: 식신= 연구하여… 새로운… 개발하여… 생산한다.

癸巳=정재: 태지
새로운 자리에서 인사관리 업무를 보는 직장을 선택하였다.
戊: 정관= 새로운 자리에… 직장을…
庚: 인수= 업무를 보는… 선택하였다.
丙: 정재= 관리…

戊土 정관이 천간의 癸水와 合火하여 정재로 들어온다.
=인사관리…

癸未=편관: 묘지
어렵게 정보를 수집하여 투자를 하였지만 사기 당한 것 같다.
丁: 편재= 투자를… 사기를…
乙: 식신= 정보를… 하였지만…
己: 편관= 어렵게… 수집하여… 당한 것 같다.

癸酉=편인: 병지
자신의 위치를 과장하여 인정을 받으려고 한다.
庚: 인수= 자신의 위치를… 인정을…
辛: 편인= 과장하여… 받으려고 한다.

癸亥=겁재: 제왕지
최고가 되어보려고 수단 방법을 가리지 않고 투자를 하여 사장이 되었다.
戊: 정관= 사장이…
甲: 상관= 수단 방법을… 가리지 않고…
壬: 겁재= 되어보려고… 되었다.
장간속의 戊土가 癸水와 合火하여 편재이다.
=최고가… 투자를 하여…

제 17 장

납음(納音)속의 물상

1. 목(木)

2. 화(火)

3. 토(土)

4. 금(金)

5. 수(水)

제17장
납음(納音) 속의 물상

1. 木

戊辰己巳: 대림목(大林木)
큰나무 (귀인을 만나면 득세한다. 재물이 따른다.)

庚寅辛卯: 송백목(松柏木)
해송 (바닷가에서 살아가면 좋다.)

壬午癸未: 양류목(楊柳木)
버드나무 (水용신으로 화류계)

壬子癸丑: 상자목(桑柘木)
뽕나무 (남자는 여자 여자는 욕심으로 부정 탄다. 소개업으로 성공)

戊戌己亥: 평지목(平地木)
밀이나 보리 같은 연약한 것 (金용신이다.)

庚申辛酉: 석류목(石榴木)
겨울나무 (火를 필요로 한다.)

2. 火

戊午己未: 천상화(天上火)
태양 (바닷가가 길지)

戊子己丑: 벽력화(霹靂火)
벼락 (水용신)

甲戌乙亥: 산두화(山頭火)
산불 (역적화이며 甲戌 乙亥는 혁명적이다.)

丙寅丁卯: 노중화(爐中火)
화롯불

丙申丁酉: 산하화(山下火)
아지랑이 (종교인이나 사이비교주가 많다.)
=천화수가 칠 살이며 간화수를 만나면 득세한다.

甲辰乙巳: 복등화(覆燈火)
전등불 (밤에 빛이 나는 것으로 별이나 달) =천상화로 극(克)을 받는다.

3. 土

戊申己酉: 대역토(大驛土)
역전 같은 곳 (많은 사람이 모이거나 다니는 곳)

丙辰丁巳: 사중토(沙中土)
모래 (백사장)

丙戌丁亥: 옥상토(屋上土)
댐 (지붕위)

庚午辛未: 노방토(路傍土)
수로 (물길)

庚子辛丑: 벽상토(壁上土)
벽채나 담벼락 같은 것

戊寅己卯: 성두토(城頭土)
성벽

4. 金

甲子乙丑: 해중금(海中金)
소금이다. (소금은 물이 용신이다.)

甲午乙未: 사중금(砂中金)
모래속의 사금이다. (필히 제련이 필요하다.)

庚戌辛亥: 차천금(叉釧金)
여인들의 비녀이다. (연예인)

庚辰辛巳: 백랍금(白蠟金)
빙벽 (얼음 빙하)

壬申癸酉: 검봉금(劍鋒金)
칼 붓 주사기 침 (무당이나 관련된 전문직)

壬寅癸卯: 금박금(金箔金)
나무에 박혀있는 쇠붙이

5. 水

壬戌癸亥: 대해수(大海水)
바닷물

甲寅乙卯: 대계수(大溪水)
강이나 시냇물. 생명수 (희생하면서 살아가면 좋다.)
장류수를 만나면 힘이 든다.

丙午丁未: 천하수(天河水)
장마비 (빗물)

甲申乙酉: 천중수(泉中水)
샘물 (흉하게 본다.)

丙子丁丑: 간하수(澗下水)
약수 (암반에서 흐르는 맑은 샘)

壬辰癸巳: 장류수(長流水)
홍수

제 18 장

종합적으로 통변(通辯)하기

1. 이야기 요령

제 18장
종합적으로 통변(通辯)하기

 일반적으로 학자(學者)는 글을 보고 통변(通辯)하지만 자연을 벗삼아 공부하는 이는 글을 느끼면서 이야기 한다.
 글이라는 함정(陷穽)에서 벗어나 자연이라는 편안함 속에서 이야기를 하는 것이 진정한 사주의 꽃이요 통변이라는 것이다.
 우리가 사주를 통변하려면 다양한 방면으로 생각하며 비교하는 습관을 가져야 한다.
 일주가 중요하지만 주변의 환경(環境)도 알아야 하고 인연(因緣)도 악연(惡緣)도 알아야 하는데 예로부터 전해오는 용신(用神)과 격국(格局)만으로 급변하는 시대를 논한다는 것은 정말로 어리석고 미련한 노력이다.
 많은 역학인들이 운명(運命)은 정해진 것이라고 하는데 이는 어리석은 생각이다.
 우리가 알 수 있는 사주속의 운명은 주어진 환경에서 벗어나지 못한 결과를 알아보는 것인데 만약 자신의 운명과 진로를 어느 정도 알고 간다면 실수가 많이 줄어든다고 할 수가 있다.
 여덟 글자를 두고 아무리 쳐다봐도 보이는 것은 없고 다만 추측하는 것에 불과하다. 그래서 추명학(追命學)이라고도 하는 것이다.

또는 명리학(命理學) 이라고 하여 운명(運命)을 학문적으로 예측하는 것이다. 명리학이란 것은 남녀를 구별하여서 통계적으로 예측하는 것에 불과하다.

오늘의 기상을 예보하는데 많은 장비가 동원되는 것처럼 운명도 상식과 통계가 있어야 가능하다고 할 것이다.

하지만 자연으로 생각하여 보면 쉽게 예측할 수 있고 지장간(地藏干)에는 그러한 이유를 기록하여 두었는데 통계학으로 공부를 하다 보니 숨은 글에는 관심이 없고 결과만 따지게 되는 것이다.

천간(天干)에 부여된 열 글자 속에서 헤어나지 못하고 좁은 소견으로 이해하려는 성격과 지지(地支)의 열두 글자에 부여된 의미와 극(克) 형(刑) 충(沖) 파(破) 해(害)를 폭넓게 이해 못하고 전해오는 대로 통변하는 역학인들이 정말 많이 있다.

또한 신살(神殺)이나 원진(怨嗔) 공망(空亡) 귀인성(貴人星)을 다양한 각도에서 통변(通辯)을 하지 못하고 일정한 틀에서 이야기를 한다.

사주 속에는 수많은 정보가 들어있지만 단순하게 운(運)만 논하고 다른 것을 생각하지 못하는데 이는 지장간을 해석하지 못하고 십신(十神)이란 것을 좁게 이해(理解)하고 응용(應用)하기 때문이다.

일주에 짝이 되는 글자와 피해를 주는 글자, 그리고 도움 주는 글자 또는 나누고자 하는 글자가 있으며 모양을 변형시키는 극(克)이란 것이 있다.

모양을 깨뜨리는 충(沖)도 있고 모양에 흠집 내는 글자인 파

(波)도 있고 원망을 하거나 살짝 자리이동을 요구하거나 모양을 싫어하는 해(害)가 있다.

연합으로 합(合)하는 방위(方位) 합이 무엇을 가르치며 삼합(三合)은 무슨 뜻으로 이루어지는 것인가를 알아야한다.

육합(六合)이란 다양하게 변화되는 과정이며 주체성(主體性)의 속 심정이며 후면(後面)이라고 생각하여야 한다.

다시 말한다면 드러난 것은 앞면이고 보이지 않는 부분이 뒤통수이다. 이를 사주로 본다면 여덟 글자 속에 들어있으면 밖으로 드러내고자 하는 것이며 여기에 육합(六合)하는 글자는 보이지 않고 숨기려는 글이다.

사람으로 본다면 뒤통수이며 보이지는 않지만 있다고 생각하고 육합을 응용하여야 한다.

명조를 사람에 비교하면 외적인 관상이다. 또한 양심(兩心)이라고 하여 두 가지 마음이 있는데 하나는 부정적인 마음으로 명조에 충(沖)이나 극(克)하는 글자에서 드러난 생각이라고 할 수가 있을 것이다.

다른 하나는 긍정적인 마음으로 자신과 합(合)을 하여 주체성(主體性)을 가지고 있는 글자 속에 숨어 있다.

이렇게 다양하고 깊은 비밀이 사주 속에 들어 있는데 이를 어떻게 알 수가 있으며 예측이 가능한가이다.

상담자와의 문답형식에서 환경(環境)과 인연(因緣)을 들어보고 또한 지장간을 보고 답을 설명하는 것이다.

공(空) 망(亡)은 때에 따라서 달리 설명하여야 하고 원진(怨嗔)이란 포괄적으로 응용하여서 이야기를 하여야 할 것이다.

12운성(運星)은 인생의 흐름이요. 과거 현재 그리고 미래를 나눌 수 있어야 한다.

12신살(神殺)이란 것은 인생의 흐름에 장애이며 브레이크이다.

이를 흉살로만 통하는 것은 잘못이다. 제동장치 없는 자동차가 쓸모가 없듯이 12신 살도 이와 같은 입장으로 해석할 수 있다.

스물두자의 천간지지 속에는 세상사의 모든 것이 함축(含蓄)되어 있으며 이를 지장간에서 이렇게 대변(代辨)하라고 또는 어떻게 이루어졌다고 부연 설명하는 것이다.

이를 모르고 용신이나 격국을 정하는데 필요하다고 단정 지으면 역학을 전혀 모르는 것과 같다.

어떤 이들은 자연으로 통변한다고 하는데 이는 글자 속에 갇혀 있으면서 또한 글자를 자연으로 전환하지도 못하고 어떠한 의미도 모르면서 자연을 논하는 것은 착각이다.

자연과 물상은 다르다. 자연은 끝임 없이 변화하는데 물상은 고정된 것이다.

감정하는 것도 상대가 무얼 하는지 알고 사주를 감정해야 한다.

단순하게 운을 논하는 것은 잘못이다.

사주가 동일한 사람이 무척 많은데 단순하게 어떠한 틀에 집어넣고 맞추어 읽는다면 실수이다.

상담을 하려면 모든 것을 대화를 통해서 상담자의 정보를 알아야 하고 그래야 상담이 가능하다고 생각한다.

어떤 명조를 하나 던져두고 답을 구하라면 묵묵부답이다. 이는 무엇인지를 모르기 때문이다. 다시 말하면 남녀를 구별할 수가 없다는 것이다.

요즘처럼 장수(長壽)하는 시대에 젊은 층 사주인지 늙은이의 사주인지 남자인지 여자인지 망자(亡者)인지 생자(生者)인지 쌍둥인지 장애인인지 어떤 직업인지 어느 환경인지 무엇 하나 알 수 있는 것이 없다.

다만 추측을 하는데 이것이 불과 25%에도 미치지 못한다는 것이다. 정확한 답을 제시하려면 6하 원칙에 의하여 시간(時間)과 공간(空間)을 구별하여야 하며 실상(實像)과 허상(虛像) 생각만 할 것인지 실천적인지 성공률이 어느 정도인지를 알아야 한다.

또한 어느 정도의 근접한 직업까지도 알아야 한다.

전문가라면 상담자와 하나가 되어야하며 상담자에게 많은 정보를 얻으려면 문진(問診)을 잘하는 사람이 전문가인 것이다. 그리고 통변을 하는데 지장간을 분석하여 상담자에게 보다 정확한 답을 제시하는 것이 전문가이며 역학(易學)의 달인(達人)이라고 할 수가 있다.

이렇게 지장간이 중요하며 많은 정보를 숨겨두었는데 작금(昨今)의 상담자들이나 역학을 공부하는 사람들은 이를 무시한다.

자신의 사고력을 최대한 발휘하여보자. 그래야 초일류 상담가가 된다.

1. 이야기 요령

통변하는데 가장 우선적으로 보아야 할 것은 천간(天干)인가 지지(地支)인가 이며 다음에는 음(陰)과 양(陽)이다.

그리고 오행(五行)을 구별하고 난 뒤에 부여된 십신(十神)으로 통변(通辯)하여야 한다.

천간은 정신적(精神的)으로 생각이며 무형적(無形的)이고 희망사항이다.

지지는 육체적(肉體的)으로 현실이며 유형적(有形的)이고 실천하려는 것이다.

음(陰) 오행으로 이루어진 것은 내성적(內省的)이고 숨기려하고 부드럽고 여성적이다.

양(陽) 오행으로 이루어진 것은 외형적(外形的)이고 드러내려고 하며 거칠고 남성적이다.

木의 본성은 비겁이며 인성으로 가려고 한다.
火의 본성은 식상이며 관성으로 가려고 한다.
土의 본성은 재성이며 변화를 싫어한다.
金의 본성은 관성이며 비겁으로 가려고 한다.
水의 본성은 인성이며 식상으로 가려고 한다.

예를 들어서 庚金 일주가 월주에 丙寅이 있다고 가정한다면 편관이 편재위에 있다고 생각하고 위의 법칙을 적용하여 보자.

천간의 丙火는 양간으로 식신이 편관으로 가려고 하는데 부여된 십신도 편관이다.

이를 통변하여 보자면 어쨌건 자기 나름대로 예의를 지키고 타인에게 멋지게 보이고 싶어 한다.

지지 寅木역시 양으로 비견이 편인으로 가려는데 부여된 십신이 편재라고 한다.

이를 통변한다면 자신은 여기 저기 많은 군중 속에서 이리저리 정신없이 다니면서 재물을 가지려고 한다. 자신의 경험담을 이야기 하면서 재물을 취득하려 하는 다단계나 여행가이드 주식투자 같은 모양이다.

이렇게 통변을 가능하게 하는 것은 바로 오행을 이해하고 있기 때문이다. 하지만 속성을 모르기 때문에 용신과 격으로 균형을 잡아주는 것이 최고인 양 말한다.
  간단하게 정리하여보자.
  木=비겁+인수+(부여된 십신)
  火=식상+관성+(부여된 십신)
  土=재성+재성+(부여된 십신)
  金=관성+비겁+(부여된 십신)
  水=인성+식상+(부여된 십신)
이렇게 적응하여 통변하여야 할 것이다.
  또한 비겁(比劫)은 무엇이든 같거나 주고받는다고 할 수 있다.
  식상(食傷)은 항상 새롭거나 지나간 것이라고 할 수 있다.
  재성(財星)은 믿음으로 변화를 싫어하며 마음대로 하려고 할 수가 있다
  관성(官星)은 명예나 철저한 명령계통으로 지배적이다 라고 할 수가 있다.
  인성(印星)은 무엇인지 알 수가 없으므로 차분하게 노력하려고 한다.
  십신(十神)이란 것이 이렇게 세상사를 압축(壓縮)한 언어이므로 긍정적인 것과 부정정인 것으로 나누어서 만든 것이다.
따라서 '이것이다.' 라고 단정하면 곤란하다.
  무형(無形)이던 유형(有形)이던 시간(時間)과 공간(空間)으로 다양한 언어가 함축(含蓄)되어 있으며 인간사(人間事)나 자연(自然)을 줄여서 만들어진 단어이므로 어떠한 공식(公式)이 적용될 수는 없지만 어느 정도는 방법(方法)이 있어야 통변이 가능하다.

제 19 장

예문

- 백야현상
- 이란성 쌍둥이의 고민 (할머니의 恨을 어떻게…)
- 상담 후 쌍둥이라고 한다.(이란성 쌍둥이 여형제)
- 나의 직업은…
- 강한 편관은 무슨 뜻일까?
- 내 돈의 행방은…
- 결혼 운과 이 명조속의 내 남자는…
- 어느 쪽으로 진학할까?
- 내 땅의 임자가 자식이라고요…
- 과연 자식의 인연과 내 남자는 어디에서…
- 처가 임신하고 결혼하는 사주
- 형제가 내 재물을 탕진한다.
- 직업은 어떻게 찾는가?
- 직업이 양념이나 장 담그는 사람이다.
- 퇴마를 의뢰한다.
- 내 남편의 직업과 자식교육
- 여자 이란성 쌍둥이의 사주
- 이자식도 부모처럼…
- 쌍둥이 사주
- 시간만 차이나는 두 친구
- 과연 신(神)의 제자로 가야하나…
- 내 자식의 직업이 무엇인가요?
- 왜 이리 되는 것이 없을까요?
- 사주속의 기(氣)수련과 스승의 인연
- 명예회복과 자신의 앞길이…
- 어머니의 자식걱정
- 나는 과연 결혼할 수가 있나요?
- 돈 때문에…
- 어느 인연이 앞을 가리고 있는가?
- 선생님 내가 적은 부적인데 알 수가 없어서요.

제 19 장
예문

    서른 편의 예문은 본인이 직접 상담한 것으로 상담자와 상의하여 무기명으로 작성할 것을 약속하였으며 또한 동일한 사주가 많이 있으므로 인하여 비록 같은 명조라고 하여도 환경과 인연 따라 살아가는 모습이 다르다고 할 것이다.
    때문에 이를 이해하여 주시고 또한 당연히 달리 살아가는 것이라고 생각하심이 옳을 것이다.
    그리고 이번에는 쌍둥이 명조를 예문으로 많이 들었다.
    이는 아직까지 쌍둥이 사주를 이야기하는 방법을 잘 알지 못하는 것 같아서 내 방법으로 이렇게 풀어보면 상당히 정확도를 올릴 수가 있을 것이라고 생각하여 그리한 것이다.
    명조를 육합으로 옆에다 다시 기록하여 풀어내는 이가 있는가 하면 대운을 다르게 보는 사람들도 많이 있다고 한다.
    하지만 내가 지금까지 쌍둥이를 감정한 결과 분명 명조는 하나이면서 형과 동생의 자리가 다르다는 것이다.
    과연 일주는 형이 될 수도 있고 동생이 될 수도 있으므로 정확하게 물어가면서 답을 구하는 방법이 최고의 상담자가 될 것이다.
    의뢰인의 이야기는 한마디도 들어보지 않고 자신의 생각과 운

(運)을 논하는 사람이나 상담하고자 하는 이의 환경을 알아보지 않고 어느 정도의 명조에 드려나는 것만으로 추측하여 운을 이야기 하는 사람이 많이 있다.

여기서는 방문하신 분의 환경이나 인연을 어느 정도 물어보고 분석하여 답을 구한 것이며 운(運)을 논하는 것보다는 운명(運命)을 알고 자신의 그릇이나 또는 가야할 길을 이야기 하는 것이지 운은 무시하는 예가 많이 있다.

환자(患者)의 병(病)은 의사와 환자 그리고 알맞은 처방(處方)에 의하여 완치되는 것이지 운(運)으로 완치되는 것이 아니라고 생각한다.

앞으로 유능한 상담자가 되려고 한다면 그 사람의 운명을 이야기 하는 방법을 배워야 할 것이며 운을 논하는 것을 어리석은 짓이다.

운명(運命)을 알면 운(運)이라는 것을 쉽게 알 수가 있다. 하지만 운(運)을 알고 있다고 운명(運命)을 알 수 있는 것은 아니다.

물론 운명(運命)도 알고 운(運)도 알면 좋다.

◎ 백야현상

```
시  일  월  년
癸  戊  丙  癸
丑  子  辰  丑


丁  戊  己  庚  辛  壬  癸  甲  乙   대운: 역행
未  申  酉  戌  亥  子  丑  寅  卯
85  75  65  55  45  35  25  15  5.9
```

어느 날 매서운 바람이 불고 기온이 무지하게 떨어지던 오후였다. 멀리서 신명이야기를 읽고 찾아오신 분이다.
신명이야기의 예문에서 자연으로 사주를 풀어서 글을 만들었는데 상당히 재미가 있고 신기하였다고 한다.
그래서 자신의 사주를 자연으로 풀어주길 요구하였다.
그래서 이 명조를 자연으로 설명하고 블로그에 글감으로 올려본다.

辰月 戊土가 丑時에 癸水를 바라보고 있는데 이 명조의 그림은 어떨까 하고 년 주부터 그리기 시작하였다.

년 주의 癸丑은 월주의 丙辰과 파(破)를 일으키고 있으며 월주는 일주 戊子와 합(合)하여 水로 일렁이는데 입수구(入水口)의 申金이 보이지 않으니 망망대해의 유빙(遊氷)이 떠다니는 것 같다. 또한 일주는 시주의 癸丑과 합하여 얼음덩어리같이 보인다.

생물(生物)이라고는 辰중의 乙木인 정관(正官) 물개 몇 마리와 丑중 辛金의 상관(傷官) 백곰 두 마리가 전부 같다. 하지만 천간의 丙火는 癸水에 힘을 쓰지 못하고 또한 癸水는 戊土와 合火

로 丑시이지만 대낮같이 밝다고 하니 북극의 백야(白夜) 현상 같은 그림이다.
그래서 그런지 어렵고 힘이 든다고 하지만 얼굴은 밝아보였다.
　정관인 乙木은 丙火의 꿈을 그리며 바람처럼 이리저리 휘날릴 것이고 丑중 상관(傷官)의 辛金은 먹거리가 부족하여 丙火와 합을 거부하고 戊子 곁에서 떨어지려고 하지 않으니 고달픈 戊子의 명조인 것 같다.
그래서 무(無)자식이 상팔자라고 하는 것이라고 하나 보다.
　辰月이라고 하여도 丑時에 癸水의 눈(雪)은 이 사람의 생각만큼 계속 내리고 백야 현상으로 잠도 이루지 못할 것이다.
　辛金의 장래도 불확실하고 乙木 정관(正官)의 생사(生死)도 희박하다.
　정말 이런 곳에서 무얼 하여야 잘 살 수가 있을까 하고 한참을 고민하여 본다.
이렇게 자신의 운명을 그림으로 설명하니 허탈하게 웃고 있다.
그리고는 한마디를 던진다.
　"어떻게 살아가면 저런 곳에서 탈출이 가능한가요?"
그리고 기다린다.
　"헬기 불러서 타고가세요."
　여기서 헬기는 월주의 丙辰중 乙木에 庚金이 조종사라고 할까? 즉 새로운 희망의 그것일 것이다.
자식 관계는 丑중 辛金으로 두 자녀일 것이다.
　남편은 辰중 乙木으로 丑辰파(破)가 되어서 27살 경에 이혼할 것이다.
　형제는 비겁(比劫)이 혼잡하고 재성(財星)이 많으니 많은 형제에 많은 부친이라서 고아나 태생이 불확실할 것이다.
재물은 역시 비겁과 재성이 많아서 복(福)이 없다.

직업은 辰중 乙木이 관(官)으로 丙火편인(偏印)의 꽃을 피우려고 한다.

이는 겁재(분실)인 丑土속의 辛金상관(불법성)과 합으로 재성을 이루니 자신에게 어울리지는 않지만 어쩔 수 없이 이런 길을 선택하는 것이 좋을 듯하다.

丙火편인(꽃 같은 침실)을 설명하여야 할 것이다.

식신= (항상 새로운 것. 많다.) (먹는다. 행한다.)

편관= (싫다. 힘이 든다.)

편인= (전문. 도장)을 설명하여야 한다.

이를 종합적으로 이야기 한다면 이럴 것이다.

필요 이상의 화려한 그곳에서 하기는 싫어도 어쩔 수 없이 새로운 것을 받아들인다.

또는 乙木에 丙火의 꽃이 피어나므로 유흥(遊興)이나 의류(衣類) 쪽으로 볼 수도 있다.

그리고 辛金은 정관에 겁재와 상관을 풀어야 답을 구할 수가 있다.

즉 년주 癸丑의 지장간에는 癸辛己가 있다. 이를 풀어보자.

癸(정재): 일주 戊土와 합하여 인수로 변한다.

丑(겁재): 월지 辰土와 파(破)를 일으킨다.

지장간을 살펴보자.

癸(정재): 아버지 재물 관리 능력

辛(상관): 아들 기능 부정성. 끼

己(겁재): 여러 형제 분실 취득

癸水가 일간 戊土와 합을 하려고 하지만 월간의 丙火가 가로막으며 월지의 辰土와 破를 일으키므로 일주 곁으로 가는 것 16세 이후에는 힘들 것이다.

하지만 이후 유학으로 자수성가하여 전문인으로 성장하여 25세 전에 丙辛 合水하여 관리인이나 기술인으로 잘 살아갈 것이다.

어린 시절은 비겁이 강하고 丑辰이 破하고 丙火와 辛金상관이 합하여 水재성으로 변하기 때문에 잔병치레로 건강이 좋지 못하였을 것이다.

◈ 이란성 쌍둥이의 고민 (할머니의 한(恨)을 어떻게…)

```
시  일  월  년
壬  戊  壬  乙
戌  午  午  巳


辛  庚  己  戊  丁  丙  乙  甲  癸   대운: 순행
卯  寅  丑  子  亥  戌  酉  申  未
81  71  61  51  41  31  21  11  1.5
```

봄비가 촉촉이 내리던 어느 날 자신의 체격처럼 큰 손가방을 들고 들어오신 40대 중반의 여인이다.

많은 형제들이 있는데 위로 큰 오빠가 이런 저런 사업으로 선대의 재산을 거의 탕진하고 지금은 조상의 제사를 모실 자리가 없다고 한다.

하여서 근심걱정으로 몇 가지 문제를 알고 싶어 이렇게 찾아와서 얘기한다.

"우선 집안의 제사를 모시어야 하는데 막내 남동생이 그래도 가정이 원만하고 하니 모시었으면 하는데 어떨까요?" 하였다.

사주의 명조에 巳火의 쌍둥이 궁(宮)에 똑같은 글자가 연속적으로 배정되어 있다.

"혹시 쌍둥이 인가요?"

하고 물어보니 이란성 쌍둥이라고 하였다.

그러면 형(兄)은 잘 살고 동생은 고만고만하다고 하였더니 자신이 형(兄)이라고 한다.

쌍둥이 사주의 감정은 일주를 중심으로 읽어가지만 분석할 때는 중심이동을 필요로 한다.

즉 월주의 壬午와 시주의 壬戌을 나누어서 감정을 하여야한다.

壬午을 중심에 두고 감정을 한다면 년 주의 乙巳 상관이 편재를 달고 살아가는 모습이라서 30대 중반에 남편과의 이별을 예견하고 있다고 하니 이혼하였다고 한다.

이는 巳火 편재의 지장간에 戊土 편관이 직업이며 대형이다. 라는 것이다. 또한 庚金 편인은 년 간의 乙木 상관과 合하여 인성으로 자리한 것은 금속이나 악세사리 쪽으로 하는 장사라고 할 수가 있다고 하니 자신이 지금 대형 마트 내에서 귀금속을 취급하는 점포 주인이라고 하였다.

丙火 편재는 나름대로 재물(財物)을 가지고 있으며 살아가는 형편은 큰 어려움이 없지만 형제들이 다들 어렵다고 하여 자신이 조금씩 도와주고 있다고 한다.

월지의 午火 정재의 지장간 속에 丙火 편재는 재물이고 자신이 큰손이라고 하니 씀씀이나 통이 크다고 볼 수가 있다.

己土 정관은 남편으로 己土 壬濁(탁)의 원칙에 따라서 자신이 살아가는데 전혀 도움은 될 수가 없다고 한다.

丁火의 정재는 壬水와 合木으로 상관이 되어서 자식이므로 아마 자식이 둘일 것이다. 라고 하니 아들과 딸을 두고 있다는 것이다.

己土 정관의 입장에서 생각하여보면 참으로 견디기가 힘이 들 것이다.

이는 乙木과 丁壬合木의 공격과 강한 火의 기운이 작용하므로 뜨겁고 답답하여 도망가야 살수가 있다고 판단할 것이다.

그러면 시주의 壬戌을 분석하여보자.

일간은 戊午양인(兩刃)에 시지의 戌土와 합으로 壬水는 견디기가 힘이 들 것이고 일지의 午火 정재의 지장간 속에 戊土 편관은 자식으로 아마 3명의 자녀를 두고 있을 것이다.

또한 土관성(官星)이 직업으로 火의 정재와 합을 하니 월급쟁이로 살아가는 것 같으며 생활의 여유가 별로 없다고 한다.

동생에게 집안의 제사를 모시라고 한다면 분명 이 집안에는 문제가 있다.

시주의 壬戌 입장에서 멀리 년 주 乙巳편인을 반가워하지 않을 것이다.

즉 원진(怨嗔)으로 제사를 모시면 巳火편인 할머니께서 오시지 않는다는 것이다.

왜 그러한가를 묻는다.

巳중 戊庚丙과 戌중 辛丁戊속에 丙辛 합水가 되니 필시 이분은 곡절이 있을 것이다. 하니 아주머니께서 다그쳐 묻는다.

"무슨 이유로 제사에 음복(飮福)을 하지 않으신가요?"

"아마도 이분은 억울하고 분하다고 합니다."

"이 할머니의 이야기를 들어봅시다."

巳火와 戌土의 지장간 속에 戊庚丙을 분석하면 됩니다.

戊土: ①비견

庚辛金: ②식 ③상

丙丁火: ④편 ⑤인수

丙辛合水: ⑥ 정재

"①내가 너희들을 ②먹이고 ⑤ ⑥키워주었는데 ①이 ④할미의 ②말을 듣지 않고 너희 ⑤어머니의 ③잘못된 말을 들으니 ④나는 이 ⑥농약을 ③마시고 ④죽는다."라고 할 것이다.

"예 사실 어머니와 할머니의 사이가 나빠서 두 분이 맞대면 싸워요."

"아주머니께서 그러한 사실을 어떻게 알아요?"

"우리 쌍둥이는 할머니 손에서 자랐어요."

"그날도 학교를 다녀오니 두 분이 또 다투고 계시는데 왠지 그날따라 그러한 모습이 싫어서 죽던지 말든지 할머니 맘대로 하세요……."

한참을 망설이더니 이야기를 계속 한다.

"그냥 돌아서서 가려다가 혹시 하여 돌아서보니 할머니께서 농약을 손에 들고 계셔서 뺏었는데 몇 마디 하면서 농약이라는 것을 잊고 그냥 곁에 두고 나왔는데 그만 할머니가……"

巳火와 戌土의 원진(怨嗔)으로 이렇게 해석한다.

지장간을 분석하여보면 이러한 단어가 발생한다.

巳火의 지장간

戊土 비견: ①내가 너희들을…③이…

庚金 식신: ②먹이고 키웠는데(인수와 재성)… ⑤말을

丙火 편인: ④할머니의… ⑥듣지 아니하고… ⑪나는… ⑭죽는다.(자살)

戌土의 지장간

辛金 상관: ⑨잘못된 말을… ⑬마시고…

丁火 인수: ⑧어머니의…

戊土 비견: ⑦너희…

*丙辛 合水 정재: ⑩들으니… ⑫농약을…

"①그런데 ⑥왜 ②생각을 하면서도 ②아무도 ③관심을 가져주지 않으니 ⑤꼴 보기 싫다. 고 합니다."

"그러면 어떻게 하여야 할머니의 원한(怨恨)을 풀어 드릴수가 있겠습니까?"

"우선 이 할머니를 산천이(戊土) 푸르고(乙木) 물 맑은 곳에 (壬水) 절이 있으면 찾아가서 약사전에 모시고 기도를 드리시지요.(巳火)"

"그래서 치료부터 해드리세요."

"칠칠 사십구라 49일간 기도드리고 해원(解冤)하여 드리세요."

"아니면 그러한 곳을 찾아가서 49재라도 올려드려요."

"그냥 기도만 드리면 되는 것입니까?"

"기도할 때 이렇게 말씀하세요."

"할머니 그동안 몰라서 해드리지 못하였습니다. 부디 완치하시어(丙火 편인) 좋은 곳으로 가세요."

이는 기도 드리는 사람이 壬午 이므로 午火의 지장간에서 읽는다.
丙火 편인: ①할머니… ⑥부디… ⑦완치하시어…
己土 겁재: ②그동안… ③몰라서… ⑤못하였습니다.
丁火 정인: ④해드리지…
丁壬合木 정관: ⑧좋은 곳으로… ⑨가세요.

"그럼 이 동생한데 제사비용 천만원을 줄까 하는데 어때요?"

壬水 편재가 천간(天干)에 있으므로 그리 생각을 할 것이다. 하지만 동생은 원진(怨嗔)이라서 거절은 하지만 내심 원(願)하고 있다.

하지만 이는 일시적으로 주는 것 보다 제사가 있을 때 마다 60만원을 제사비용으로 주는 것이 좋다. 그리고 어느 정도의 세월이 흐른 후에 생활의 여유에 따라서 그때 지불하는 것이 좋을 듯 하다.

"아주머니 그러한 것은 좀 더 생각을 하여보시고 결정하시지요."
"왜 그렇게 말씀하시나요?"
"돈보고 조상 모시는 것보다 정성으로 모시는 것이 좋으니 어느 정도 세월이 흐른 후에 결정하세요."
"그런 것이 사주에 나오는 것입니까? 아니면 신명에서 이야기 하는 것입니까?"
"편하신 대로 생각하세요. 저는 신 끼(神氣)는 없어요."
"그럼 그러한 곳에 있는 약사전을 소개하여 주세요."
"보살님이 알아서 하세요."
"그것도 정성입니다."

그렇게 상담은 정리되고 난 또 다시 무속인으로 취급당한다. 하지만 마음에는 두지 않는다. 사주속의 귀신같은 이야기를 할 수가 있다는 자신감 때문이다.

◈ 상담 후 쌍둥이라고 한다.

```
시 일 월 년
己 辛 己 己
丑 亥 巳 亥

戊 丁 丙 乙 甲 癸 壬 辛 庚   대운: 순행
寅 丑 子 亥 戌 酉 申 未 午
82 72 62 52 42 32 22 12 2.1
```

초봄의 전령이 살포시 다가오는 따사로운 이른 오후이다.
중년의 보살 두 분과 장성한 처녀 둘이가 동시에 인사를 하면서 들어선다.
중년의 한 여인들은 자신의 한해 신수를 알고 싶다고 하면서 무릎을 가까이 들이밀고 다가앉는다.
자신의 생년월일과 가족들의 생년월일시를 적은 쪽지를 들이민다.
상담을 마치고 나니 또 다른 여인이 역시 쪽지를 건네주면서 "우리 가족입니다." 하면서 상담을 요구하여 같은 방법으로 상담을 하고나니 각각의 여식(女息)에게 나가있으라고 한다.
그리고는 이 여인들이 바싹 다가앉으며 이렇게 이야기를 한다.
"사실 우리 둘이는 1분 차이의 쌍둥이 입니다."
그런데 너무 다르다.
"선생님 우리가 쌍둥이인 줄 몰랐지요?"
"예"

그렇다. 분명 명조는 같은데 너무 다르니 설마하고 상담을 하였을 뿐이다.

"그런데 왜 이야기가 다르지요?"

"아! 예 그건 내가 질문을 하는데 그쪽에서 답하는 것에 따라서 이야기가 다르니 그렇지요."

"그게 무슨 뜻이오."

그렇다. 상담이란 문답식으로 하여야 정확한 답을 찾을 수가 있으며 또한 돌아오는 답을 중심으로 하여 다양한 분석이 가능하다는 것이다.

"예를 들어서 같은 질문을 던져지지만 돌아오는 답은 각자가 다르므로 인하여 상담도 방향이 달리하는 것이지요."

"그래서 언니랑 나랑 같은 사주이지만 완전히 다르게 보시는군요."

"하지만 저의 이야기가 틀린다는 것입니까?"

"아니요. 우린 쌍둥이인데 어떻게 다르게 그것도 그리 정확하게 판단하니 놀라워서요……"

"맞아요. 언니는 형부가 사고로 죽고 현재 공장에 다녀요."

"그리고 언니가 어릴 때부터 인물이 좋아서 그런지 춤추는 것에 관심이 많이 있어요."

"하지만 저는 인물도 못나고 공부도 잘 못하고 언니보다 나은 것이 없지요. 하지만 어디에서 배운 것도 아닌데 그냥 손금과 관상을 이야기 하면 잘 맞는다고 하지요."

"아이고 보살님 그런 소리 마세요. 서방님이 계시잖아요."

"……"

"선생님 왜 그런지 한번 설명하여주시면 안 되나요."

"사실 그런 것이 하도 궁금하여 딸내미들을 밖으로 보낸 거지요."
"왜요. 배우실려고요?"
"저희들이 배우면 안 되나요?"
"안 될 것도 없지요. 원래 보살님은 글 문 선생이고 언니는 에어로빅 강사 또는 무용선생 입니다."
"그럼 어떻게 하나요?"
"잘 들어보세요."
"언니는 50대 초반에 巳亥沖으로 사고사라고 하는데 동생은 巳午未로 合하니 서방님과 해로를 약속받고 있지요."
"또한 형부가 巳火의 지장간에 戊庚丙이 있는데 여기서 丙火와 辛金의 合水 식신(食神)이라서 얼굴이 동안(童顔)이며 亥중 甲木의 꽃이라서 여자들에게 인기가 좋다는 것이며 장남(長男)이고 잘났다는 것이다."
"이는 자신과 비견이라서 해로(偕老)를 약속할 수가 없다는 것이지요."
"그리고 巳亥沖은 정관(正官)과 상관(傷官)이 沖을 하는데 이는 자신의 직업은 활동성이 강하고 상관(傷官)이라서 모방성 예술이라고 하니 에어로빅이라고 생각합니다.
물론 무용도 여기에 해당하지만 역마(役馬)가 沖에서는 무용으로 보기가 어렵지요."
"다만 이러한 직업인으로 살아가지 않으며 힘이 들 것이고 또한 巳亥의 역마가 沖을 한다는 것은 울산이라는 특성상 자동차 공장이라고도 할 수가 있지요."
"그리고 동생의 남자는 시지 未土속의 丁火입니다."
"그래서 巳亥沖으로 丙火는 견딜 수가 없지만 丁火는 亥卯未

의 合으로 丁火는 그렇게 견디는 것이다."

"또한 未土는 종교 형상물이다."

"그래서 동생은 신(神)의 영역을 가지고 있으니 당연히 관상이나 손금, 그리고 역학에 관심을 많이 가지고 있는 것입니다."

"선생님 저도 철학을 배우면 돈을 많이 벌 수가 있나요?"

"예" 라고 답해드리니 이 보살님이 좋아한다.

"선생님처럼 될 수가 있나요?" 라고 묻는데……

"아마도 나를 능가할 정도의 실력일걸요." 하면서 신나게 웃었다.

이렇게 쌍둥이라도 이란성이라서 한자리에 앉아 있어도 구별이 안 되며 만약 문답식으로 상담을 하지 않는다면 큰 실수가 있을 것이다.

◈ 나의 직업은…

```
시 일 월 년
乙 甲 癸 丁
亥 午 丑 巳


甲 乙 丙 丁 戊 己 庚 辛 壬   대운: 역행
辰 巳 午 未 申 酉 戌 亥 子
88 78 68 58 48 38 28 18 8.1
```

여기서는 먼 거리라고 생각이 드는 곳에서 찾아왔다. 물론 사전에 전화로 선약을 하고 길을 물어서 오후 늦은 시간에 여길 도착하였다.

커피 한잔 사이에 두고

"어떻게 알고 여기까지……?"

"예 인터넷에서 알고 물어서 전화번호 알고 그리 그리 찾아왔습니다."

"찾아온 목적은 무엇인가요?"

"인생 상담하려고요."

"그냥 세월 따라 살아가면 되지……"

"사실 무얼 하여야 하는지…… 도무지 나에게 맞는 직업이 무엇인지 궁금하고 자신의 생각이 맞는지 알고 싶어요."

"몇 가지 물어봐도 되나요."

"예."

"혹 처와의 관계에서 자식을 낳고 결혼을 한 거요? 아님 임신하여 어쩔 수 없이 결혼을 한 거요?"
　　임신하여서 결혼하였다고 한다.
이는 월지의 丑土 정재가 년지의 巳火 식신과 合을 하여 관성으로 변한 것이다.
　　년 주의 丁巳를 분석하여보자.
20대 초반 학창시절에 우연히 어여쁜 여자를 만나서 지내다가 임신을 하게 되었다.

　　년지 巳火의 지장간은 이러한 글이 있다.
　　戊土 편재: ④어여쁜(丁火) 여자를… ⑥지내다가…
　　庚金 편관: ②학창시절에… ③우연히… ⑦임신을 하게 되었
　　　　　　　다.(자식)
　　丙火 식신: ①20대 초반… ⑤만나서… 임신(식구)

　　이는 丁癸沖으로 자신의 학업에 장애가 되므로 인하여 학업이 어려운 것으로 보는 것이다.
　　본인은 巳亥가 역마로서 돌아다니는 직업이 어울릴 것 같지만 사실 이럴 때의 움직임이 어떤 움직임인지를 알아보자.
　　이 명조는 식상인 巳午未로 화기(火氣)가 연합하여 상당히 강한데 또 다른 세력인 亥子丑의 인성 수기(水氣)가 강하여 서로 알게 모르게 기(氣) 싸움을 하는 것으로 보인다.

　　먼저 火氣부터 분석하여보자.
　　巳火 식신은 다양하게 변하는 전기 전자이므로 컴퓨터 모니터 같다.

戊 편재: 크다. 가격
庚 편관: 귀하다. 까다롭다.
丙 식신: 화면. 새롭다.

午火 상관은 자신의 재주나 능력이며 보이지 않는 未土 정재를 관리하고 싶어 하는 마음으로 읽어야 한다.
丙 식신: 신품. 능력
己 정재: 관리 사업
丁 상관: 중고 수리. 재주

다음은 水氣를 분석하여보자.
亥水 편인은 역마이지만 乙木 겁재라서 게으름이다.
분석하여보자. (巳亥沖하여 사고로 멈추다.)
戊 편재: 상상만 한다. (생각뿐…)
甲 비견: 기동력이 떨어진다. (丑월 甲木이라서…)
壬 편인: 멈추다. (물이 얼었다.)
보이지 않는 子水 인수는 배우고 싶다.
관리하고 싶다는 의미이다.
丑土 정재는 직업적인 관리자이다.
이는 丑중 辛金이 정관이라서 직업적이다. 라고 본다.

이럴 때 보이지 않는 오행은 "바란다."는 속 심정이다.
즉 남 모르게 자신도 모르게 찾고 있는 것이다.
이를 종합하여 통변한다면 이럴 것이다.
컴퓨터 관리인으로 지금의 시대에 맞는 직업은 쇼핑몰이다.

巳亥의 역마는 화면이 빠른 속도로 움직이는 것이며 丑午 탕화(湯火)로 열이 오르는 모습이라서 컴퓨터 앞에서 열심히 일하는 것 같은 모습이다.
또는 유통으로 물류관리이다.
　자연으로 바라보면 섣달 깊은 밤에 달빛은 보이지 않고 나무아래 겁(怯)이 많은 午火의 말을 매어 놓은 것 같다.
즉 전자로 물류를 관리하는 사람이다. 이것이 천직(天職)이다.
　좋은 직업은 교직(敎職)이다. 그것도 중2학년 이하의 선생이다. 아니면 전자관련 연구원인데 학(學) 마(魔)로 어렵다.
　다음이 물류 관리나 쇼핑몰을 운영하는 것이며 전기 전자 A/S 기사다.
　생활 가전 기기를 재활용 할 수 있도록 수리 판매하는 것도 무난하다.
　일지 처 궁이 상관(傷官)이라서 부인이 미인이며 巳火 식신이 丑土 재성에 合을 하는 것으로 요리사도 가능하다.
하지만 이 명조는 물류 관리인으로 살아가는 것이 좋을 듯하다.
　상담을 마치고 궁금한 것 있으면 질문을 하라고 하니 자신의 생각을 그냥 읽고 있는 것 같다고 하며 다음에 다시 오겠다는 말만 남기고 돌아갔다.

◈ 강한 편관은 무슨 뜻일까?

```
시  일  월  년
壬  甲  丙  辛
申  申  申  酉

丁  戊  己  庚  辛  壬  癸  甲  乙   대운: 역행
亥  子  丑  寅  卯  辰  巳  午  未
88  78  68  58  48  38  28  18  8.1
```

　이 사람은 자신의 진료방향을 알고자 한다.
申月 甲木이 절지(絶地)인 申金위에 뿌리를 내리고 불안하게 자리 잡고 꽃을 피워보려고 애를 쓰고 있지만 어느 길이 자신이 가야할 길인지 알지를 못하겠다고 한다.
　지금은 서울의 k대학교에서 유전공학을 전공하는데 취업을 하려고 하니 박사학위도 필요하고 하여간 자신이 없는 듯이 이야기한다.
　본인의 희망은 이러하다.
"甲木이 丙火와 壬水를 곁에 두고 있으므로 교수직이다."
전공과목에서 박사학위를 받으려고 대학원에 진학하여 계속 공부를 할까 아니면 전과를 할까 망설이며 전과를 하려면 어느 과목으로 가야 하는지를 물어온다.
　"월지의 丙火가 申金위에 있고 년주 辛酉와 합으로 水인성으로 변화된 것은 정신과 의사이다."
　다음은 선생 팔자이다.

"왜 교대로 가지 유전학으로 지망하였을까? 궁금하다."라고 하니 그리 되었다고 하면서 자신의 생각을 어떻게 알 수가 있는가 하며 설명을 부탁한다.
왜 정신과 의사인가를 알아보자.

지지의 申金 지장간에는 戊壬庚이 숨어 있다.
戊土 편재는 자신의 능력이며 관리계통 등이다.
壬水 편인은 전문인 상상 공상 정신세계 등이다.
庚金 편관은 특수직이다.
이를 통변하여보자.
"자신이 하고자 하는 것은 정신적인 분야의 의사라고 한다."
여기서 정신과는 壬水편인이 결정적이며 甲木은 머리이며 丙火는 정신계 丙辛 合水 정인은 선생이다.
즉 의사나 보호자이며 천간에서 丙壬이 충(沖)하는 것은 정신적인 충격으로 보는 것이다.
그리고 지지의 申金 편관은 역마로서 정신없이 다닌다고 형상적으로 보는 것이다.
천간의 丙辛 合水 정인은 모니터를 보면서 수술하는 선생이다.
그럼 그 외의 전공과목은 없는가를 물어온다.
작은 희망은 초·중학교 교사 이것도 안 되면 과외 선생 申金 편관이 강하여 유전학이나 정신과 의료인으로 나가면 많은 재물을 가질 수 있지만 필요 이상의 노력이 있어야 기능하다.
인내력이 약하면 평생 일정한 직업이 없으며 힘들게 살아가야 한다.
어쩌면 전업 주부로 갈 수도 있다.

◈ 내 돈의 행방은…

```
시 일 월 년
乙 甲 己 癸
亥 戌 未 巳

庚 辛 壬 癸 甲 乙 丙 丁 戊    대운: 역행
戌 亥 子 丑 寅 卯 辰 巳 午
85 75 65 55 45 35 25 15 5.2
```

토목업을 한다고 하는데 50대 중반에 亥子丑년이 삼재(三災)와 겹쳐서 상당히 어렵게 보낸 것 같다.

월주의 己未는 부모형제 자리이고 직업과 사회성을 살펴보는 자리이다.

먼저 부모형제 궁이 비견이라서 부모님의 해로(偕老)를 물어 볼 것이고 직업이 재성이라서 소규모의 작은 토건업을 하는 것 같다.

이 명조는 자신이 무척이나 많은 돈을 벌어들이는데도 모이지 않은 것은 무슨 연유인가? 하고 물어온다.

이럴 때는 월주의 己未정재에서 지장간을 읽어봐야 한다.

未土 지장간을 분석하여야 한다.
丁火 상관: 쓸데없이…
乙木 겁재: 빼앗긴다.
己土 정재: 작은 이익

일간 甲木과 合土 재성: 내 재물
"내 돈이 쓸데없는 곳으로 흘러간다"
누구일까 하고 찾아보자.

일지의 처(妻)궁에 戌土 편재와 월지의 未土가 형제이므로 이는 분명 처가(妻家)의 형제라고 하는 것으로 처남 3명이라고 할 수 있다.

무슨 사연으로 재물이 처가로 흐르는 것일까? 하고 알아보려면 지장간에서 일간의 甲木과 비교하여보면 된다.
이를 분석하려면 우선 겁재의 원인이 되는 시지 乙亥 겁재에서 시작되는 것이다. 이는 亥卯未 木겁재에 해당한다.

亥卯未 木으로 合한다는 것은 봄을 이야기 하는 것이며, 봄이라고 한다면 시작을 이야기 하는 것이다.

다시 이야기 한다면 "무엇인가 처음으로 시작하려고 하는데……"라고 할 것이다.

戌土의 처(妻)가 형제인 월지의 己未에서 분석하여보자.
丁火 상관: ②속임수(편인)
乙木 겁재: ①찾아가서 ④부탁
己土 정관: ③사실인 것처럼
甲己合土: 믿음이 가는 이야기

시주 乙亥를 분석하여보자.
戌 편재: 대출용
甲 비견: ⑤우리사이 남도 아닌데…
壬 편인: ⑥보증일 것이고 ②거짓말을(상관)

丁壬合木 겁재: ⑦형제들이 고맙다.

이를 종합적으로 이야기 한다면 "①찾아가서 ②거짓말을 ③사실인 것처럼 ④부탁한다. ⑤우리가 남도 아닌데 ⑥보증을 하여주면 ⑦형제들이 고맙다."라고 할 것이다.

이는 丁火의 입장에서 생각하여보면 甲木 인수는 당신이 나의 구세주입니다. 하고 己土로 合을 하고 乙木으로 사정을 하니 甲木입장에서는 목이 졸리는 형상이라서 어쩔 수 없이 해주어야 하는데 戌未가 재형(財刑)이라서 이미 정해진 사고이다.

그리고 재성이 강하므로 처(妻)의 강력한 요구에 피할 수가 없다.

또 다른 이유는 일지 戌중 辛丁戊가 있는데 辛金 정관이 아들이고 丁火는 상관이며 戊土는 편재인데 년 간 癸水인성과 合을 하여 火식상으로 변화되는 과정이라고 한다.

여기서 년 간 이라는 것은 위치적으로 통변하면 멀리 떨어져있다는 뜻으로 해석하여야 한다.

종합하여 이야기를 하면 "멀리 유학(遊學)하는 공부하는 자식들에게 들어간다." 라고 읽어야 한다.

甲木에서 丁火상관은 "부족하지만"으로 해석하는데 다르게 표현한다면

"학업성취도가 약한 자식의 성공을 바라면서 학비와 생활비로 필요이상 지출된 것이다."

노후의 시주 乙亥의 지장간을 살펴보자.

먼저 乙木겁재는 넘겨준다.

亥水편인은 모든 문서로 읽어야 한다.

亥水편인은 인수인계로 본다.

戊土 편재는 처이며 나이 들어서의 사업이다.
甲木은 비견이라고 하니 나와 같다. 즉 내 자리를 대신하여 이며
壬水편인은 문서 행정이므로 이를 종합하여 통변한다면
"사업장을 50대 중반에 아내의 이름으로 하여 운영한다."는 뜻으로 해석이 가능하다.
자식자리로 통변한다면 乙木이 겁재라서 어렵다.

亥水 편인은 꿈 바람 희망 요구…
戊土 편재는 많은 돈 나이 들어서(노후에)…
甲木 비견은 예전과 같이 변함없이
壬水 편인은 학업이라고 읽고 종합하여 통변한다면
"오랫동안 공부하는 자식으로 인하여 힘이 든다."

◈ 결혼 운과 이 명조속의 내 남자는…

```
시 일 월 년
庚 甲 丙 壬
午 戌 午 戌


丁 戊 己 庚 辛 壬 癸 甲 乙   대운: 역행
酉 戌 亥 子 丑 寅 卯 辰 巳
84 74 64 54 44 34 24 14 4.10
```

이 명조는 이분의 어머니가 자신의 여식 결혼 상대자와 궁합을 보려고 가지고 온 명조이다.

午월 甲木이 정오에 저 멀리 壬水를 목을 놓고 부르지만 아서라 丙火가 가로 막으니 돌아보지도 못하는 壬水의 어머니이다. 즉 아무도 말리지 못하는 불같은 성격이라는 것이다.

그래도 명조의 어머니는 자신의 딸 자랑이 대단하다.

직업이 뭘까? 하고 물어보니 방송인이라고 하여 이런 명조는 방송인으로는 부족하다고 하니 이유를 물어온다.

타고난 방송인이나 성우들의 명조에는 辛金이라는 꾀꼬리가 있어야 하며 화면으로 등장하려면 丙火가 필요하다.

하지만 여기서는 丙火뿐이라서 辛金의 합을 이루지 못하고 일지의 戌중 辛丁戊가 있는데 지장간의 辛金과 합을 하니 자신감이 부족하다고 하였다.

여식은 어느 회사의 사내 방송실에 근무한다고 하였다.

丙火와 辛金이 합하여 水로 변화하니 지혜로운 언어와 매끈한 인물에 시선과 귀를 기울인다고 하는 것이니 천간에 드러내는 것이 좋다.

여식의 남자 복은 있는지 물어온다.
이 명조의 남자는 시주의 庚午이며 멋지고 신사(紳士)라고 한다. 하지만 명조에는 午월 화기(火氣)가 용광로를 방불케 한다. 과연 여기서 庚金 정관이 용광로의 열기에 견딜 수가 있을까 의문이 간다.

午火 위의 정관 남편은…?
丙 식신= ①멋진… ③진실하고…
己 정관= ②그 모습에… ④정직하며…
丁 상관= ⑥사랑하고…
丁壬合木 재성= ⑤당신만을…
午戌合火 관성= ⑦따르겠다.

"멋진 그 모습에(庚午백말) 진실하고 정직하며 당신만을 사랑하고 따르겠다.(寅午戌合火관성) 寅木은 처(妻)에게 합리적으로 따른다." 하니 이 남편은 목숨을 걸어놓고 여자의 인물에 빠진 것 같다.

하지만 壬水 정인도 甲木에게 강한 식상(食傷)으로 살아가면 안 된다고 참으라고 하는데 이 명조는 절대로 있을 수가 없는 일이라면서 화염(火焰) 방사기(放射器)로 몽땅 태워 버린다.

그래서 壬水 인성도 증발(蒸發)시켜버렸다고 하니 "그것이 뭔가요?" 하고 묻는다.

"딸내미의 사주에 불이 너무 강하여 약한 쇠에 불과한 남편도 녹여버리고 잔소리 하는 어머니의 이야기도 무시하여 버린다는 것이지요." 하고 설명을 하였다.
"또한 이 자식이 공부를 많이 못하였다고 합니다."
"예 공부에는 관심이 없고 꾸미는데만……"
왜 공부를 그만 두었을까? 하고 분석하여 보자.

년주 壬戌 편재의 지장간의 辛丁戊을 풀어보자.
辛金 정관= ②고등학교를… ⑤취업하여… ⑧학업(편재)…
　　　　　　(직장)
丁火 상관= ⑦생각으로… ⑨마친 것 같다. (농땡이)
壬水와 合으로 비겁= ①일찍… ④학업에는 뜻이 없고(인
　　　　　　　　성)… (취업, 스카웃)
戊土 편재= ③진학하였으나… ⑥돈이나 벌어야겠다는…(월
　　　　　　급이 많다, 재물)

년 주라서 "일찍 고등학교를 진학하였으나 학업에는 뜻이 없고 취업하여 돈이나 벌겠다는 생각으로 학업을 마친 것 같다."
"예. 고등학교만 나오고 바로 취업 하였습니다."
어머니의 심정이 무척이나 괴롭다.
"어떻게 하면 될까요?"
간단하다.
"무조건 자기 탓이라고 생각하고 참는 것이 좋으며 남편의 행동에 깊이 알려고 하지 않으면 되는데……"
"그러면 사랑받고 잘 살아간다고 하는데……"
"과연 타고난 천성인데 변할까?"
"생각을 바꾸면 되지요."
"어떻게"

분석하여 보자.

일지의 남편 궁인 戌중 辛丁戊가 있다. 이렇게 이야기 한다.
辛金 정관= ⑥오래 오래…
　　　　　(b)남편을…
丙火와 合 인성= ⑤사랑스러우니…
　　　　　(a)때로는(지혜롭게)…(g)보자.
丁火 상관= ④예쁘고…
　　　　　(d)애기처럼…(f)애교…
壬水와 合 비겁= ①나는…
　　　　　(c)친구처럼…
戊土 편재= ②처가… ③무척(많이)… ⑦재밌게 살자.
　　　　　(e)달래가며…
"나는 처가 무척 예쁘고 사랑스러우니 오래오래 재밌게 살자"

또한 여자는 이렇게 생각하여야 한다.
"때로는 남편을 친구처럼 애기처럼 달래가며 애교로 보자"

그렇지 아니하고 참지 못하면 고통으로 살아간다.
辛 정관= ①남편을… ⑦남편을…
丁 상관= ②위협하고… ③불량한… ⑤용어를… ⑧없애버린다.
戊 편재= ④행동과… ⑥함부로 사용하면…
"남편을 위협하고 불량한 행동과 용어를 함부로 사용하면 남편을 없애버린다."
어디서 이런 이야기가 나올까?

염상(炎上)으로 가는 사주에 일점 壬水가 대 반란을 일으킨다.
아마도 이혼소송으로 볼 수가 있다.

戊土의 지장간을 분석하여보자.
辛 정관= 법원 남편 자식과 생활관계 (丙火 식신(食神)合)
丁 상관= 이혼소송 (壬水 편인(偏印) 合)
戊 편재= 자기 마음대로…
때는 40대 중반을 전후하여…

◈ 어느 쪽으로 진학할까?

```
시  일  월  년
庚  乙  丁  乙
辰  卯  亥  亥

戊  己  庚  辛  壬  癸  甲  乙  丙
寅  卯  辰  巳  午  未  申  酉  戌
84  74  64  54  44  34  24  14  4.2
```

이 학생의 어머니는 속이 탄다.
공부하는 모습이 명절 기다리는 것 만큼이나 보기가 어렵다. 책가방을 대문 밖에서 담장 넘어 던지고 사라지면 야간 근무하고 퇴근하는 사람처럼 녹초가 되어서 들어온다.

뭘 해먹고 살아갈 것인가 하고 물으면 의상 디자이너가 되겠다고 한다.

디자이너는 공부 안 하고 되는가 하면 아들은 당당하게 감각입니다. 라고 한마디 한단다.

과연 자신의 생각처럼 의상 디자인이 가능할까 하고 물어온다. 亥월 乙木이 辰시에 태어나서 명조가 木으로 이루어진 것 같다. 하지만 자세히 보면 시간의 庚金이 일간과 合을 하고 있으니 이는 늦가을 아침 해살에 들녘으로 곡식을 수거하는 것 같다.

년 월이 亥亥 정인이 자형(自刑)으로 공부는 뒷전이고 친구들과 놀기에 정신이 없다.

과연 이런 사주로 무얼 할 수가 있을까?

본인이 하고자 하는 디자인 보다는 亥亥자형(自刑)으로 오히려 모델이 더욱 어울릴 것 같다.
왜 디자인의 길로 갈 수가 없을까 하고 알아보자.
디자이너가 되려면 강한 집념과 기다림이 필요하다.

이 명조는 亥水 정인이 역마라고 하니 걸어다니는 공부라고 하니 모델이 적당하다.

모델이라고 할 수 있는 것은 乙亥많은 대중들 앞에서 丁亥식신 새로운 발표회를… 乙卯 비견 合은 자신이 의류를 걸치고… 자형(自刑)이라는 것은 왔다 갔다 반복적이라는 것으로 보는 것이다.

다른 직업을 선택한다면 레저 스포츠나 관련된 의류점이 좋다. 庚金 정관이 辰土의 정재위에 자리 잡고 있는 모습이 레저스포츠다.

辰중 乙癸戊를 분석하여 보자.
乙木 비견은 일상적인 생활= ①우리가… ②살아가는데…
乙庚 合으로 정관 자신의 직업= ⑨모임을 주선하는 일이다.
癸水 편인은 여행 가이드= ⑤여행이나 등산… ⑥레저모임을… ⑧상담과…
戊土 정재는 관리= ③스트레스를… ④해소하려고… ⑦관리하면서…
이를 종합하여 통변을 하여보자.
"우리가 살아가는데 스트레스를 해소하려고 여행이나 등산 레저모임을 관리하면서 상담과 모임을 주선하는 일이다."

또한 亥水 정인의 심정을 살펴보자.

이는 亥水를 중심으로 읽어야 한다.

戊土 편관= ④잡담하는 것이다(비견)… (불량스런… 믿음이 안가는…)

甲木 식신= ②처음 만난… 새로운

壬水 비견= ①여기저기에서… ③친구들…

이를 통변한다면…

"여기저기에서 처음 만난 친구들과 잡담하는 것이다."

즉 공부에 관심이 없는 친구들과 어울려서 놀기 때문에 공부가 안 되는 것이다.

그래서 월주의 亥水 부모는 辰土 재성으로 잔소리지만 원진으로 그때 뿐이다.

辰亥 원진: 풍랑이 휘몰아치고

辰중 戊癸合火: 안개 짙은 아침

丁亥: 바다의 등대에서

丁火 식신: 불어대는 고동은

辰중 乙癸戊: 안개 속으로 사라지는 것 같다.

◈ 내 땅의 임자가 자식이라고요…

```
시 일 월 년
乙 丁 丁 乙
巳 丑 亥 未


丙 乙 甲 癸 壬 辛 庚 己 戊    대운: 순행
申 未 午 巳 辰 卯 寅 丑 子
88 78 68 58 48 38 28 18 8.9
```

이 여자 분은 자신의 땅을 팔아서 생활비로 쓰려고 하는데 팔릴 것인지를 물어온다.

년 주의 乙未는 임야나 농지 같다. 그리고 未土 식신(食神)이라서 자식 것이라고 할 수가 있다.

未土 지장간을 분석하여 보자.

丁火는 壬水와 합을 요구하므로 새로운 생명(生命)으로 볼 수가 있다.

乙木은 庚金의 합으로 열매라고 할 수가 있다.

己土는 甲木과 합으로 생명의 터전이라 하여 농경지(農耕地)로 예상한다.

丁丑은 자신이 살고 있는 곳이라고 하니 상가나 빌라 같다. 이 또한 식신(食神)에 자리하므로 인하여 자식 것이라고 할 수밖에 없다.

丑土를 지장간으로 분석하여 보자.

癸水는 戊土와 合火 식상으로 꿈을 키우는 자식들이라고 할 수가 있다.

辛金은 丙火와 合水 인성으로 가족이나 교육 목적으로 볼 수가 있다.

己土는 甲木과 合土 재성으로 생활 터전이 되는 것이다.

"이 땅은 임자가 이미 정해진 것이라서 팔아도 돈이 안 되고 만약 팔아버리면 지불받은 돈이 별 뜻 없이 흩어지고 말 것이다."고 하니

"누구의 것인가요?" 하며 물어온다.

명조에 자식이 두명이 있는데 각자의 이름으로 등기 해주는 것이 좋으며 생활비는 이들에게 받아서 쓰면 될 것 같다고 하였다.

이 여인의 이야기가 더 재미가 있다.

"자식들이 어릴 때 구입한 땅인데 이건 아들거 이건 우리 공주거 하면서 아이들에게 이야기한 것이 이렇게 사주에 명시가 되어있다는 것이 신기하다." 고 하는 것이었다.

또한 왜 이혼을 하게 되었는지 궁금하다고 하였다.

농담으로 "乙未 백호살과 丁丑 백호살의 사이에 丁亥의 붉은 돼지가 있으니 어찌 무서워서 견딜 수 있겠는가 안 잡혀 먹히려면 도망가야지……" 하고 웃었다.

"붉은 돼지가 뭐예요?"

"예, 정관이라고 하여 인간사로 이야기 한다면 남편이라고 할 수가 있지요."

"그래서 남편이 그렇게 눈치를 보는 것이구나……"

하지만 이것은 사실이다.

그리고 남편 亥水는 亥子丑으로 合을하고 亥卯未로 合木을 하니 양다리를 걸치고 있은 모습이다.

두 집 살림이 들통이 나고 그래서 이혼을 하게 된 것 같다.

이때 亥水의 정관(正官) 입장에서 바라보면 재다 신약으로 볼 수가 있다.

이렇게 처(妻)의 명조에서 남편(男便)이 어떤 사람을 만날 것인가? 또는 어떻게 하면 백년해로가 가능한지를 알 수가 있다.

명조의 일지 丑土 식신 속에 癸辛己가 있다.

癸水 편관= ①남편… ②내보내고…
辛金 편재= ⑥경영하여… ⑦많은 돈을…
己土 식신= ③작지만… ④아담한… ⑤음식점을… ⑧벌었을
  것이다.

이를 확대하여 이야기하여 보자.

"남편을 내보내고 작지만 아담한 음식점을 경영하여 많은 돈을 벌었다고 한다."

◈ 과연 자식의 인연과 내 남자는 어디에서…

```
시  일  월  년
辛  丁  丁  己
丑  亥  丑  酉


丙  乙  甲  癸  壬  辛  庚  己  戊   대운: 순행
戌  酉  申  未  午  巳  辰  卯  寅
89  79  69  59  49  39  29  19  9.8
```

이 여인은 본 남편과 이혼하고 하나 있는 딸아이마저 남편에게 빼앗기고 홀로 살아가는데 과연 자식과 함께 살 수가 있는지 물어온다. 그리고 어떤 남자와 인연이 있는지를 알고 싶다고 한다.

본인의 인연되는 남자는 시주 辛丑속의 癸水가 아니고 월주의 丁丑 속의 癸水가 인연되는 남자이다.

이유는 년주의 己土 자식을 안아주고 巳酉丑으로 合을 하는데 이때의 巳火는 겁재라고 하여 떠나보낸 딸아이를 겁재 한다고 하는 것이다.

내 자식과의 인연은 조금 멀다. 하지만 인연되는 남자를 만나면 함께 할 수도 있는데 이는 본인의 자식이 20살이 되기 전에 이루어진다고 한다.

친자식은 년주의 己酉인데 丁火 인수가 두 개 이므로 아버지는 분명 재혼할 것이고 이 자식의 입장에서 바라보면 역시 식상이 강하므로 친모의 인연 길에서 벗어나기 어렵다고 본다.

"어떤 사람이 나의 인연이라고 할 수가 있나요?"

이 사주의 남편인 亥水정관(正官)은 일지에 자리하고 있는데 이는 분명 순하고 좋은 사람이라고 하지만 양쪽의 丑土와 合을 하여 편관으로 변화되는 것이다.

다시 이야기 한다면 20대 중반에 결혼하여 자식을 하나 두고 36살 경에 이혼하였을 것이고 巳酉丑으로 合하여 자식은 남편 따라갈 것이며, 40대 초반에 또 다른 남자와 인연이 있다고 하는데 이는 월주 丁丑에서 분석하여야 할 것이다.

丑土를 분석하여 보자.
癸 정관 : 戊土와 合火 비견이라서 평범한 남자일 것이다.
辛 편재 : 丙火와 合水 편관이라서 인물은 좋아도 까다롭다.
己 식신 : 甲木과 合土 하므로 장남(長男)일 가능성이 높다.

년주 己酉가 편재라서 밖으로 나가서 시주의 丁丑과 合을 하였으니 밖에서 우연히 알게 되었거나 丁火 비견이라서 친구 또는 주변의 소개일 것이다.

즉 亥水 정관이 丑土 식신(食神)과 合을 하여 좋아 보이지만 水 편관으로 까다롭고 냉정한 면이 있다고 본다.

인연되는 남자의 직업은 合水로 흐르므로 선원이나 냉동기사 또는 식신과 合을 하는 것으로 요리사일 수도 있다.

부동산 중개인으로 볼 수도 있으며 상담을 통하여 土 식신(食神)에 해당하는 사람을 찾아야 한다.

"어떻게 인연인 줄 알 수 있나요?"

시주의 辛丑에서 바라보면 丑중 癸水가 남자의 자리이다. 辛金의 본성은 관성이고 생각은 비견으로 흐르고 부여된 십신은 편재이므로 평범한 사람이다. 또한 축토 식신이라서 냉동식품 칼질하는 요리사일 가능이 높다.

또한 년 월지가 合으로 이어지고 다시 일지의 정관에 合하여 들어오니 연분이 되는 것이다.

그럼 어떤 사람일까? 하고 알아보자.
이는 분명 월주의 丁火인 주변사람이 丑土의 식신이라고 하니 소개한다고 하는 것이다.
癸水는 편관이라서 홀아비라고 하며…
辛金은 편재라서 사업가이며…
己土는 건강하고 자식이 있다는 것이다.
다시 말하면 사람 좋고 건강하며 돈도 조금 있다고 하는 것이다.

이 남자는 亥水 장간의 甲木이 있으므로 장남이며 丁火가 쌍으로 있으므로 인하여 자식이 둘이라고 한다.
이는 본인의 인연에도 3자인데 본인의 자식은 년주의 己土가 되며 월시지의 丑土는 亥水 정관에 合을 하니 이 남자는 양손에 자식을 잡고 있는 모습이다.
卯生의 인연이면 더욱 좋고 재물을 요구한다면 辰生도 원만하다.
본인의 직업은 식신이 강하므로 아이들을 가르치는 보육사이면 좋을 것이고 년 주를 보아서는 공부를 많이 하지 못한 것 같으니 가정교사도 원만하다.
천직으로 아이들과는 떨어질 수 없는 것이므로 이런 계통으로 사업을 하면 아쉬움이 없으리라고 생각된다.
사주가 냉하므로 여자는 자궁이나 신장이나 방광계통으로 조심하는 것이 좋다.

만약 몸에 수술을 한다면 3번 정도의 칼질이 있겠다.

이는 년지 酉金이 처음이고 이어서 丑土와 合을 하니 두 번째이다.

한참 뒤에 辛丑의 영향으로 한번 더 하리라고 예상한다.

3번의 인연이 바뀌는 것으로 이를 벗어나려면 자신을 잘 다스리고 참고 살아가면 된다.

마지막의 辛丑을 만나면 어떨까? 하고 한번 분석하여 보자.

이는 辛金에서 알아보는 것이 좋다.

癸 식신= 자신보다 어리고 동안이면서…

辛 비견= 건강하고 평범한 사람이다.

己 편인= 어쩌면 선생이나 전문기술인일 수가 있다.

◈ 처가 임신하고 결혼하는 사주

```
시  일  월  년
癸  戊  辛  癸
丑  午  酉  卯


壬  癸  甲  乙  丙  丁  戊  己  庚   대운: 역행
子  丑  寅  卯  辰  巳  午  未  申
81 71 61 51 41 31 21 11 1.3
```

이 사람은 잘 살아가다가 47살에 이혼한 전처가 이 사주를 가지고 와서 어떤 사람인가를 물어오며 혹 남자가 거지가 되어서 찾아오는 것이 가능한지 숨겨둔 재물이 있는지 알고 싶다고 하였다.

재물은 51살이 되기 전에 모두 잃어버린다. 늦어도 56 전에 모든 것을 포기할 것 같다.

재혼은 본인이 재물을 거의 탕진하고 나면 결혼 전에 임신하여 낳은 자식을 데리고 찾아올 확률이 높으며 꼭 들어올 것 같다. 하지만 이럴 때는 외면하는 것이 최상책이다.

이유는 자신의 능력도 없지만 건강상 문제가 많이 있으며 잘못하면 병(病) 수발을 하여야 할 것 같다.

이는 어떻게 알 수가 있을까?

년주 癸卯의 지장간 속에는 甲乙 木 관(官)으로 자식이 되는 것이다.

시주의 癸丑의 지장간 속을 분석하여 보자.

癸水 정재= 50대 넘어서(시주에 자리하므로…) 본처를…

일간 戊癸 합火 인수= 어머니 같은 여자의 품속으로 들어가려 한다.

辛金 상관= 예전여자(본처)… 건강상 장애…

=일지 午火의 지장간에 丙火 편인과 합水로 재성은 이혼한 전처…

=丙辛합水 재성은 건강이 원만하지 않으므로 관리가 필요하다.

己土 겁재= 되찾는다.

=년 주 卯木의 지장간에 甲木 정관과 합土 겁재는 가진 것이 없어서…

=甲己합土 겁재는 자식을 핑계로 앞세우고 예전으로 돌아가려고 한다.

"혹 결혼 전에 임신하여 동거하다가 결혼하였습니까?"

"그런 것도 알고 있나요?"

"예"

분석하여보자.

년 주는 결혼 전으로 보는데 癸水 정재인 처(妻)와 합을 하고 있으므로 동거로 본다.

지지에 卯木의 정관(正官) 아들을 달고 있으니 이는 처가 임신을 하였다는 것이다.

이를 종합하여 통변하여 보자.

일주 戊土가 년(年)과 시(時)상에 癸水 정재를 합하려고 한다.

"허황된 생각으로 살아가다가 자신의 앞날을 예측하지 못하고

49살 때부터 사기에 휘말린다."

월주의 辛酉金이 시주의 癸丑과 합을 이야기 하여보자.

"부모로부터 물려받은 시주 癸丑의 작은 땅떼기를 날리고 년지 卯木의 지장간 속의 甲木정관 아들을 데리고 시지의 丑중 己土와 합하여 비겁으로 돌아가니 기(氣)가 죽어서 잘못을 빌고 들어가려 한다."

이 명조에 巳火 편인이 들어오는 월에 酉金의 상관과 丑土의 겁재가 삼합(三合)하니 이를 이야기 하여보자.

"巳午未 火국 인성으로 변화되므로 부도를 이야기 하며 편인성이 강하므로 보증이나 사기를 당한다고 본다."

또한

"巳酉丑 金 상관으로 변화 되므로 불법이나 구속을 이야기 하는 것으로 년 지의 卯木 정관 아들을 치려고 한다거나 위법행위로 봅니다."

"다시 말하면 자식들이 고생스럽고 애로가 많다는 것이며 진학하는 자식이 있으면 진학이 어렵다는 것입니다."

"또한 본인도 실직을 하거나 인격에 손상되는 일을 당한다고 봅니다."

다시 말하면 직장과 재물이 한순간에 사라진다고 본다.

"어떻게 하면 될까요?"

"庚寅년 들어서 이미 寅午戌 합火하여 인성이라 벌써 진행하고 있으니 어쩔 수가 없으며 戌土가 비견이라서 예전부터 알고 있는 사람이라고 한다."

"아마도 己丑년 음력9월부터 이루어지는 것 같아요."

戌土 비견은 어떤 사람인가 하고 알아보자.

戌중 지장간에는 辛丁戊가 있다.

辛金 상관= 불량스런 사람이다. 그리고 말을 잘한다.

丁火 인수= 외모가 어질게 생겼다. 그리고 박학다식하다.

戊土 비견= 가까운 사람이다. 천간의 癸水와 合을 하니 인척인 것 같다.

종합하여 통변하여보자.

"외형으로 많이 배우고 재산도 많이 있는 것처럼 보이지만 癸水와 合하여 火 편인으로 변화하므로 거짓이라고 한다."

이보살의 입에서 이런 말이 튀어 나온다.

"이모(姨母)라고 하는 여자인데 인물도 있고 아주 상습적으로 한다고……"

이 사람의 성격이 戊午 양인(羊刃)으로서 자신의 생각에서 벗어나면 상대방을 쳐버린다.

그리고 辛酉 상관의 고집은 바른 생각을 하지 못하고 어떠한 직업도 마음에 들지 않으며, 강력한 상관이라서 한탕주의다.

년간(年干)의 癸水 정재는 바르고 좋으나 월주(月柱)의 시집자리에서 沖을 하므로 견디기 힘들 것이고 결국 헤어져야 할 것이다.

시간(時干)의 癸水 정재와 合을 하는 것은 예쁜 여자를 좋아하며 재물을 많이 탕진하고 헤어질 것이다.

다시 말하자면 홀아비 신세를 면하기 힘이 들 것이다.

卯午酉가 제왕지라서 지배당하는 것을 싫어하며 자기가 좋아하면 모든 것을 다 줄 것 같이 하지만 한번 틀어지면 두고두고 원망하고 지난 추억을 자랑삼아 이야기한다.

명조의 모양이 일간만 양(陽)이며 나머지는 음(陰)으로 이루어진 사주라서 생각은 화끈하게 처리하고 싶지만 행위는 상당히 내성적이고 소극적이다.

좋은 처와 이혼한 것은 이 사람의 실수인 것 같다.

상관 인수라서 47살에 자형(自刑)으로 스스로 고집 피우다가 현실적으로 많은 피해를 당하리라 생각한다.

◈ 형제가 내 재물을 탕진한다.

```
시 일 월 년
辛 戊 己 丙
酉 戌 亥 申

庚 辛 壬 癸 甲 乙 丙 丁 戊   대운: 역행
寅 卯 辰 巳 午 未 申 酉 戌
86 76 66 56 46 36 26 16 6.10
```

자연으로 이 명조를 한 번 읽어보자.

시월 늦가을 들녘에 나가 힘들게 마지막 곡물을 수확하여 알뜰살뜰하게 모았는데 대부분이 먹을 수가 없는 것들이었다.

이는 40중반에 50대 사이에 申酉戌 합으로 형제들이나 주변 친구들이 어렵다고 부탁하니 자신의 지난날을 고생을 생각해서 하여준 보증 때문에 그리 많지 않은 재산을 잃어버린다.

즉 시주의 辛酉金 상관이 낙과이며 불량이다.

이를 현실적으로 해석한다면 이것들이 재물이 될 것이라고 하지만 비겁에 가로 막혀서 흐르지 못하고 고여 있다가 증발 되거나 土에 흡수되어 버리는 꼴이 된다.

己亥의 재성은 떨어진 것 또는 정당하지 못한 재물이라고 볼 수가 있다.

오빠와 남동생들로 인하여 자신의 모든 재물이 경매 처분된 어느 보살의 명조다.

亥월 戊戌일주는 월지의 亥水가 재물이다.

하지만 월간의 己土와 일주의 戊戌이 가로 막아서 흐르지 못하게 막고 있으며 土의 특성상 水를 흡수(吸水)하므로 인하여 亥水는 사라진다.

戊土 일주의 戊土는 형제이며 己土 겁재는 남자이다.
이는 월주에 자리하므로 인하여 손위로 본다.
무엇 때문에 이러한 일이 생겼는지 알고 싶다고 하는데 이럴 때는 월주의 己亥에서 돌아보면 된다.

특히 亥중 甲木과 己土가 合을 하고 있다. 이럴 때의 합은 "당연하다." 는 뜻이다.

亥중 지장간에는 戊甲壬이 있다.
戊土 비견= 형제로… 똑같이 나눈다. 土라서 부동산 문서
甲木 편관= 당연히… 어쩔 수 없이… 강제적으로… 강한 행정
　　　　　력…
壬水 편재= 큰 재물… 나의 소유물이라고 본다.
종합하여 통변하여 보자.
"형제에게 하여준 보증(保證)으로 인하여(년주의 丙申이 酉戌로 合하여 편인이 식상을 대동하고…) 자신의 자산이 강제로 경매 처분 당한다."

어떤 형제인가 하고 알고 싶다.
戊土 비견= 형제가… 일반적인…
甲木 편관= 직장… 국가에서 인정은 하지만… 힘이 드는 곳…
壬水 편재= 관리인… 월급자… 많은 돈을 취급하는 곳이다.
종합하여 통변하여 보자.

"재물을 취급하는데 다니는 남자 형제다. 즉 금융회사 같다."

어떤 연유로 경매되는가를 알고 싶다.
이럴 때는 亥水에서 지장간을 비교 분석하면서 己土와의 관계도 알아야 한다.

戊土 편관= 직업이나 직장에서… 역으로 보면 편재
己土 겁재= 강요이다.
甲木 식신= 이야기 부탁… (식상에서 바라보면 편인이라서 문
　　　　　서이야기)
己土 정관 合土겁재= 차압이나 경매 강매…
壬水는 비견= 형제나 친구 동료들이면서…
己土 壬탁(濁)이라 정재 투자이지만 실수(失手)라고 한다.
종합적인 이야기는 이렇게 한다.

"형제나 친구 동료들 중에 누군가가 직장에 들어가려고 하니 인적과 물적인 보증이 필요한데 본인에게 부탁하니 甲己 合土로 무정하게 거절을 못하고 인적 물적 보증을 하여준 것이 실수였다."

이 재물은 누가 모아온 것인가.
亥水 속에서 알아봐야 할 것이다.
戊土 비견= 자신의 노력이나 열심히
甲木 편관= 어렵게 힘들게… 남자들을 상대로… 남편이 모르
　　　　　게…
壬水 편재= 재물이 되는 것이다.
통변을 하여보자.
"남편과 같이 힘들게 노력하여 공동으로 모은 재산이라고 한다."

◈ 직업은 어떻게 찾는가?

```
시  일  월  년
己  己  己  戊
巳  丑  未  申

戊  丁  丙  乙  甲  癸  壬  辛  庚    대운: 순행
辰  卯  寅  丑  子  亥  戌  酉  申
86  76  66  56  46  36  26  16  6.11
```

이 명조는 이 사람의 부인이 들고 와서 무엇을 하면 좋은지를 물어온다.
사주 전국이 황무지다.

未중 乙木이 관성인데 아무리 열심히 하여도 공(攻)이 없다고 한다.
이런 명조에는 특별히 요구하는 것이 없으며 단순하게 읽어버리면 되는 것이다.

未월 己丑일주가 己巳 시에 태어나서 비겁으로 이루어져 있으니 단체게임의 운동선수가 좋으련만 년지의 申金 상관이라서 어릴 때 건강이 약(弱)하다고 한다.
그래서 운동과는 거리가 멀고 비겁이 土로 이루어져 있는데 재성은 첩첩산중에 있으니 종교인 팔자다.

만약 이 명조가 출가를 하였다면 강원(講院)에서 학인들을 가르치는 승려(僧侶)일 것이고 또 다른 종교의 길로 선택하였다면 이는 고아들을 키우는 종교인으로서 복지재단을 운영할 것이다.

353

어디에서 그런가 하고 알아보자.

년지의 申金 상관이 겁재를 생각하고 있으며 申중에는 戊壬庚으로 구성되어 있다.

분석하여보자.

戊土 겁재= 모든 것을 잃어버렸다.
壬水 정재= 관리가 되지 않는다.
庚金 상관= 장애나 불편으로 본다.

이를 종합하여 이야기 하여보자.

"장애가 있거나 결손가정으로 보살핌이 필요한 아이들" 이라고 한다.

申金 상관과 시지 巳火 정인이 合하여 水재성= 많은 곳에서 도움을 받아서… (년주와 시주의 간격이 넓다는 것으로 여러 곳에서 라고 읽어야 한다.)

정인 巳火를 분석하여 보자.

戊土 겁재= 보살핌
庚金 상관= 학업 중단
丙火 인수= 의무교육… 어머니

"즉 교육을 많이 받지 못하고 어머니의 보살핌이 필요한 아이들을 관리한다고 하니 고아원 원장이나 종교인으로 살아가면 좋습니다."

"노인 복지나 집에서 집단적으로 장애가 있는 노인들을 모시는 것이면 정말 좋은데……"

이 사람은 자기가 조금만 여유가 있어도 복지 쪽으로 하고 싶다고 항상 이야기한다고 부인이 이야기한다.
만약 일반인으로 살아간다면 어떨까?

역마인 巳申 合水 재성이므로 申중의 지장간을 읽어보자.
원인은 申金을 중심으로 통변하는 것이 더욱 정확하다.
戊土 편인= 계약서
壬水 식신= 개발
庚金 비견= 살고 있는 주거지
종합하여 이야기 하여보자.
"재개발을 위하여 이리 저리 뛰어다니면서 동의서를 받는 것이나 분양사일 것이다."

巳중 지장 간에는 戊庚丙이 있다.
戊土 식신= 중개… 새로운 것
庚金 편재= 주상 복합 상가… 사업상
丙火 비견= 분양… 경쟁적으로…
이를 종합하여 이야기 하여보자.
"중개나 경매업으로 적합하지만 경쟁이 상당할 것이며 새로운 사업을 찾아서 이리 저리 뛰어다는 직업이다."
이분의 정확한 직업은 재개발지를 물색하여 동의서를 받아서 시행 착공하는 사람인데 항상 돈이 없어서 피해를 본다고 한다.
비견이 강하면 경쟁도 심하고 재물도 약하다.
마지막으로 어머님과의 관계를 물어온다.
답은 간단하다.
"시지 巳火 인성과 合을 하니 당연히 모셔야 하는데 월지의 어머니 궁에서 丑未 충(沖)을 하니 항상 시끄럽다고 한다. 그러니 마음뿐이지 모시는 것은 서로가 불편하다"

사실 함께 2년 정도 모시고 살았는데 사사건건 어머니의 간섭으로 가까운 거리에 별도로 모신다고 한다.

"죄송하지만……" 하고는 아버지의 묘지(墓地) 이장(移葬)도 물어온다.

이 명조의 아버지는 丑중 癸水이다.
지장간을 분석하여보자.
癸水 편재= 아버지가…
辛金 식신= 춥고 배가 고프다
己土 비견= 원망…
아버지의 입장에서 이야기를 꾸며보자.
"내가 지금 춥고 배가 고픈데 너희들이 잘 되길 바라는가."
결론은 丑未 沖으로 파묘(破墓)하여 巳酉丑으로 합을 하니 화장(火葬)하여 납골당에 모시고 절에서 천도제(薦度齋)를 올려주길 바란다.
"언제 이장(移葬)이 가능합니까?"
"마음을 먹었을 때 찾아오십시오. 지금은 삼재(三災)이며 금전적으로 어려울 때라서 힘들 것입니다."
"예, 그리 알고 다음에 찾아뵙겠습니다."

◈ 직업이 양념이나 장 담그는 사람이다.

```
시  일  월  년
癸  己  癸  庚
酉  丑  未  申


甲  乙  丙  丁  戊  己  庚  辛  壬   대운: 역행
戌  亥  子  丑  寅  卯  辰  巳  午
82  72  62  52  42  32  22  12  2.12
```

이 명조의 남편이 찾아와서 처(妻)의 사주를 물어온다.
"뭘로 하여 먹고 살면 될까요."
지금 요리 학원 다니면서 반찬 가게를 하고 있다고 한다.
未월 己丑이 酉시에 우박(雨雹)이 쏟아지는 형상이다.
여기서 우박이란 무엇일까? 하는 것이 답인 것이다.
　지지에 식상(食傷)을 금방 진열장에 보석 진열하듯이 하여두었다.
　월주 癸未가 일주에 충(沖)을 하여 들어오는데 어떤 요리인지 알아보자.
　이를 분석하여보자.

未土의 지장간에는 丁乙己로 이루어져 있다.
丁火 편인= 발효되어 발생하는 열이다.
乙木 편관= 험난하다. 장기간 병균 효소
己土 비견= 많이 있다.

이를 종합하여 이야기 하여보자.
"여기저기 균으로 발효된 그릇이다. 즉 장단지가 되는 것이다."

일지의 丑土 속에는 癸辛己가 있는데 이를 십신으로 분석하여 보자.
　癸水 편재= 돈이 되는 검은 물
　辛金 식신= 먹는 것으로 맵다. 진하다.
　己土 비견= 생활필수품으로 많은 사람들이 사용한다.
　이를 이야기로 꾸며보자.
"가정에 많이 사용하는 검은 물이란 것이 간장이다."

丑未 충(沖)을 하는 것은 여기저기 많은 곳에 담겨져 있다. 또는 단지의 뚜껑을 열어본다는 것이다.
　丑未土가 沖과 合으로 이루어진 이유를 알아보자.
　시지 酉金과 合으로 식신은 요리사로 볼 수가 있다. 이는 년주가 상관이라서 많은 공부는 하지 못하였을 것이라고 생각하고 기술인으로 타고난 사주이다.

丑未土가 沖을 하는 것은 갈라진 것으로 면(麵) 종류다.
　未土를 분석하여보자.
　丁火 편인= 전문요리사.
　乙木 편관= 미세한 것 장기간
　己土 비견= 많이 있다. 흔하다.
　즉 밀가루를 주로 많이 쓰이는 음식물이니 분식이다.

이 사람의 장래 희망은 癸水의 북쪽 영월 가는 길에 조그마한 시골에 자신들의 고향이며 이곳에는 아직 자신의 부모님들이 계신다고 하였다.
　지금도 농사를 짓고 있는데 여기에서 발효식품을 만들어서 통신판매를 하고 싶다고 한다.
　일시지의 巳火는 없지만 년지의 申金이 巳火를 남모르게 생각하고 있는 것이다.
　巳火인수가 申金상관과 合하는 것은 어머니로부터 기술을 익힌다는 것이다.
　酉金 식신= 단단한 음식이다.
　丑土 비견= 찬 그릇이나 요리 그릇… 일반인들이 필요로 하는 것…
　이를 合하여 金으로 변화하는데 巳火 정인이 없는 것은 화기(火氣)로 익히거나 발효(醱酵)되어 열이 나는 것이며 식신이라서 배운대로 한다.
즉 자신이 직접 요리하는 스타일 같다.
　이시대의 음식으로 본다면 냉면이나 밀면 그리고 냉국수 같은 종류이다.
하지만 물 맑은 고향으로 돌아가서(癸丑) 토속음식인 된장이나(丑土) 간장(癸酉) 고추장(申巳合)을 담아서 통신판매(申巳)하는 것이 유리하며 큰 재물(癸酉가 己丑)과 合하여 식상에 인연은 있지만 욕심은 금물이다.

◎ 퇴마를 의뢰한다.

```
시  일  월  년
癸  己  戊  庚
酉  巳  寅  戌


己  庚  辛  壬  癸  甲  乙  丙  丁   대운: 역행
巳  午  未  申  酉  戌  亥  子  丑
84 74 64 54 44 34 24 14 4.11
```

　신명(神命)을 물어온다.
이 여인은 40이 넘은 나이에도 아직 결혼을 하지 못하고 있다.
나를 찾아온 이유는 간단하다.
　본인에게 무언가 있을 것 같은데 무엇인지 모르겠다. 신명을 잘 읽는다고 하니 신명감정을 하여주십사 하는 것이다.
자연으로 읽어보자.
　정월(正月) 여기 저기 새싹이 파르르 꿈을 피우며 서로 앞을 다투며 이때를 기다렸다고 하듯이 깨어나 자신을 드러내고 있는데 시샘이라도 하듯이 잔설(殘雪)이 내린 것 같은 명조다.
　추위에 견디기 힘든 寅木 정관은 일찍 戌土 겁재로 合하여 시들어 버리고 때로는 얼어 죽는 것도 많이 있다.
　기구한 운명은 성급함에서 이렇게 된 것 같으니 누구를 원망할 것도 없다.
　다시 이야기 한다면 우연한 기회에 한 남자와의 동거를 나타내는 것 같다.

하지만 이 남자는 시샘하는 잔설에 얼어 죽었을 것이다. 만나지 말아야 할 사람을 인연 짝으로 한 것 같다.

본인의 몸 주는 불사(佛師) 대신보살이지만 자신을 괴롭히는 것은 보살이 아니라 자리다툼을 하고 있는 월주의 戊寅으로 겁재가 정관을 달고 있다.

寅중 甲木이 己土 일간과 합을 하고 이 여인은 자신의 여인이라고 위장(胃臟)에 자리 잡고 있으며 寅巳 형살(刑殺)로 조금 힘이 든다고 한다.

이를 분석하여 보자.

戊土 겁재= 내가 법사요. 5대 조부다. 라고 하지만 사실은 허주다.

시주 癸土와 합 인수= 내가 돈도 주고 공부도 가르쳐주마…
丙火 정인= 자신만이 己土를 보살필 수 있다는 것이며
甲木 정관= 자신의 자리 또는 임자라고 한다.
일간 己土의합 편관= 내가 문무를 겸비한 당산 대감이다.
종합으로 이야기를 하여보자.

"戊癸합으로 돈도 주고 공부도 가르쳐줄테니 나를 모시라. 하면서 巳酉합을 하지만 寅巳 형(刑)으로 허주이며 寅戌이 합으로 시집식구이다.

어릴 때 불편하게 생(生)을 마감한 사람 같다.

巳戌이 원진(怨嗔)이라서 오지 말아야 할 자리에 들어와서 위장(胃腸)에 자리 잡고 있는 것 같다."

35살 경에 동거하다가 죽은 이 남자는 자신의 삼촌으로 보이는 사람이 일찍 죽었는데 이 남자에게 인연잡고 들어와서 술병

(酒病)으로 잡아가고 다시 조카의 처(妻)가 되는 이 여자에게 가서는 안 되는 곳인데 허주로 자리를 잡으려고 한다.
"어떻게 술병인가를 알 수 있는가요?"
寅木의 입장에서 바라보면 어디론가 탈출구를 찾고 있는 형상으로 스트레스로 인한 과음(過飮)이 원인이 된 것 같다.
시주의 癸酉를 찾아서 일지의 巳火 인성의 잔소리도 마다하고 가지 말아야 할 酉金을 찾아가는 것이다.

癸酉를 분석하여보자. 어떤 종류의 술인지…?
庚 상관= 자연발효 된 것 같다.
辛 식신= 마신다.
癸水는 戊土와 合火 인성으로 막걸리(濁酒) 같은 것이다.
"퇴마하면 나갈 것인가요."
지금은 힘들고 申월에 가서 午生의 벼락신장이 寅木을 태워버리면 된다.

이는 寅午戌 화국(火局)으로 가는 길목에 午火의 편인이 없다.
분석하여 보자.
丙火 인성= 인자하지만… 법문으로…
①정이 그리워서… ③왔건만… ⑤인연이…
己土 비견= 화엄신장이 무서운… 타일러서…
②너에게로… ⑦왔던 그곳으로 돌려보낸다. 그 남자의 인연처로…
丁火 편인= 강제로 천도한다.
④서로가 많이 불편하고… ⑥없으므로…

이를 종합적으로 이야기를 하여보자.

"정(情)이 그리워서 너에게로 왔건만 서로 불편하고 인연(因緣)이 없으므로 왔던 그곳으로 돌려보낸다."

이 여인은 자신의 순간적 선택이 원망스럽다고 한다. 아마도 남자의 인연이 약하므로 말띠 인연을 만나면 좋을 것이라고 하니 웃는다.

"어디 가서 찾아요?" 라고 질문을 던지는데…

"알아서 찾으세요…"

◈ 내 남편의 직업과 자식교육

```
시  일  월  년
戊  辛  丁  甲
戌  巳  丑  辰


丙  乙  甲  癸  壬  辛  庚  己  戊   대운: 순행
戌  酉  申  未  午  巳  辰  卯  寅
82  72  62  52  42  32  22  12  2.8
```

이 명조에 직업이 무엇인가? 그리고 왜 이 사람은 자식을 운동장으로 데리고 나갈까요? 하고 물어온다.

이 사람을 그냥 형상으로 보자.

섣달 辛金이 차가운 밤에 태어났다.

甲辰 백호살(白虎殺)에 丁丑 백호살과 戊戌 백호살을 시주에 두고 무리수를 두고 있다.

甲辰 丁丑의 백호 두 마리가 辛丑이라는 후손을 두고 서로 으르렁 거리면서 혈투를 벌여서 丁丑이 이겼다. 하지만 저 멀리 붉은 바위 위에 또 다른 호랑이가 기다리고 있으니 갈 길이 막막하고 불안하다.

년 월이 丑辰土가 파살(破殺)로 대기 중이면서 월일지는 巳酉로 합을 하는데 시지의 戌土가 시기질투한 모양이다.

甲辰 편재 백호는 아버지이며 丁丑 식신백호는 자식이다. 또한 자식자리가 戊戌비견 백호는 형제이며 일주 辛巳를 가운데 두고 무서운 살로 이루어져 있다.

이렇게 깊은 산중에서 강한 살(殺)을 만나면 우선 도망가는 것이 좋다. 그래서 넓은 운동장으로 가야 살 것만 같을 것이다.

시주의 戊戌이란 것이 개가 운동장을 열심히 뛰고 있은 모습이다. 하지만 자식자리에 원진(怨嗔)이라서 가기 싫어하는 아들과 함께 나가지만 따로 운동한다고 할 것이다.

직업은 이 명조에서 가장 필요로 하는 글이 酉金으로 지지에 철판이 그려진다.

여기에 미약한 丁火는 용접이나 절단이 되는 것이므로 철공이나 용접사이다.

년주의 辰土 인성이 丑土 편인과 충돌하여 기술인으로 가는 것이다.

다른 직업으로는 전기 전자 수리인데 인성이 파괴되었다고 하니 이는 가전제품을 수거하여 재활용하는 것이며 무속적으로도 깊은 인연이 있다.

자식들의 교육에는 관심이 별로 없는 것 같다.
이는 시지 戌土 인성이 巳火 정관과 원진(怨嗔)이라서 자식의 교육에는 별 관심이 없으며 戊戌인성이라서 운동장까지는 같이 나가지만 이후에는 따로 운동한다.
이렇게 쉽게 보아도 되며 지장간으로 원인을 분석할 수도 있다.
이 명조의 가장 큰 문제는 백호살로 이루어진 것이다.
이렇게 강한 흉살(凶殺)을 풍수(風水)로 읽어본다면 아주 무서운 이야기가 나올 수도 있다.

甲辰는 어느 분인지 분석하여보자.
乙木 정재= ②당산에… ⑤공양물… ⑦지극한 정성으로…

癸水 식신= ③정한수와… ⑥올리고… 자식 위해…
戊土 인수= ⑧기도드리는 할머니(치성)
戊癸合火 정관= ①달빛이 밝은 깊은 밤… ④향과 초…
달빛이 밝은 깊은 밤 당산에 정한수와 향공양 초 공양 올리고 자식 위해 지극한 정성으로 치성을 드리는 할머니다.

丁丑는 누구인가 분석하여보자.
癸水 식신= 애기…
辛金 비견= 형제…
己土 편인= 단명…
태중이나 어릴 때 단명으로 죽은 형제

戊戌은 누구인가 분석하여보자.
辛金 비견= 윗대 조상
丁火 편관= 관직
戊土 인수= 학문
덕망이 높으신 조상님이시다.

이를 이야기로 풀어본다면 이러할 것이다.
"윗대에 학문을 하시어 관직에 계시던 조상 어른께서 자손이 귀한 집안이라서 조상님께서 많은 치성을 드리고 태어난 후손이지만 학문에 뜻을 두지 못하고 일반인으로 살아가는 꼴이 못 마땅하시어 한다."

또한 조상을 이렇게 무시하고 찾아보지 않으니 그냥 두지 않겠다는 것이며 조상들의 음택(陰宅)이 무척이나 불편하다고 습하여 후손의 사주를 통하여 전해주고 있지만 이를 알지 못하는 자손들을 잡아가려고 하는 것 같다.
역시 풍수적으로도 지장간을 보고 이야기가 가능하며 확률은 상당히 높다고 할 수가 있다.

◈ 여자 이란성 쌍둥이의 사주

```
시 일 월 년
壬 辛 乙 丙
辰 酉 未 子

丙 丁 戊 己 庚 辛 壬 癸 甲   대운: 역행
戌 亥 子 丑 寅 卯 辰 巳 午
85 75 65 55 45 35 25 15 5.6
```

어디에도 쌍둥이라고 볼 수 있는 곳이 없다. 다만 부모님이 이란성 쌍둥이라고 하며 너무 다르다고 한다.

큰 아이와 작은 아이의 진로를 알고 싶다고 하였다.

未월 辛金이 辰시에 壬水 상관을 바라본다.

辛酉를 중심으로 하여 月주는 乙未는 형으로 보고 時주 壬辰은 동생으로 알고 이야기 한다면 좋을 것 같다.

未월 아침 이슬비는 내리고 가시덤불 속에 복분자 열매를 거두어야 할지 망설이며 또한 무얼 할까? 하고 고심 중인 것 같은 형상이다.

먼저 乙未 형(兄)을 읽어보자.

乙未는 음(陰) 백호살이다.

丙火정관이 子水식신을 달고 있는 모습과 乙木편재가 未土편인을 달고 있는 모습은 평소에 짜증이나 싫증을 잘 내고 丙火정관은 학생이므로 학교생활로 보는데 子未 원진(怨嗔)이므로 공부를 하여야 한다는 것은 알지만 인내심이 부족하다.

子酉 파(破)라서 생각이 단순하고 학업에는 뜻이 없다고 보는 것이 좋다. 또한 비견과 식신이 파(破)를 일으키고 있으니 친구들이 별로 없고 급우들과 소통이 잘 안 되는 것 같다.

전문 직업인으로 가야하는데 未土편인과 子水식신은 전문 요리사 인 것 같으나 원진(怨嗔)이므로 인하여 辛酉의 칼을 사용하여 요리 위에 올리는 조각으로 보입니다.

이때 원진(怨嗔)이란 먹음직스럽지만 먹을 수가 없다. 라고 이야기를 한다면 좋을 것 같다.

子水의 원인 분석을 하여보자.
壬水 상관= 기술 다양한 모양이나 모방이다. 또한 먹지 못한다.
癸水 식신= 자신의 생각으로 새로운 음식을 만든다.
새로운 작품을 구상하여 멋지고 다양한 모양의 얼음 조각을 하는 것 같다.

未土의 원인을 분석하여 보자.
丁火 편관= 어렵다. 드물다. 부족하다. 많이 없다.
壬水와 合木재성= 변화하므로 정밀하며 살아있는 것 같다.
　　　　　　　　　현실감이 있다. 이것이 돈이다.
乙木 편재= 자기 사업이나 영업으로 본다.
己土 편인은 완전한 전문가.

이를 종합하여 이야기 하여보자.
"어떤 물건이나 특히 음식에 관련된 것을 모조품으로 만들어 전시하는 것이다. 아주 잘 만들어내는 전문 직업인이다."

이는 未土편인이 완전한 전문인이다.
인내심 부족으로 성공하기가 어렵다.
어머니의 애정과 인내로 자식을 타이르면 나름대로 뜻을 이룬다.

　이번에는 동생을 풀어보자.
동생은 천간의 丙辛 합과 지지의 辰酉 합金으로 金水가 인성과 비견이 강한 자식이다. 천간은 합을 하고 지지는 파(破)를 일으키는 것은 친구들을 가려가면서 지낸다는 것으로 해석된다.
　또한 辰子인수와 식신의 합으로 공부에 취미가 있으며 냉정함이 있으므로 인하여 경찰이나 해군 쪽으로 방향을 잡는다고 한다면 범죄 심리나 정보처이며 연구 분석이다.
　수산관련이나 화공 관련의 연구원이나 검사 공직으로 나가면 좋은 사주이다.
이는 비견이 강한데 인성으로 다스리는 꼴이 되므로 운동과 정보 그리고 설득력이 강하다.
　실제 이 학생의 양(養)아버지는 경찰이고 언니는 요리계통으로 소질이 보이는데 양부(養父)의 반대가 심하여 많이 불편한 관계로 대립이 심하다고 한다. 동생은 운동이나 교우관계가 좋으며 양부처럼 역시 경찰 쪽으로 관심이 많아서 양부로부터 많은 지원을 받는다고 한다.
만약 경찰 쪽으로 간다면 정보처리나 선도(善導) 쪽으로 좋다.
　공부를 많이 하여 검찰 쪽으로 선택한다면 사전에 예방하는 담당이 좋을 것 같다.
　전체적으로 보면 乙未편재 백호이므로 부친의 자리가 불안하여 부모가 이혼하여 현재 어머니 따라서 양부 아래서 살고 있다.

또한 언니의 자리가 음(陰)백호 살이라서 불안하지만 동생은 壬辰 괴강으로 처의 뜻을 따르면 무난하다. 辰과 未土 속에 乙木 편재가 있으며 천간의 乙木이 불안하다는 것은 여러 아버지 밑에서 자란다는 뜻으로 보면 좋다.

여자의 일주가 辛酉이므로 고집이 세고 자존심이 강하므로 언니는 여성적이며 독선(獨善)적이다. 그러나 동생은 남성적이며 친구나 주변과의 어울림이 좋다.

사주의 흐름을 보면 환경적인 영향이나 인연적인 관계에서 을미의 형보다는 壬辰의 동생이 좋은데 壬辰은 분석하여 본다면 보다 적확한 판단력 그리고 신중하게 생각한다면 보면 좋은 것 같다.

◈ 이 자식도 부모처럼…

```
시 일 월 년
乙 壬 戊 己
巳 子 辰 未


己 庚 辛 壬 癸 甲 乙 丙 丁   대운: 역행
未 申 酉 戌 亥 子 丑 寅 卯
83 73 63 53 43 33 23 13 3.4
```

사주 명조가 이렇게 년주와 월주가 비견 일 때는 조금은 곤란하다.

그래서 문진(問診)을 하여보면 쉽게 풀어진다.

"혹 부모님이 이혼이나 별거 하시나요?"

"예." 라고 한다.

그럼 이 아이도 자신의 주장을 너무 강하게 밀고 나가면 부모님처럼 살아갈 수가 있다.

년간의 己土는 장남이라고 하며 시지의 乙木은 선생이다. 하지만 子未원진(怨嗔)으로 일반적인 공직은 마다하는 것 같다.

이 사람은 교직으로 계속 간다면 申子辰 合水로 辰土 편관에 합을 하니 교장이나 교육관련 공무원으로 가려고 할 것이다.
하지만 壬子일주가 양인으로 강한 자기주장 보다는 융화를 하면 좋은 결과를 일찍 이룰 수가 있다.

이는 일지 子水와 월지 辰土의 지장간에서 癸水 겁재가 戊土 편관에 암합을 하여 火 재성으로 변해가니 이는 분명히 머리에 화관(花冠)을 쓴다는 것이다.
그러하지 못하고 재물을 탐을 낸다고 한다면 지하경제라고 할
수가 있다.

 子水와 辰土를 분석을 하여보자.
 壬 비견= 대중을 상대로…
 癸 겁재= 강제성이 동원된…
 乙 상관= 불법적으로…
 癸 겁재= 분실(빌려주다.)
 戊 편관= 비밀리에… 일월의 戊癸가 암합(暗合)하여
 火 정재= 담보로 일정한 금액을…
"직업적으로는 불법성이 강하게 작용하는 곳에서 재물을 벌어들인다고 할 수가 있다."
 년 월이 土로 이루어진 것은 부모님의 유산이다.
 즉 부동산이라고 예상한다.

 戊辰土의 모양을 분석하여 보자.
 乙木 상관= 농사가 안 된다.
 癸水 겁재= 잡초가 무성하여 휴농지라고 한다.
 戊土 편관= 좋은 농지는 아니다.
 戊癸합火 정재= 크지만 큰 돈은 안 된다.

 즉 이렇게 종합하여 이야기 하여보자.
"戊辰의 이 땅은 임야나 농지 같으며 농지 같으면 개발을 기다리고 있을 것이고 임야(林野)라면 잡목이 무성한 것 같다."

己未土의 모양이나 용도를 알아보자.
丁火 정재= 작은 돈으로…
壬水와 合木 상관= 주거지나 상가 재개발지 같다.
乙木 상관= 신축(新築)이 아니고 중고
己土 정관= 밀집된 주거지…
己土 壬탁(濁)이라고 하여 보이지 않는 곳이나 달동네라고 하니 자신이 살고 있는 곳에서 떨어져 있다.

그리고 일지 子水와 년지 己土는 원진(怨嗔)이라서 자신이 살고 있지 않다는 것이다. 또는 구입하고 난 뒤에 후회 하였다는 것이다.

종합하여 이야기를 하여보자.
"적은 돈으로 재개발을 노리고 구입한 달동네 밀집지역이나 주거 복합형 같으며 투기 목적으로 구입한 것 같다. 아마도 타 시도에 있는 것 같다."

辰土에 합을 하니 부모님으로부터 물려받는 것이다.
이 명조에서는 申金편인을 가장 필요로 하는데 이는 壬水의 장생이며 合水로 천하통일을 하므로 인하여 금전 대부(貸付)업이 가장 적당한 것 같다.

◈ 쌍둥이 사주

```
시  일  월  년
壬  壬  己  乙
寅  子  卯  卯


戊  丁  丙  乙  甲  癸  壬  辛  庚   대운: 순행
子  亥  戌  酉  申  未  午  巳  辰
89  79  69  59  49  39  29  19  9.12
```

　이 사주는 일란성 쌍둥이 여자이다.
동생 되는 사람이 찾아와서 감정을 의뢰한 명조이다.
이 명조로 의뢰인이 아무런 말이 없으면 누가 쌍둥이라고 알 수가 있겠는가.
　그래서 일주를 중심으로 천간이나 지지에 같은 글이 있거나 巳火나 亥水가 있으면 질문을 하여보는 것이 실수를 줄이는 것이다.
　巳亥는 쌍어궁이라서 쌍둥이 사주에 많이 나온다.
만약 아무런 정보도 없이 감정하다가 본인이 뒤에 쌍둥이 인데요…… 하면 정말 난감하여진다.
　다행히 이 명조의 본인은 스스로 쌍둥이라고 밝히고 자신이 동생이라고 한다. 언니와의 시간차는 3분이라고 한다.
　그러면 언니는 壬子일주를 중심으로 읽고 감정을 하여야 되는 것이며 동생은 壬寅일주를 중심으로 하여 감정하는 것이 정확할 것이다.
　먼저 언니인 壬子일주에서 어떤 인생을 살아가는지 알아보자.

己卯월 壬子는 子卯 형(刑)으로 남편과의 결혼생활이 어렵고 자식이 하나 있지만 형편이 어려워 함께 살아가는 것이 힘들 것 같다.

월간의 己土는 곁에 있으므로 壬子에게 많은 피해를 주고 결국에는 함께할 수가 없다는 것을 알게 되는 것이다.

그래서 각자의 길로 가야하는데 이는 壬子의 결혼관이나 남성을 바라보는 것이 외형적이라서 그렇다.

또한 이 사람의 남편 입장에서 바라보면 乙卯木이 편관으로 자신의 위협을 느끼고 자신의 입장에서 바라보면 상관이라서 불만스런 행동과 언어로 己土 정관을 괴롭히는데 어떻게 견딜 수가 있겠는가.

때문에 己土정관 남자는 자신이 살아나려면 여기에서 벗어나야 살 수가 있다는 것을 알고 있다.

그림으로 그려본다면 작은 화분(花盆)에 많은 화초(花草)를 심어두어서 답답하고 꽃이 피지 못하는 모양이다.

남편 복이 없으니 재물복도 없고 자식 복도 子卯 형(刑)으로 자연유산(自然流産)이 자주 있었다고 할 수가 있다.

이는 강한 壬子의 양인살(兩刃殺)로 살수대첩(薩水大捷)에 乙卯木들이 수해(水害)를 당하는 꼴이라서 그런 것이다.

또한 己土 壬濁(탁)으로 남자와 살아가면 안 되는 운명으로 태어났다.

그리고 자식하고의 인연도 子卯 형(刑)을 이루고 있으므로 어려울 것 같으니

본인은 火가 재물인데 시지의 寅木식신 속에 丙火뿐이다.
하지만 이것은 동생 것이고 자신은 壬子의 양인(羊刃)으로 丙火

를 무력화 시켜버렸다.
하여서 한(恨)많은 인생길에 판단력이 약하고 의지하고자 하는 남자는 외모를 기준으로 하다 보니 항상 실패할 것이다.

양인으로 고집이 강하여 타인과 융화가 잘 안되고 충고 받는 것을 죽기보다 싫어한다.

일지 子水겁재와 卯木상관과는 형살(刑殺)은 다양한 통변이 이루어지는데 여기서는 자식인연이 없고 잘난 형제와의 불화이며 손재주가 없고 게으르다고 본다.
또한 손버릇으로도 가끔 읽어봐도 된다.

월주의 己卯는 나름대로 화장하고 멋을 부리지만 일시적이고 오래 바라보면 싫증나는 얼굴이라는 것으로 표현된다.

이번에는 동생의 명조를 이야기 하여보자.
동생인 壬寅의 입장에서 감정하여 보면 완전히 다르다.
寅卯辰 합으로 흐르면서 보이지 않은 辰土는 정관인 己土의 뿌리가 되어서 좋아 보이고 또한 辰土 편관은 큰 건물이나 집으로 본다.

壬水에 흉살이 되는 己土는 언니가 앞에서 잡아주고 子卯의 형(刑)은 손에 많은 재주를 가지고 있다는 뜻으로 이를 형상으로 풀어보면 卯木 상관의 木줄에 子水의 겁재 형(刑)이라서 줄을 타는 것 같다.

동생의 직업은 바이올린 연주자이며 음악학원을 겸하고 파티장으로 출장 연주도 하였는데 지금은 남편이 운영하는 라이브 식당에서 연주를 한다고 한다.

역시 자식이 둘이며 합을 하니 가족이 함께 살아가는 행복한 사주가 되는 것이다.

　재물은 역시 寅木 속의 丙火 이지만 己土의 남편 입장에서 바라보면 壬子水가 모두 재물이 되는 것으로 辰土는 丙火의 도움으로 옥토가 되는 것이라서 남편과 함께 같이 운영하는 라이브 식당이 잘 어울리는 것 같다.

　여기서 辰土를 분석하여 보자.
　乙木 상관= 정당한 가격의 멋을 내는 음식이며 사치스럽고 분위기가 있으며 젊은 층보다는 중년이 많다는 것이다. 그리고 8층 정도의 위치에 있으니까 스카이라운지 같은 느낌이 든다.
　癸水 겁재= 빼앗기다. 돌려주다. 주문한 것을 내주다. 받는다. 등으로 무엇인가 주고 받는다는 의미이다.
　戊土 편관= 힘들다. 어렵다. 귀하다. 고급스럽다.
　戊土편관이 癸水 겁재와 합하여 火재성으로 변하니 이는 재물이다.
돈이고 정확한 관리이며 고객이다.
　이를 종합하여 이야기로 엮어보자.
　"분위기가 좋은 높은 스카이라운지에서 멋진 실내장식과 주문식 음식으로 고객의 취향에 맞추어 서비스하는 곳으로 주 고객이 미혼의 젊은층이 아니고 결혼한 주부나 중년들이 많이 찾는 곳이다."
　이 명조의 특징은 월간의 己土를 언니가 막아주고 있다는 것이다. 그래서 동생은 己土 정관의 흐름에서 벗어나서 잘 살 수가 있다는 것이다. 하지만 己土운이 오면 많이 불리할 것이다.

◈ 시간만 차이나는 두 친구

```
시 일 월 년      【申時生의 친구】
戊 壬 戊 庚
申 午 寅 子


己 庚 辛 壬 癸 甲 乙 丙 丁  대운: 역행
巳 午 未 申 酉 戌 亥 子 丑
86 76 66 56 46 36 26 16 6.8
```

어느 날 여자 세 분이 찾아왔다. 그 중 두 분이 난 시만 다르다. 우연히 만난 친구라고 한다.
이 친구는 자신의 직업과 성공확률을 물어온다.
이분의 모습은 작은 키에 못난 얼굴이고 다단계 금융 정보 분석 회사의 본부장이라고 한다.

불과 몇 시간의 차이에 이렇게 다른 삶을 살아가는 것은 왜일까? 이 여인은 아들과 딸이 각 하나씩 두고 있는데 딸은 임용고시를 기다리고 아들은 복학 준비 중이라고 한다.
이 여인의 남편은 근면 성실하고 가정에 충실하다.
직장을 그만두면 죽는 줄 아는 남편이라고 한다.

이분의 직업을 분석하여 보자.
월주와 시주의 戊土 편관이 직업으로 생각하여 보는데 지지에 역마를 달고 다녀서 무지 바쁠 것만 같다.
돈은 될 것 같은데 내실은 그러하지 못할 것 같다.

寅午合으로 많은 돈을 취급하는데 子午沖을 하고 申子合으로 인맥을 이용한다고 하지만 寅申沖을 하면서 형(刑)으로 한방에 날아가는 것 같은 느낌이다.

식신(食神) 寅木 분석
戊 편관= 자신이 근무하는 곳은… (극비리. 최고…)
丙 편재= 투자 전문으로 하는… (많은… 큰돈)
甲 식신= 새로운 곳에 왕성하게… (자랑한다. 광고)
이를 이야기로 꾸며보자.
"자기가 근무하는 곳이 지금 새로운 사업을 추진하는 투자 전문으로 자랑하고 여기저기 돌아다니면서 개개인을 상대로 소문을 내어 큰 돈을 유치하는 금융다단계 같다."

정재(正財) 午火분석
丙 편재= 큰돈으로 투자하면…
(丙辛合水 비견= 항상 즐겁다.)
己 정관= 인정받고 합법적으로 하는 사업체…
(己土壬濁= 속은 줄 모른다.)
丁 정재= 투자금의 이자와 수익배당금…
(丁壬合木= 이익배당금, 식신= 재투자)
이를 이야기 형식으로 하여보자.
"자신이 투자한 금액이 이자와 이익 배당금이라고 하면서 재투자를 요구하니 갈 때마다 즐겁다. 이것이 함정인 줄 모르고……"

그림으로 이야기 한다면 바다 한가운데 재물(財物)을 모아두고 그물을 치고 있는 모습이지만 부실한 그물이라고 하니 다시 이야기 한다면 능력부족이다.

申金편인이 년지의 子水겁재와 合으로 비견을 이루는 것은 학창시절에 공부는 뒷전이고 친구들과 어울려서 놀이에 집중한 결과 학력은 부족하고 도움 안 되는 인맥이 많다는 것으로 읽어야 한다.

그래서 열심히 뛰어보지만 어렵다고 할 수가 있겠다.

남편은 월주의 戊土이며 寅木 편관 역마로 열심히 일을 할 것이다.

戊土 입장에서 水가 재물(財物)인데 이 재물을 寅木 편관이 홍수(洪水) 속에서 살아나려면 부지런히 수영을 하여야 할 것 같다. 자식은 부모님의 지극한 사랑으로 꽃이 만발할 것 같다.

```
시  일  월  년        【子時生의 친구】
庚  壬  戊  庚
子  午  寅  子


己  庚  辛  壬  癸  甲  乙  丙  丁    대운: 역행
巳  午  未  申  酉  戌  亥  子  丑
86  76  66  56  46  36  26  16  6.5
```

이 여인의 이미지가 어느 유명가수를 꼭 닮은 것 같았다.
깔끔한 외모에 단정한 몸매 그리고 첫인상이 상당히 호감이 가는 스타일이다.

서울에서 남편이 과일 장사를 하였다고 하는데 망(亡)하고 울산의 지인들의 도움으로 내려왔다고 한다.

가든 식당도 하였고 숙녀복 의류점도 하였다고 한다.
지금은 화장품 방문판매를 하고 있으며, 겸업으로 보험도 해보려고 한다.

남편은 다른 여자와 살림을 한다고 하는데 이혼은 해주지 않아서 그냥 그렇게 살고 있다고 한다.

역시 아들과 딸이 있는데 여식(女息)은 보석문양을 그리는 아티스트라고 한다. 하지만 아들은 확실한 직업이 없으며 배를 타려고 생각 중이라고 한다. 물론 전공은 아니다.

불과 몇 시간의 차이로 이렇게 다른 삶을 살아간다고 한다. 우연히 만난 친구이며 같은 나이에 같은 생일날이라고 아주 가깝게 지낸다고 한다.
얼마나 다른지 이 친구의 삶을 이야기 하여보자.
우선 이 명조를 그림으로 읽어보자.

계절적으로 봄이라고 하지만 먼 산골짜기에는 아직 잔설이 남아있는 늦은 겨울 야심한 밤에 가슴을 파고드는 찬바람이 방향 없이 불고 있으니 붉은 동백꽃은 떨어지고 어느 누구도 어름속의 흐름을 알 수가 있겠는가?

떨어지는 꽃은 재물이요.
자식들이라서 어이 하나요.

바람에 떠도는 戊土 편관은 남편이라 도움이 되지 못하고 비겁이 여기저기 있으니 寅木이 역마이므로 열심히 子水의 친구들을 만나서 午火의 재물을 찾아다녀야 할 것 같다.

그래야 寅木의 자식들에게 子水의 도움으로 午火의 꿈과 희망을 맺을 수가 있을 것이다.

자신이 바라보는 午火의 재(財)를 분석하여 보자.

丙火 편재= ③기대만큼의… ④많은 이익을…

己土 정관= ①남편 원망하며… ②자신을 알아주지 않는 직장에서…

丁火 정재= ⑥알뜰하게… ⑨키우고 살아야 한다.

丁壬合木 식신= ⑤낼 수가 없으니… ⑦살림살이… ⑧자식들…

종합하여 보면 이러한 이야기가 되는 것이다.

"남편을 원망하며 자신을 알아주지 않은 직장에서 기대만큼의 많은 수익을 낼 수가 없으니 알뜰하게 살림을 살면서 자식들을 키우고 살아야한다."

자식이 바라보는 午火의 꿈과 희망을 분석하여보자.

丙火 편재= 사업가로… (사업)

己土 정관= 지금의… 직장에… (공직)

丁火 정재= 일정한 금액의… (관리인)

丁壬合木 식신= 배우면서… (선생님)

이야기로 꾸며보자.

"자신의 꿈과 희망을 위하여 작은 금액에도 불구하고 열심히 노력하여 볼까 한다. 하지만 강한 水의 공격에 어렵고 험난하다."

◈ 과연 신(神)의 제자로 가야하나…

```
시  일  월  년
乙  癸  庚  己
卯  未  午  亥

辛  壬  癸  甲  乙  丙  丁  戊  己   대운: 역행
酉  戌  亥  子  丑  寅  卯  辰  巳
87  77  67  57  47  37  27  17  7.11
```

전화 상담을 요청하였다.
"어떤 일로 전화 상담을 청하시나요."
"잠도 없고 예민하고 자신감이 없으며 죽을 것만 같아서요."
이렇게 시작하여 전화기 속에서 들러오는 생년월일시를 받아 기록하고 명조를 적어두고 한번 눈으로 보았다.

금년은 辛卯년이다.
木의 기운이 강하게 들어오는 해이며 이 명조는 신약사주다.
午월 癸水가 새벽에 일어나서 오늘 일과를 계획하고 있다.
다시 이야기 한다면 예민한 스타일이다.

자신이 다니는 직장에서 부서이동을 하고 난 이후부터 통 잠을 잘 수가 없으며 음식이 맛이 없으며 살아가는데 의욕이 없고 죽을 것만 같다고 한다.

그래서 여기 저기 점집이며 많은 무속인들에게 물어보고 하였는데 神의 기운(氣運)이 들어서 내림을 하라고 하는 곳이 많이 있고 어느 철학관에 가서 물어보면 확실한 원인을 모르겠다면서

터에 문제인 것 같다고 이사를 하라고 한다.

또 다른 역학사무실을 우연히 들어가서 상담을 하였는데 자신은 자신 있게 말씀드릴 자신이 없으니 사주를 보고 신명을 전문으로 감정하는 곳을 소개하여 주어서 이렇게 전화를 하게 되었다고 한다.

"선생님은 40대 초반에도 이런 경험이 있는지요?"

"예, 10년 전에도 이런 일로 병원에 입원하여 치료한 적이 있어요."

"다른 정신수련원 같은 것을 경험한 적은 없는지요?"

"어느 기(氣) 수련 단체에 평생회원으로 등록하여 수련하였으며 지금도 가끔 다니는데 그때에도 이런 원인이 있어서 다녔지요."

"결과는 어때요?"

"그 당시에는 마음이 편안하고 좋았습니다."

그렇다 이분은 신(神)의 기운(氣運)이 아니고 강한 木의 기운으로 신경과민에 우울증으로 고생하는 것 같다.

특히 나약한 일간 癸水가 卯년에는 더욱 힘들 것이며 寅卯辰월에는 우울증이 심하여 자살을 생각할 수도 있다.

"선생님"

"예"

"한마디로 선생님께서는 神의 기운이 아니고 사주 구성상 木의 기운이 들어오는 해에는 이렇게 신경이 예민하여지며 매사에 자신감이 떨어지는 것 같은 생각이 깊어지니 자신감을 가지시고 생활하여 보시지요."

"또한 선생님께서는 직장에서 혼자서 근무하는 곳인가 봐요?"

"예 지금까지 혼자서 관리하는 곳인데 얼마 전에 여러 명이 같이 근무하는 곳으로 이동하여서 적응이 안 되요."

"혹 가까운 여자 친구가 없나요?"

"한 분이 있어요."

"그분에게 도움을 청하세요."

"뭐라고 도움을 청하면 되나요."

"지금의 자신을 이야기하고 자주 만나서 많은 이야기를 나누고 여행이나 가까운 곳으로 등산 또는 도보 같은 것으로 취미를 함께 하자고 하여보세요."

"예 그렇게 하며 神을 모시지 않아도 됩니까?"

"예 원래 神이란 것이 누구에게나 있지요. 하지만 나약한 사람에게 먼저 들어와서 작용을 한다고 합니다."

"선생님께서는 친구도 별로 없고 있다고 하여도 자신에게 이익이 없다고 생각하여 단순하게 알고 지내는 관계이지 정말로 마음을 풀어놓고 자신의 모든 것을 이야기할 수 있는 곳이 없다고 합니다."

"그럼 제 사주가 그렇게 되어 있다는 것인가요?"

"예 잘 들어보세요." 하면서 설명을 하여주었다.

이는 년주 己亥겁재에서 그러한 답을 구하여야 할 것 같다.

亥水를 분석하여 보자.

戊土 정관= ②지금 나의 입장은 생활 리듬이나… (현실적)

일간 癸水와 合火 재성= ①친구야(비견) ⑥항상… ⑬그러니
　　　　　　　　　　　　당신이… (생각처럼 마음처럼…)

甲木 상관= ⑦불안하고… ⑨잘 수가 없고… ⑩두통이 심하
　　　　　　여… (불편하고 불안하여 두통이 심하다.)

己土 편관과 合 정관= ④마음대로… ⑤되지 못하고(편관)… 깊이(편관)… ⑭어렵고 불편하지만… 많은 시간을 있어주면서… 되찾을 것 같다. (도와주었으면 한다.)

壬水 겁재= ⑧잠을… ⑪죽고 싶은… ⑮나와 같이… (모든 것을 포기하고 싶다.)

일지 未중 丁火와 合木 식신= ③생각이… ⑫심정이다. 이야기 상대를 하여주면… 새로운 생각으로… 활력을… (새로운 활력소)

종합하여 이야기 한다면 이럴 것이다.

"친구야 지금 내 생활 리듬이나 생각이 마음대로 되지 못하고 항상 불안하고 잠을 깊이 잘 수가 없고 두통이 심하여 죽고 싶은 심정이다.

그러니 당신이 어렵고 불편하지만 나와 같이 많은 시간을 있어주면서 이야기 상대를 하여주면 새로운 생각으로 활력을 되찾을 것 같다."

◈ 내 자식의 직업이 무엇인가요?

```
시  일  월  년
己  癸  己  壬
未  卯  酉  申


戊  丁  丙  乙  甲  癸  壬  辛  庚   대운: 순행
午  巳  辰  卯  寅  丑  子  亥  戌
84 74 64 54 44 34 24 14 4.9
```

늦은 오후였다.

전화 상담을 하고 싶다고 한다.

문제는 자식 때문이라고 한다.

진학을 포기하고 군대도 가지 않고 있는 아들을 쳐다보니 애미의 애간장을 능히 태우고도 남는다고 푸념한다.

"어디인가요?"

"예. 구미입니다."

"어머니께서 하시는 일은 무엇인가요?"

"부끄럽지만 명리와 성명 그리고 타로를 배워서 조그마한 샵을 하나하고 있어요."

"그런데 왜 저에게 상담을 의뢰하시나요?"

"그게 어이된 것인지 내 자식이라서 그런지 자꾸만 좋은 쪽으로 생각하여 해석하다보니 맞지를 않아요."

그렇다. 한 사람의 사주를 이야기하려면 자신의 사견을 주장하거나 바탕에 두고 상담을 한다면 큰 오류가 생길 것이다.

이 명조를 자연스럽게 읽어보자.

팔월 오후 癸水는 아무런 의미가 없다. 하여서 이렇게 생각을 하여보자.

팔월 오후 작은 웅덩이 속에 수달(水獺)이 한 마리 살고 있다고. 아니면 未土 속에서 卯木과 合을 한다고 하니 두더지 같은 인생이라고 할까……?

"혹 이 자식이 19세경에 학업을 그만두고 혼자서 하는 일을 찾고 있는 것이 아니까요?"

"예. 아들이 고등학교를 졸업하고 진학을 포기하였답니다."

"물론 가정형편도 그렇다하지만 자식놈이 스스로 포기하고 성우(聲優)의 길로 간다고 하니 가능할까요?"

"아니요. 비록 말은 잘한다고 하지만 어느 정도의 기본 학력과 전문적인 교육이 있어야 가능한 직업이고 이 명조는 40까지는 어렵겠습니다."

그렇다. 성우는 목소리로 먹고 살아가는 직업이다. 물론 단순하게 목소리만 빌려주는 직업도 있다고 하지만 수익성이 낮다고 한다.

그래서 未土편관이 卯木식신과 합하여 식신(食神)으로 자리 잡았지만 이는 성우가 아니다.

이 사람을 심리적으로 본다면 분명 자신을 믿고 자신의 생각이 바르고 그 생각을 주장한다.

이러한 생각은 자신에게는 좋을 수가 있어도 곁에 있는 사람들은 피곤하다.

어머니께서도 당신의 자식이 그러하며 그럴 때는 대화가 안 된다고 한다.

그럼 어느 직업인으로 살아가면 좋을지 한번 분석하여 보자.
다양한 직업인으로 살아가는데 이 명조는 우선 기본적인 학업이
중단되어서 행정이나 내근직이 어렵다고 보아야 한다.
그렇다고 꼭 그런 것만은 아니다. 다양한 방법으로 학위취득이
가능한 시대이다.

직업을 나타내는 土 편관이 많이 있다.
土의 특성상 움직임이 자발적(自發的)이지 못하고 타(他)의 조
종을 받아야 한다는 것이다.

또한 명조 내에 편관이 많이 있다는 것은 다양한 직업이나 힘
든 직업인으로 보며 卯未의 合으로 농림(農林) 계통이면 어떨까
하고 한번 생각도 할 수가 있다.

그런데 이 土가 木과 合을 하는데 곁에 酉金편인과 상충(相沖)
하는 卯木의 식신이 있다.

이는 손재주라고 할 수가 있으며 이럴 때의 식신은 마사지나
이·미용으로 많이들 생각한다.
하지만 곁의 申酉金이 인성이라서 불편과 안정을 호소하는 것이
아마도 관절이나 간병 또는 물리치료사 같다.
하지만 이 명조의 학력인 물리치료 하는 전문교육을 받지 못하
였고 자격증조차도 가지기 힘들 것 같다.

그래서 뼈 교정사 같은 직업인으로 살아가면 좋을 것이고 명조
에 재물이 시지의 未土속의 丁火뿐인데 이 재물마저도 자신이
관리가 안 되고 탕진하여 버린다고 할 수가 있을 것이다.

또한 그러한 직업인으로 살아가면서 자신의 샵을 하나 만들면
재물도 일어나고 결혼도 가능할 것이다.

또 다른 직업을 선택한다면 未土편관과 卯木식신 合을 분석하

여야 할 것 같다.

   未土의 지장간을 알아보자.
   丁火 편재= 재주. 수익. 보여주기 위한…
   乙木 편인= 전문. 언어. 광고성…
   己土 편관= 직업. 소규모의 작업실…

   卯木의 지장간을 알아보자. (卯= 손 기능)
   甲木 상관= 기능. 모양. 많은 대중을 상대로 하는 자랑거리…
   乙木 식신= 새로움. 소리. 먹거리…
   甲己合土 정관= 자신이 잘하는 직업. 가정…
   이를 종합하여 본다면 전문 요리사나 음식물 광고를 위한 모형 같은 것이다. 라고 할 수가 있다.
   申酉의 인성은 한번 만들어지면 변화하지 않는 것으로 해석하여 보는 것이다.
   의뢰인이 풀어보니 편관이 많아서 군인으로 적합하다고 직업군인을 원한다고 한다.
하지만 아들은 군대 가는 것을 꺼리고 단체생활에는 적응할 자신이 없다고 한다.
   이는 일간이 신약하여 그런 것으로 본다.
   아마도 인생길 40이 넘어가야 좋을 듯하며 60대 초반을 지나면서 조심하는 것이 좋다고 이야기 하고 싶다.
   아직 늦지 않은 나이에 많은 사람을 상대로 하는 물리치료나 교정사의 기술을 익혀주는 것도 좋겠다고 하니 그리한다고 하면서 꼭 한번 찾아뵙고 싶다는 것이다.

아니, 이런 이야기를 할 수 있는 기법, 즉 장간론을 배우고 싶다는 것이다.

 자신들이 지금까지 배우는 것은 직업을 이야기하는 것이 아니고 단순하게 운을 논하는 것이라서 다양한 언어구사가 안 되므로 인하여 상담에 자신이 없다고 한다.

 과연 이 명조가 직업 군인으로 간다면 군수물자 생산이나 관리 담당으로 가야 할 것이며 높은 수준의 실력이면 정보수집으로 보는 것도 좋다.

 당신의 보험회사가 자식이다. 잘 키우시길 바랍니다. 하고 전화 상담을 마친다.

◈ 왜 이리 되는 것이 없을까요?

```
시  일  월  년
己  辛  辛  辛
丑  酉  丑  丑


壬  癸  甲  乙  丙  丁  戊  己  庚    대운: 역행
辰  巳  午  未  申  酉  戌  亥  子
85  75  65  55  45  35  25  15  5.9
```

    늦은 오후 멀리 대구에서 찾아왔다.
여러 가지 직업을 가지고 살아오면서 지금처럼 답답한 적이 없다고 한다.

    사업도 하였고 공직에도 있었으며 은행에도 근무를 하였다고 한다. 지금은 석사학위도 있다고 한다.

    하지만 나이 50에 이렇게 초라하고 못 마땅한 내 인생의 갈 길을 찾고 싶다고 한다.

    지금의 생각은 종교인으로 가고 싶다고 하는데 가능한지 알고 싶으며 도대체 나는 누구인가를 알고 싶다는 것이다.

    명조를 적어놓고 보니 전국이 金으로 이루어진 사주이다.
정말로 丙火가 꼭 필요한 사주인데 이를 어쩌나…
섣달 차고 깊은 밤이다.
수확하고 버려진 논이 꽁꽁 얼어있는 것 같다.
곡식을 수확하였으면 다른 것으로 바꾸어야 하는데 날이 밝아오지 않는다.

辛金의 비견이 많으니 형제는 분명 4명 같으며 자신이 장남일 것이다.

일지가 비견이라서 부부가 원만하지는 못할 것이며 아마도 32세경에 결혼을 하였다면 44세를 전후하여 헤어져야 할 것이다.

"선생님 직업이 무엇입니까?"

"예 일본에서 목욕업을 하다가 잘 안되어서 귀국하여 공직에 좀 근무를 하였습니다."

"공직이라면 말하는 공직인데……"

"예 동시 통역관으로 근무하였습니다. 일어 중국어 영어에는 자신이 있습니다."

"특히 한국말을 더 잘합니다."

그렇다. 사주에 土 편인이 강하여 외국어 번역이나 통역 또는 강사로 나간다면 성공할 수가 있다.

"계속 하시지 왜 그만두시고……"

"처가 사업을 하다가 망하여 그리되었지요. 그래서 이혼하고 자식 둘을 데리고 살아가고 있어요."

"44살에 이혼 하여야 하는데……"

"예 그때 갈라서고 말았어요."

"저는 무엇이 내가 하여야 할 길입니까?"

"아마도 정치에도 관심이 많으며 이 명조는 명예(名譽)를 따라가면 곤란한 사주입니다."

"아니 왜 그런가요? 남들도 다하는 일인데……"

그렇다. 巳酉丑 合으로 없는 巳火가 관성(官星)이며 이를 찾는 것은 당연한 사실이다. 하지만 巳火를 분석하여보면 꼭 그런 것만은 아니다.

巳火를 분석하여 보자.
戊土 인성: ②학문을…
(戊癸合火 관(官)으로 ⑥몇 차례의 직업 전환을 하여야 할 것 같으며…)
庚金 겁재: ①어렵게… ⑦강한 경쟁에서… ⑧많은 것을 잃어버린다.
丙火 정관: ⑤요구하지만…
丙辛 合水 식신: ③익혀서… ④새로운 삶을…
이를 종합하여보자.
"어렵게 학문을 익혀서 새로운 삶을 요구하지만 몇 차례의 직업 전환을 하여야 할 것 같으며 강한 경쟁에서 많은 것을 잃어버릴 것이다."

그러면 이 사람이 타고난 직업은 무엇일까? 알아보자.
사주에 없는 재(財)를 만나면 어려워지며 이를 극복할 수가 있는 직업은 우선적으로 金土가 강하므로 의술(醫術)인이나 종교(宗敎)인으로 살아가면 좋을 것이다.
다음에는 土인성이 강하여 외국어나 번역(飜譯)을 전문적으로 하면 좋을 것이고 광고성 언어를 작성하거나 연설문을 작성하여도 좋다.
논문 대필이나 土편인의 재물 관리인으로 살아가도 좋다.
巳火의 특성상 역마(役馬)관이라서 동시통역으로 자신의 명예를 취득하려고 하지만 사주에 없는 것이라서 추구할 뿐이지 영원하지는 못한다.
"이제 마지막 인생길에 무얼 할까요?"

"종교인으로 가기 전에 역학을 배워보시지요."
"잘 할 것 같습니까?"
"아니요."
"그런데 왜 하라고 하십니까?"
"아마도 우리나라에서 하지 않고 외국으로 나갈 것 같아서요."
"무슨 뜻인지요."
"선생은 이 학문을 배우면 책을 집필하여 다른 나라에서 출판할 것 같아서요."
"어디에서 그런 답을 구하시나요?"
"巳火 역마라고 하여 분석하여 보면 그러한 답이 나옵니다."
"예. 그리 된다면 당연히 배워야지요."
"큰 기대는 하지 마시고 종교인으로 살아가려면 우선적으로 방편이 있어야 하니 그냥 방편 삼아서 배워보시지요."
"예 감사합니다. 대구로 가서 알아보고 배우지요."

다시 한 번 巳火역마를 분석하여 보자.
戊土 인성: 하늘 공부. 글씨로 기록한다.
庚金 겁재: 가르친다. 재물로 교환한다.
丙火 정관: 정상적인 흐름. 인정받고. 교단(평생 교육원)
丙辛 合水 식신: 연구. 새로운 것을 널리 펼친다.
이를 종합하여 이야기로 꾸민다면 이럴 것이다.
"새롭게 역학을 배운다면 정당하게 보상을 받고 상담과 강의를 할 것이며 자신이 연구한 내용을 책으로 엮어서 여러 나라에 알리고 싶다."

◈ 사주속의 기(氣)수련과 스승의 인연

```
시 일 월 년
乙 丁 己 癸
巳 未 未 丑


庚 辛 壬 癸 甲 乙 丙 丁 戊   대운: 역행
戌 亥 子 丑 寅 卯 辰 巳 午
81 71 61 51 41 31 21 11 1.1
```

토요일 아침이었다.
전화 상담을 요청하였다.
차분한 남자의 목소리에 의문을 가득 싣고 깊숙이 귀속으로 파고든다.
"선생님의 책을 보고 전화 드리는데요."
"예 감사합니다."
이렇게 시작된 대화가 사주 속에서 자신의 기(氣)수련을 하고 있는데 성취도나 적성이 어느 정도까지 알 수가 있는지 알고 싶다고 한다.
이유는 사주 속에서 신명(神命)을 알 수가 있다는 것은 또 다른 것도 알 수가 있을 것이라고 생각하고 전화를 하였다는 것이다.
그렇다. 사주팔자라는 것은 사방팔방으로 알 수가 있다고 하는 것이다.
"예, 계신 곳이 어디이신지요."
"부산 입니더……"

"오늘 오후 6시에 제가 부산에 강의 하러 갑니다."
"죄송하지만 찾아가도 되나요?"
"예 오늘 시간되시면 찾아오시고 아니면 낼 언양으로 오시면 되요."
"아니요. 시간 맞추어서 출발 하겠습니다."
"출발지가 어디인가요?"
"……"

늦은 오후 부산에서 강의 시작하기 직전에 실례합시다… 하고 큰 키에 나이가 들어 보이는 남자였다.

"오전에 전화 드렸던 사람입니다."
"들어오세요."
"그래 무엇이 그렇게 궁금하신가요."
"사실 기수련을 하고 있는데 과연 대각(覺)을 할 수가 있을까 하고 의문이 나고 지금의 스승님과 같이 평생을 함께 하여야 하는지가 궁금해요."
"사실 선생님의 블로그를 보니까 쿤달리니를 하셨다는 글을 보고 서점에서 책을 구입하였습니다."
"그 책은 기수련과는 아무런 관련이 없는 책인데요."
"그래서 저 사주를 보시고 신(神)이나 기(氣)수련에 적합한 사주인가를 알고 수련을 하고 싶어서요."
"그럼 한번 분석하여 볼까요."
"강의 시간이 얼마 안 남았는데 죄송스러워서요."
"아닙니다. 선생님의 사주를 가지고 강의시간에 같이 풀어보면 좋은 강의시간이 되는 것이지요."
"오히려 내가 죄송합니다. 혹 그렇게 하여도 되는지요."

"그렇게 하여 주신다면 저야 더없이 좋은 기회이고 강의도 듣고 나에게 많은 이익이 된다고 생각합니다."

이렇게 합의를 하고 이 명조를 가지고 강의를 시작하였다.

먼저 이 사람의 명성(名聲)이 날 것인가 하고 알아보자.

이는 일주 丁火가 어느 때에 태어났는가를 알면 되는 것이다.

6월 丁火가 오전에 유성(流星)이 되어서 떨어지고 있다. 즉 순간의 시선집중은 가능하겠지만 명성하고는 거리가 먼 것이다.

이 명조에서 기(氣)수련에 적합하고 각성(覺性)이 이루어질 사주인가를 알아보자.
기수련이란 것이 여러 가지 형태나 방법이 있다.
이 사람이 요구하는 것은 기(氣)가 아니고 오히려 도(道)라고 한다.

도를 이루려면 몇 가지 조건이 있어야 가능할 것이다.
우선 일주가 강해야 할 것이고 다음에는 주변에 인성(印星)이나 비겁(比劫)이 많아서 도움을 받아야 가능할 것이다.

그리고 가까운 곳에 일점 편관(偏官)이 자리하고 있어야 자제력과 인내력이 가능할 것이다.
하지만 이 명조에는 신강 할 것 같으면서도 식상이 많아서 신약으로 오히려 기수련을 한다면 특이한 신통(神通)력을 바란다고 할 수가 있으며 집중적으로 수련을 한다면 아마도 신(神)의 세계에 접할 수가 있을 것이다.

"39살의 나이에 결혼은 아직 못하신 것이요? 아니면 안 한 것이요?"

"여자 친구는 있는데 직업이 불확실하고 하여서 아직……"

"이제는 결혼할 시기를 넘겨버린 것 같아서요."

"수련을 할까 하는데 가능할까요?"

"사실 이 사주는 기(氣)수련보다는 신명(神命)공부가 오히려 더 잘 될 것 같아요."

"아니 내가 어떻게 그런 공부를……"

"몇 가지 질문을 하겠습니다."

"예."

"우선 어머니께서 종교적인 것에 깊은 관심이 많을 것이며 그러한 행위를 한다고 보이는데 어떤가요?"

"내가 어릴 때부터 봐온 것인데 우리 어머니께서 종이에 뭔가를 적어서 태우고 물을 떠서 높은 곳에 올려두고 있어요."

"그리고 산소를 이장하였거나 파묘하여 화장한 것 같은데……?"

"확실한 건 모르겠고 이장하였다는 이야기는 한번 들은 것 같아요."

"그리고 선생님이 태어나서 죽을 고비를 몇 차례 넘겼다고 하는데……"

"6살 전까지는 그런 일이 자주 있었고요. 태어나서 죽었다고 할 정도까지 간적이 있었는데 울 어머니께서……"

"왜 그런지는 궁금하지요."

"예 그래서 그런지 직장을 그만 둔지가 오래되고 계속 정신수련 쪽으로 관심이 많이 생기고 그런 쪽으로 가고 싶어요. 그래서 외국까지 찾아가서 수련을 한 적이 있어요."

"이는 아주 어릴 적부터 그렇게 하였습니다."

"어머니 따라 절에 다녀서 그런지 초등학교 때부터 혼자서 신묘장구 대다라니라는 것을 앉아서 장시간 주문하기도 하고……"

"그래서 결과는……?"

"무엇인지는 모르지만 잠깐씩 눈에 이상한 것이 보일 때가 있었지요."

"선생님은 기(氣)수련에 관심이 있는 것이 아니고 오히려 신통(神通)력에 더 많은 관심을 가지고 있군요."

"지금부터 분석을 하여 봅시다."

"未月 丁火가 巳시에 乙木 편인(偏印)을 바라보고 있으니 바람처럼 여기 저기 궁금한 것이 있으며 찾아가서 구걸하는 형식으로 공부를 하는 것이군요."

"좋게 이야기 한다면 궁금하면 어디라도 찾아간다는 것이지요. 그래서 32살에 멀리 원행까지 하셨군요."

"처음 질문하신 기(氣)수련으로 자신의 뜻을 이룰 것인가 하고 물었는데 이는 좀 힘이 들 것 같아요.
이유는 신약(身弱)하고 사주에 土가 많아서 게으르고 더디다고 합니다."

또한 관성(官星)이 멀리 있어서 인내력이 부족하고 년간의 편관(偏官)은 오히려 장애로 보는 것이 좋다.

癸水 편관이 丑土위에서 자리하고 있으며 월지의 未土와 沖을 하기 때문에 불안하다고 한다. 그래서 장애가 되는 것이다.

분석하여보자.
癸水 편관: 타고난 인내력 부족…
辛金 편재: 수련을 위한 자금부족…
丑土 식신: 자신의 건강과 내공이 부족…

종합하여 한마디로 이야기 한다면 모든 조건이 맞지 않다는 것이다.

다음 이야기는 기수련이지만 도통(道通)을 원하고 있으며 이 사람이 원하는 도통이라는 것이 바로 신통(神通)력을 이야기 하는 것이다.

이를 분석하여 보자.
未土식신이 많아서 바라는 것이고 어떠한 종교 쪽의 흐름 같으며 未土의 지장간 속을 분석하여 보자.
丁火 비견: 丁火의 속성으로 본다면 자신이 스스로 빛을 내는 것이 아니고 타인의 도움으로 빛이 나는 것이다.
乙木 편인: 乙木의 속성으로 이익을 생각하는 공부이며 바람처럼 소문나기를 바라는 것이다.
시지 巳火의 장간에 庚金과 合을 하므로 인하여 배운 것을 보여주고 재물을 취득한다는 것이며 소문나기를 바란다는 것은 신통력을 자랑한다는 것이다.
己土 식신: 타고난 언어구사가 차분하고 종교적이라고 할 수가 있으며 일종의 사이비 교주 같은 형식을 요구하는 것이다.
이를 종합적으로 결론을 지어보자.
"여기저기 다니면서 경험을 익히고 학문을 익혀서 차후에 학원이나 이런 것에 관련된 업을 할 것이라고 한다."

지금의 스승님과의 인연을 알고 싶다.
丁火의 선생은 乙木 편인이다.
즉 未土의 지장간에 있다. 하지만 월과 일지에 乙木이 있으므로 인하여 선생이 분명 두 분이시다.
하지만 월지의 지장간 속의 乙木 편인은 丑中 辛金의 沖을 받아서 34살에 한 번의 인연을 바꾸어 라고 하였지만 본인의 巳丑 습으로 인연을 정리하지 못하였으며 다음 기회가 39살에 또 한 번의 기회가 있다.

  지금이 인연을 바꾸어서 가르침을 받을 시기인 것 같다.
하지만 처음 스승의 인연보다는 늦게 만난 스승의 인연이 자신에게 살아갈 수 있는 방법을 일러준다고 하니 사소한 정(情) 때문에 좋은 기회를 잃지 않았으면 한다.

◈ 명예회복과 자신의 앞길이…

```
시  일  월  년
戊  己  丁  己
辰  亥  卯  亥

戊  己  庚  辛  壬  癸  甲  乙  丙   대운: 역행
午  未  申  酉  戌  亥  子  丑  寅
83  73  63  53  43  33  23  13  3.12
```

조금은 차가운 일요일 점심시간이었다.
대구에서 여기까지 지인의 소개로 내가 쓴 책을 읽고 자신의 앞날이 궁금하여 찾아왔다고 한다.

중대형의 기업체 중견 간부이며 지금은 불미스런 이유로 지방에서 근무 중이라고 한다.

자신도 어느 정도의 역학이나 몇 가지의 잡기로 운(運)을 논할 수가 있을 정도의 실력은 된다고 하면서 자신의 경험담을 주절주절 늘어놓는다.

"선생님께서 쓰신 책 속에는 자연으로 사주를 감명하는 것 같아서 내 사주도 자연으로 한번 읽어주시면 한 수 배우면서 자신의 앞날도 알고 싶어요."

"아니 좋은 회사에 다니시면서 뭐 이런 책에 관심을 가지고 그래요."

"이 서적은 일반인을 상대로 하는 것이 아니고 무속인이나 역학에 종사하시는 분들이 필요로 할 것 같아서 만들었는데……"

"사실 저도 이런 것에 관심이 많고 또한 조금이나마 배운 적도 있어요."

"그럼 자신이 직접 풀어보면 될 걸 수고스럽게 여기까지 찾아 오시나요?"

"선생님의 책을 읽어보니 마음이 가는 글귀가 있었어요."

"왜 자신이 누구인가를 알고 무얼 하여야 한다고 뭐 그런 식으로 적어둔 것을 보았어요."

"그래서 나는 누구이며 무얼 하여야 하나요?"

"그야 나름대로 좋은 직장에서 관리인으로 살아간다고 하니 중책을 맡고 있나봐요. 하지만 51대 초반에 윗사람의 모함으로 파직을 당하지 않은 것이 다행이군요."

"왜 그런가요?"

"이는 그때쯤에 辰亥 원진(怨嗔)살이 작용하여서 그런 것 같아요."

그렇다. 정재와 겁재가 원진으로 작용하는 것은 자신의 상사가 관리상 문제를 제기하여 자신을 치려고 하는 것이다.

원인은 辰土와 亥水의 관계를 분석하여 보면 알 수가 있다.
亥水정재
戊土 겁재: 도전적 공격성
甲木 정관: 정당성
壬水 정재: 철저한 분석
甲己合土 비견: 오너의 생각 또는

辰土겁재

乙木 편관: 자리 위치 권한

癸水 편재: 관리 능력

戊土 겁재: 좌천 위기의식

戊癸合火 인수: 근심걱정

이를 종합하여 이야기한다면 이럴 것이다.

"자신의 상사이며 이 사람은 자신의 자리가 항상 불안하다고 생각하는데 이는 亥水의 철저한 관리능력이 꼭 자신의 목을 죄는 것 같기 때문이라고 생각하여서 그런 것이다."

하지만 辰土의 자형(自刑)이라서 지나칠 정도라서 오히려 스스로 함정(陷穽)으로 들어갈 수도 있다.

"어떻게 하면 이런 위기에서 벗어날 수가 있으며 자신의 명예나 자리를 확보할 수가 있을까요?"

이는 역시 辰亥의 사이를 合을 하여주는 것으로 寅木이 제일이다.

과연 寅木은 누구이며 어떻게 부탁을 하여야 할까? 하고 분석하여보자.

戊土 겁재: 강한 대상자. (자신의 위기를… ②지금의 사장을…)

丙火 인수: 중재자. (인정하고… ④원상복구 가능하게… ③이야기하고… ⑤하여주길 바란다.)

甲木 정관: 사장이나 우두머리… (①최고의 경영진이나 오너에게…)

이를 종합적으로 이야기하여보자.

"사장이 신임하는 사람으로서 역시 亥중 甲木의 꽃이라서 서로 절친한 관계일 것이다.

사장에게 자신의 사정을 이야기하고 원상복구 가능하게 이야기 하여주길 바란다."

이렇게 이야기를 풀어주니 혹 영(靈)으로 보고 답하시는가 하고 의심을 한다.

그래서 일일이 글자의 속성과 깊은 의미 그리고 십신의 이야기 하는 방법을 설명하여주니 고개를 끄덕인다.

"왜 그리 생각하십니까?"

"사실 제 친구가 그런 자리에 있는데 일전에 이야기를 하였더니 우연한 기회가 있어서 사장님께 자신의 이야기를 하였다고 한다."

"그런 것을 어떻게 신(神)이 아니고 알 수가 있을까 하고 의문스러워서요."

"걱정 말아요. 이 정도는 기본이지요. 사주팔자 속에는 무엇이든 물어보는 대로 답을 할 수가 있답니다."

"선생님의 학문은 역학입니까 아니면 명리입니까?"

"그냥 자연으로 풀어보는 것이고 이야기는 십신으로 하면서 6하 원칙에 의하여 답을 합니다."

즉 간지 22자에 십신의 뜻이 모두 다르고 또한 간지마다 속성이 다르며 천간은 지지에 무엇이 있는가에 따라서 다르며 지지역시 천간에 부여된 십신따라 다르다.

여기에 계절적인 원인을 알고 일간이 무엇인가를 알아내면 답을 구하는 것은 정말로 쉽다.

"감사합니다. 다음기회가 있으며 꼭 배우고 싶군요."

"저도 명리를 좀 하지만 선생님처럼 원인 분석이라는 것을 오늘 처음으로 접하는 것 같군요."

"지장간의 위력이 대단하군요."

◈ 어머니의 자식걱정

```
시 일 월 년
辛 乙 戊 癸
巳 酉 午 亥


己 庚 辛 壬 癸 甲 乙 丙 丁  대운: 역행
酉 戌 亥 子 丑 寅 卯 辰 巳
86 76 66 56 46 36 26 16 6.9
```

멀리 서울에서 찾아왔다.

2007년도에 내가 포항에서 잠시 철학관을 열어놓고 상담을 받을 당시에 나에게 감정하고 설마하며 살아온 세월 속에 그때의 이야기가 사실적으로 일어났다고 한다.

하지만 하나하나 기억하는 사람과 기억하지 못하는 나의 입장은 찾아오신 상대가 황당할 정도라고 한다.

사실 그러하다. 학문에 별 뜻이 없다는 것은 기억력이 약하므로 인하여 그런 것이라고 생각한다.

자연을 바라보고 역학적인 부분을 풀어내는 사람치고는 정말로 기억력이 약하고 내가 만약 기억력이 좋았다면 이런 학문을 접하지 못하였을 것이다.

"하여간 저는 돌아서면 잊어버리는 것이 저의 매력입니다."

"그 당시 내가 뭐라고 하셨는데요?"

"그때 우리 아들이 일본에 유학한다고 했었는데 아마 일본에서 여자와 동거를 할 것이며 그 여인이 연상의 여인으로 외국인이라고 하셨는데요."

"그런데 어쩌라는 거요. 그냥 며느리로 맞아들이면 되는 것이지요."

"아니 스님 그것이 아니고 대만 처녀인데 나이차가 너무 많이 나서요."

"얼마나……"

"여섯 살이나 나요."

"아니 멋지네요…"

"아니 스님 지금 농이 아닙니다."

"외동아들인데……"

"다시 한 번 봐주세요. 그 여자 외에는 정말로 없는 것인지……"

"이 아들은 한번 헤어져야 하고 다시 결혼하면 잘 살 것이오."

"그 처녀와 일본서 동거하다가 헤어졌는데 아가씨 어머니가 구구절절 편지를 적어서 이 아가씨 편으로 왔어요."

"하여간 지금의 상황으로 보면 헤어질 것 같지는 않고요. 자식을 하나 생산하고 난 후에 문제가 일어나겠지요."

이는 그때가 丁亥년으로 亥水의 현해탄을 건너 일본 땅으로 丁火의 꽃을 찾아간 것이다.

월간의 戊土정재가 년주의 癸水와 합화하므로 인물만 보고 당연히 나이는 무시된 것이다. 그래서 연상의 여인일 것이고 나이차가 많이 나는 것이다.

亥亥인수(正印) 자형(自刑)으로 어머니를 속이고 학문(學文)을 팽개친 것이다.

"지금은 직장도 없고……"

"직장은 곧 생길 것이오."

"여기에 들어가면 절대로 나오지 말라고 하세요."

"그럼 지금 한 군데 시험 준비하고 있는데 가능하다는 말입니까?"

"공직 같은데 일반적인 공직이 아닌 것 같아요."

이는 辛卯년 이라서 亥水인성(印星)에 合을 하지만 편관(偏官)이라서 힘들 것이고 특이한 곳이라고 하는 것이다.

辛金이 편관이면 검찰청 직원이나 형사 아니면 군무원일 가능성이 높다고 하니 군무원 기술직일 것이다. 아마도 戌月에 가능하다고 본다.

이때는 巳火의 원진(怨嗔)관계는 어렵지만 된다고 하는 것이다.

"여자 문제만 해결하면 좋겠는데 스님께서 어떻게 한번 방법을 찾아주세요."

"생각하나마나지…… 그냥 결혼시켜버려요."

"그럼 나중에……"

"한 가지 약속을 받고 결혼 시켜요. 지금은 헤어지지 못할 것 같으니까요."

"무슨 말씀인지……"

"둘이 결혼은 하는데 나이차는 각자가 노력하여 극복하여야 한다고 다짐받고 후에 불미스런 일이 있어도 서로 원망이나 후회는 하지 않겠다고 약속 받아요."

이는 연월일이 亥水와 午火 그리고 酉金이 자형(自刑)이라서 자식을 두고 수년 내에 헤어진다.

하지만 시지의 巳火상관(傷官) 合으로 또 다른 인연이 연결 될 것이다.

午월 乙木이 巳시에 꽃을 피우고 있지만 이 꽃들이 자형(自刑)

이라서 떨어진 것으로 본다.
즉 이 아들이 말이 없다는 것이다. 그리고 무엇 때문인지 말을 살 못한다고 한다. 심리적으로 불안정하다.

일주의 심리(心理)를 분석하여 보면 자형(自刑)을 지지에 두고 있으므로 스스로 불만이 많은데 부모로부터 억압을 당한 것 같다.

아마도 戊土가 癸水를 바라보고 슴을 하여 乙木에 꽃을 피우려고 한다는 것이 아버지로부터 많은 억압 때문에 기가 죽어있다고 할 수가 있다.

이는 午월 乙木의 꽃이 癸水의 강한 비로 인하여 떨어지는 형상이다.

그래서 스스로 말하는 방법을 익혀서 자신감을 찾으면 상당히 좋다고 생각한다.

찾아오신 어머니가 이런 이야기를 듣고 아버지로부터 많은 잔소리와 학대로 인하여 집에만 오면 말을 하지 않는다고 한다.
그래서 말하는 학원을 보내려고 생각중이라고 한다.
또한 40대 초반을 넘어서면서 직장을 벗어나려고 한다.

아마도 아버지의 사업을 이어서 할 것 같다. 하지만 그것 보다는 직장 생활하는 것이 오히려 좋겠다고 하였다.

巳午未合으로 부친(父親)의 사업이 당연히 합(合)하는 것이지만 시기적으로 좋지 못하므로 위탁 경영을 당분간 하다가 47세 쯤에 직영으로 해볼만 할 것이다.

이 어머니의 불만은 외동아들이 여섯 살이라는 연상의 대만 여자와 결혼한다는 것이 불만이다.

이 아가씨와 헤어지게 할 수만 있다면 굿이라도 할 듯이 이야기한다. 하지만 어찌할 수가 없는 것이 인연이다.

　차라리 처음부터 일본으로 유학을 보내지 말았으면 이런 마음의 고생은 하지 않아도 될 것을……

　이것이 바로 환경 따라 인연 따라 사주가 바뀌는 것이다.

　타고난 사주를 알고 살아가면 정말로 행복할 것이다.

　욕심도 벗어놓고 주어진 환경 속에서 자신에게 적당한 인연을 만나서 운명대로 살아갈 것이다.

　돌아가는 어머니의 모습이 무척이나 허전하게 보인다.

　부디 건강하소서…

◈ 나는 과연 결혼할 수가 있나요?

```
시 일 월 년
壬 戊 丁 己
戌 戌 丑 未


丙 乙 甲 癸 壬 辛 庚 己 戊   대운: 순행
戌 酉 申 未 午 巳 辰 卯 寅
83 73 63 53 43 33 23 13 3.3
```

서울에서 부산에 볼일 있어서 내려온 걸음에 소문 듣고 찾아왔다고 한다.

"이런 시골에 계시면 손님이 있는가요." 하며 의아하게 생각하는 것이었다.

"그런 걱정은 하지 말아요. 찾아오는 것이 오히려 부담스러워서 부산에서 여기로 왔어요."

"그래 볼 일은 잘 보시고요?"

"예. 그런데 우리 공주가 시집가는 것이 어려워서요."

"아니 사주로 보아서는 인물도 괜찮아 보이는데 어이하여 결혼이 안 된다고 하는 건지 나 원 참……"

"혹 집안의 산소를 이장하였거나 화장한 적이 있지요?"

"예, 시집도 그렇고 친정도 그렇게 되었습니다."

그렇다 이런 명조는 신(神)의 영역에서 벗어난다는 것이 힘들 것이다.

이 아이는 태어날 때부터 조상의 벌(罰)을 등에 지고 온 것 같다.

지지에 丑戌未 삼형 살(殺)이 자리하고 자신이 戊戌일주라서 고집이 너무나 세다.

무속적 이야기로 본다면 전생에 아마도 왕(王)처럼 보인다. 왜냐하면 사주 전체가 황금물결로 일렁거리는 것이 황제의 의상처럼 느껴지며 丁火의 여의주가 가슴에 새겨져있고 壬水의 태평성대를 이야기 하는 것 같다.

자연으로 읽어보자.

섣달(丑) 戌시에 맑은 밤하늘에 일점 유성이 떨어지는 것 같은 그림이다.

丁火인수가 유성(流星)이므로 壬水 편재와 合을 하여 관성으로 변화한 것이다.

이는 자신이 배운 학문이 유성처럼 떨어진다고 하니 아마도 자신의 전공은 살리지 못할 것이고 인격 또한 떨어진다고 볼 수가 있다.

丁火인수를 인격으로 본다면 자신의 고집이 오히려 추하게 보인다고 하는 것이 좋다.

壬水 편재는 번역이나 동시통역 쪽으로 보는 것이며 잘못하면 부동산 관련업을 할 수가 있다.

아마도 이러한 곳에서 남자를 만나면 丑戌형(刑)으로 오래가지 못하고 헤어질 확률이 높다고 할 것이다.

"공주의 전공이 무엇인가요?"

"중국어과를 나와서 중국에 유학하고 지금은 강남에서 오피스텔이나 원룸을 전문적으로 담당하는 부동산 회사에 다니고 있어요."

"30대에 결혼을 하여야 하는데……"

"예. 31때에 결혼 날까지 잡아놓고 예식 일주일을 남겨두고 남자로부터 구타(毆打)를 당하여 턱이 돌아가고 심한 우울증으로 파혼을 하고 말았어요."

"이후로 결혼이 잘 성사가 되지 않아요. 원인이 무엇이며 과연 결혼을 할 수가 있겠는지요."

이런 명조는 분석할 필요도 없다. 자신이 결혼하고 잘 살아가려면 조상의 깊은 뜻을 받들고 그렇게 따라가면 일신이 편안할 것이다.

조상의 원한을 어디에서 찾아서 읽어야 할까 하는 것이 고민일 뿐이다.

아마도 년주 己未가 가장 확실한 자리일 것이다.

未土의 지장간을 분석하여 보자.
丁火 인수: 학문으로서 하늘 공부도 하라고 한다.
乙木 정관: 관직이며 옛 명성이라고 한다.
己土 겁재: 되돌릴 것이다.
이를 종합적으로 이야기 한다면 이럴 것이다.
"많은 학문을 익혀서 관직으로 나아갈 것이며 옛 명성을 되찾고 주역이나 자연을 공부하여 하늘의 이치를 알고자 한다."

이는 이 집안의 할아버지가 학자이며 관직으로 가려고 하였지만 뜻을 이루지 못하였다고 할 수가 있으며 이 한(恨)을 자신의 염파와 일치하는 이 명조를 통하여 풀고자 하는 것이다.

다음은 丁丑의 지장간을 알아보자.
癸水 정재: 재산
辛金 상관: 탕진 병환으로 불편한 것 같다.
己土 겁재: 회복 아깝다고…
이 어른의 뜻은 아마도 이럴 것이다.
"그리도 많은 재산을 두고도 한 푼도 자신이 써보지 못하고 원만하게 병환으로 죽어서 한이 된 것 같다."

일지의 戊土를 분석하여 보자.
辛金 상관: 그냥두지 않겠다. 많은 장애…
丁火 인수: 학문이며 하늘의 이치…
戊土 비견: 조상의 뜻이며 원래대로 돌아간다.
이를 종합적으로 이야기 하여보자.
"조상의 뜻이 이러하니 만약 이를 따르지 않으면 그냥 두지 않고 가는 길에 장애가 많을 것이다."

이 모든 조건을 들어주는 길은 종교인으로 가든지 아니면 학자나 관직에 몸을 담그고 살아가야 한다.
혹 사회복지를 하여도 무난하다. 비겁이 난무하여 장애인이나 고아원 또는 노인 복지사업을 하여도 좋겠다.
"하지만 지금의 젊은 세대가 왜 이런 길을 택하겠어요.
아마 때려죽여도 못할 것 같아요."
"결혼은 35살 경에 할 것이며 아마도 원만한 생활은 어렵다고 생각합니다."
"역학이라도 배워두는 것이 좋을 듯한데……"

"다음에 서울 오시면 꼭 연락주세요."

"우리 공주와 직접 상담을 하여봐야지요."

"하나 마나입니다. 고집이 너무나 세고 남의 말은 죽어도 듣기 싫어하며 자신의 생각을 굽히지 않을 것입니다."

"그래도 선생님이 어떻게 설득을 하여주세요."

"이 사주의 요지는 월간의 아버지인데 60대 중반에 위기가 올 것 같으니 조심하세요."

"아마도 50대 초반에 무슨 일이라도 생긴 것 같은데……"

"그때 뇌수술을 받고 지금 온전하지가 못하답니다."

"어떻게 딸아이 사주에 그런 것이……

고맙습니다.

서울오시면 꼭 연락주세요."

◈ 돈 때문에…

시	일	월	년
丙	甲	甲	戊
寅	寅	寅	午

乙	丙	丁	戊	己	庚	辛	壬	癸	대운: 역행
巳	午	未	申	酉	戌	亥	子	丑	
85	75	65	55	45	35	25	15	5.8	

여자로 태어나서 살아가야 할 팔자인데 이렇게 강하니 누구인들 감당하겠는가…

이 명조의 어머니는 당신의 자식이 원수라고 하면서 언제쯤 가서야 철이 들까 하고 묻는다.

정월 寅시에 두 그루의 나무가 쌍벽을 이루고 서있다.
하나는 외가 인연으로 조상의 밥을 먹어야 하고 또 다른 하나는 친가의 인연으로 후손이 잘 될 것이라고 한다.

꼭 쌍둥이 같다.
아마도 이 자식 하나 키우는 것이 쌍둥이를 키우는 것처럼 힘들 것이다.

년주 戊午 양인살은 일찍부터 학업에는 관심이 없고 寅木의 역마와 합을 하고 있으니 과소비에 관심이 많고 친구들과 돌아다니면서 폼 잡으려고 금전을 허공에 뿌리는 형상이다.

하지만 학생의 신분으로 돈이 있을 수가 없으니 이는 분명 부모의 재물인데 午火상관(傷官)이라 속임수로 돈을 받아간다고 할 수가 있다.

일과 월주가 비견이라서 강한 자기주장으로 원만한 생활이 안 될 것이고 알게 모르게 어머니의 속을 많이 괴롭히는 사주라고 할 수가 있다.

"괴롭히는 것이 아니고 차라리 없어졌으면 합니다."

이는 자식의 심리를 분석하여 보면 이런 답이 나올 수가 있을 것이다.

"내가 문제를 일으키면 어머니가 돈으로 해결하는 것은 당연한 것이라고……"

이 이야기에 어미의 눈에는 벌써 눈물이 주르르 흐른다.

"아이고 이년이 중학교 때부터 사고를 치기 시작한 것이 고등학교 때 수천 만원을 카드비로 막았지요."

일전에도 나 몰래 은행가서 내 이름으로 카드를 만들어 사용하다가 막지 못하여 들통이 났는데 은행에서 구속여부를 물어온 적이 있다고 한다.

명조에 일점 재성을 띄우고 있고 비겁이 많으면 재물 탕진에는 선수급으로 볼 수가 있다.

"아들이 둘인데……"

"잘 키울 수 있을까요?"

그래도 자식이 둘인데 미우나 고우나 키워주고 계시는 것 같다.

이는 년지 상관이 월지에 습을 하니 내 자식이 부모형제의 귀염을 독식하는 것 같다.

"이 자식이 과연 남편과 해로는 할 수가 있겠어요?"

"힘들 것 같아요."

역시 일주가 비견이라서 20대 중반에 결혼을 하였지만 원만하지 못할 것 같으며 언제든 이혼할 생각을 하고 있다고 본다.

"언제쯤 철이 들 것 같아요?"

30대 후반에 새로운 각오로 자신의 변화를 바라고는 있지만 그리 쉬울 것 같지가 않다.

하지만 시지의 丙寅으로 본다면 30대 후반에는 분명 철이 들 것이다.

이를 지장간에서 분석하여보자.

戊土 편재: ③피운다. ⑤많은 늘어나고… ⑩재물에 애착을 가질 것이다.

丙火 식신: ①새로운 직업이… ②이야기꽃을… ④새로운 식구가… ⑦시선이 집중된다고 할 수가 있으며… ⑨새로운 마음가짐으로…

甲木 비견: ⑥주변사람들의… ⑧본인도…

이를 종합적으로 이야기 한다면 이럴 것이다.

"30대 초반에 시작한 새로운 직업이 돌아다니면서 이야기꽃을 피운다고 한다. 그래서 새로운 식구가 많이 늘어나고 주변사람들의 시선이 집중된다고 할 수가 있으며 본인도 새로운 마음가짐으로 재물에 애착을 가질 것이다."

"정말로 믿어도 될까요?"
"뭐 지금까지 속고 살았는데…"
"한 번 믿어보이소…"
"감사합니다. 그리만 된다면 꼭 보답하겠습니다."

◈ 어느 인연이 앞을 가리고 있는가?

```
시 일 월 년
辛 乙 庚 戊
巳 亥 申 子


己 戊 丁 丙 乙 甲 癸 壬 辛    대운: 순행
巳 辰 卯 寅 丑 子 亥 戌 酉
86 76 66 56 46 36 26 16 6.1
```

참으로 멀리도 갔다.
사이버 속에서 만난 인연으로 찾아간 곳이 청풍명월 고장이었다. 초행이고 초면이라서 내심 걱정도 하였는데 그것도 잠시였다. 첫눈에 단박에 알고 내미는 손을 덥석 잡고 말았다.

"오신다고 고생이 많았지요?"

"아닙니더…"

이렇게 어두운 밤 터미널에서 마중을 나오신 60넘은 스님께 죄송스런 마음에 고개를 숙여 인사를 올렸다.

그렇게 늦은 저녁을 해결하고 승용차로 한 30여분을 가더니 산으로 접어들면서 비포장이었다.

그리 먼 거리는 아니고 잠시 올라가더니 이내 내리막으로 들어서면서 여기가 저희 절입니다. 하시며 안도의 한숨을 내쉬시는 것이었다.

찻잔을 가운데 두고 초행길에 일행을 동반하여 죄송합니다. 같이 공부하는 선생입니다… 하고 각자의 인사를 나누고 이런 저런 이야기를 나누는데 느낌이 오래전부터 친분이 있는 사이 같았다.

그렇게 밤은 깊어가고 낡은 벽시계의 긴 바늘이 하늘 방향으로 바로 서려고 할 때쯤 작은 바늘은 큰 바늘의 품속으로 파고들고 우리 세 사람은 이 밤을 밝혀준 등(燈)을 쉬게 하고 이부자리 속으로 파고들어 나란히 누웠다.

잠을 부르고 있는데 순간적으로 수많은 여인들이 눈에 보이는 것이었다.

내가 손가락 짓을 하면서 그 여인들을 나무라니 다들 돌아서서 떠나는 가운데 유독 한 여인은 떠나지 못하고 내게 대항하는 것이 자신의 한(恨)을 풀어대는 것 같은 느낌이 들었다.

곁에 누워계시는 스님에게 이 여자가 누구인가요? 하고 물어도 모른다는 것이었다.
어쩔 수 없이 그 생각을 접어두고 잠을 들 수밖에 없었다.

새벽에 일찍 일어나 밖으로 나와 시선을 먼 곳에 두고 맑은 공기를 가득 폐(肺) 속으로 쓸어 담듯이 몇 차례하고 작은 암자의 주변과 법당 그리고 산신각을 들려 인사를 올리고 아침공양을 하였다.
무슨 사연이 있을 것 같은 생각이 들었다.

그래서 간밤의 잠시 본 그 여인과의 인연을 생각하면서 스님의 사주를 풀어보기로 마음먹고 말문을 열었다.

"죄송합니다만 스님의 사주를 풀어보고 싶은데 생각이 어떠하신지요?"

"나야 그래 주시면 고맙지요."

이렇게 승낙 받고 명조를 기록하였다.

申월 乙亥가 辛巳시에 태어나서 철(鐵)의 장막에 갇혀서 죽을 맛 같은 형국이었다.

어쩔 수 없이 乙木은 庚金과 合하여 하나로 뭉치고 탈출구를 잡았지만 앞으로는 나아갈 수가 없는 상태이다.

이 명조에 辛巳가 어제 밤의 그 여자인 것 같다.

"스님 혹 이 절의 창건주(創建主)가 여자 아닙니까?"

"아닌데. 우리 스승님께서 지으셨다고 들었는데요."

"아니 무슨 문제라도 있나요?"

"그런 건 아니고 간밤에 찾아온 정신이 좀 이상해 보이는 여자가 꼭 무슨 연관이 있는 것 같아서요."

하고 의문스럽다는 듯이 스님을 바라보니 이렇게 답을 하시는 것이었다.

"사실 스승님이 여기 오시기 전에 무속(巫俗)을 업(業)으로 하시는 보살 한 분이 여기서 자리 잡고 많은 신도들을 상대로 업을 하고 있었다고 들었습니다."

"왜 저 사주에 그런 것이 나오나요?"

"예, 당연히 나오지요."

"사주란 것이 자신의 환경인데 우리가 읽지 못할 뿐이지 어떠한 조건을 듣거나 아니면 나처럼 강한 기운으로 인연된 자를 볼 수가 있다면 충분히 풀어내지요."

"스님의 사주에서 스승님은 월주의 庚申이며 이분은 똑똑하고 공직(公職)에 계시거나 고집이 세고 변덕이 심하다고 할 수가 있지요."

"그리고 욕심이 너무 많아요. 아마도 이 절도 무속인에게 강제성이 동원되어 빼앗은 것 같은 느낌이 들어요."

"예, 한번 들은 이야기인데 아마 그 무속인이 정신적으로 이상이 있어서 정신병원에 가두었다는 소리는 들은 것 같은데 확실하게는 모르겠어요."

"어떻게 내 사주에 그런 답이 있나요?"

"그건 월주의 庚申이 시주의 辛巳를 보고 천간은 겁재인데 지지의 巳申이 合水가 되어서 일주에서는 인성이며 辛金에서 보면 식신으로 자식이라 유산형식이며 合한 뒤에는 刑이므로 강제성으로 생각하여 그렇게 이야기 합니다."

"그런데 특이한 것은 피해는 지금의 스님이 당하고 계신다는 것이지요."

"아니 그런 것이 어디 있나요?"

"그래서 인연이라는 것이 중요하지요."

"한 사람의 일생이 사주가 정하는 것이 아니고 환경과 인연 따라 사주가 변한다는 것이지요."

다시 이야기 한다면 환경이 약 25%, 인연이 약 25%, 사주가 약 25%이며 나머지 25%는 알 수 없는 신(神)의 영역이라고 할 수가 있다.

여기에 성명(姓名)학은 아주 미약하게 작용한다고 할 수가 있으며 이름을 개명한다고 운명(運命)이 열리고 변화하는 것은 정말 작은 것에 불과하다.

"여기서 巳亥가 沖을 하고 있는 것은 스승님을 스님께서 보호하고 있지요. 즉 자신이 스승님을 방어하고 있으며 자신은 巳亥의 沖으로 철 대문으로 막아놓고 작은 쪽문으로 다녀야 하니 그냥 먹고 살아갈 수는 있어도 큰 불사는 어렵겠습니다."

"쪽 문(門)이란 뭘 보고 그런가요?"

"巳火의 지장간에는 戊庚丙이 있는데 일주 乙木이 庚金과 합을 하여 丙火의 눈치를 본다고 하니 그러하지요."
"그럼 丙火는 누구인가요?"
"丙火는 상관(傷官)이라서 정신장애가 있는 할머니라고 보지요."
"그럼 어떻게 하여야 합니까?"
"어디 답을 찾아볼까요."
이런 명조에서 가장 필요로 하는 것이 巳亥 沖을 막아주고 합하여 해결책을 보장하는 글을 찾는 것이 우선이며 이 글속에서 무엇을 바라는가를 알아야 할 것이다.

그리 하려면 丑土가 가장 유리하다고 할 수가 있다. 이는 亥子丑 水國(局)으로 변하고 巳酉丑 合金으로 법당(法堂)을 이야기하는 것이다.

다시 이야기 한다면 산신각에서 巳火의 상관(傷官)이 바라는 것을 하여주면 되는 것이다.

과연 무엇을 바라는지 巳火의 지장간을 분석하여 보자.
戊정재: 정확한 시간 때에…
庚정관: 예를 갖추고 주지께서…
丙상관: 향 초 꽃을 올리고…
丙辛 合水 인성: 맑은 옥수 올리고… 경전을 읽어 줄 것…
이를 종합적으로 이야기 한다면 이러하다.
"매일 기도 때 산신각에서 향공양, 초공양, 꽃공양, 옥수공양을 올리고 정성을 다하여 경전을 읽어줄 것을 바란다."
그리하여주면 어느 때인가 戊癸合火하여 乙木의 꽃이 되어준다고 하니 좋은 일이 일어날 것이라고 한다.

개인적인 생각이지만 이 보살님의 한(恨)이 이렇게 많아서 하룻밤 노숙하는 나에게 찾아들어 그리도 망발(妄發)을 하였나 보다 하는 생각이 들었다.

부디 좋은 곳으로 가시고 그리하지 못하시면 바위 밑의 작은 샘터에서 홀로 기도를 하여 허공(虛空)장 보살로 거듭나길 바라는 망자(亡者)의 원한이 이루어지길 기도 드립니다.

가시는 길에 지금의 주지스님 앞길이나 열어주고 가시면 그 공덕으로 좋은 인연 줄의 존자님을 만날 수가 있겠습니다.

◈ 선생님 내가 적은 부적인데 알 수가 없어서요.

```
시  일  월  년
庚  己  辛  丁
午  丑  亥  酉


庚  己  戊  丁  丙  乙  甲  癸  壬   대운: 순행
申  未  午  巳  辰  卯  寅  丑  子
88  78  68  58  48  38  28  18  8.3
```

저물어가는 가을 오후에 강의실에 여자 두 분이 찾아왔다. 전화상으로 몇 차례 상담을 한 적이 있지만 찾아뵙겠다고 흔히들 하는 인사말로 생각하고 잊고 있었는데 이렇게 불쑥 찾아들었다.

"어떻게 오셨나요?"

"신명이야기 작가 맞으시죠."

"일전에 전화로 몇 차례 상담한 적이 있지요."

"저기 수산에서 살고 있다고 하였는데……"

"아 예, 그 뭐라카노 부적을 그림처럼 적는다는 보살님이시군요."

"예, 저 친구하고 같이 왔는데 강의시간 이네요."

"예 잘 오셨습니다."

"부담이 아니 되신다면 사주를 여기서 직접 풀어도 될까요?"

"저야 좋지만 강의시간이고 배우시는 분들도 있는데 수업에 방해가 되잖아요."

8명의 강의 받는 수강생들은 기회다 싶어서 한 목소리로 좋다

고 하였다.

여기서는 이런 일이 자주 있다.
강의시간에 자료제공을 한다면 상담료는 공짜이다. 하지만 사생활이 노출될까봐 우려하여 개인적인 상담을 할 때는 상담료를 내야 한다.

이렇게 시작된 명조의 신명(神命)을 풀어나가기 시작하였다. 그리고 이분이 가져온 부적에 대하여 어느 신명의 능력인지 알아보기로 하고 명조를 적었다.

시월 午시에 己丑土의 들녘에 메마른 풀조차 없는 가을이다. 결실을 거둔 뒤에 떨어진 곡식이라도 찾아 헤매는 야생마 같은 그림이 연상된다.

몸 주는 비견이라서 천상선녀 같으며 아마도 20대 초반에 불사 대신 보살이 인연되어 들어왔는데 자형(自刑)이라서 받아들이지 못하고 생계유지에 급급하였을 것이다.

40대 초반까지 열심히 노력하여 辛金식신(食神)의 직업을 가졌을 것이고 재물도 많이 모았을 것이다.

辛金식신은 음식이나 소리직업으로 본다.

亥水의 재성(財星)은 장사일 것이고 정재라서 소규모라고 할 수가 있다.

"무슨 장사를 하셨나요."

"亥子丑合水하여 작은 상가 하나 정도는 마련하였다고 보는데……"

"식당도 하였지만 노래방을 하여서 재미 봤지요."

"아마도 40대 후반에는 신명의 고통을 받거나 신(神)의 길로 들어가야 할 것 같은데요?"

"예 47인가 8쯤에 내림을 하고 신의 길로 들어섰습니다."

"이상한 것은 지금까지 어느 누구도 내가 그리는 부적에 대하여 알고 있는 사람이 없다는 것이며 나 역시 왜 이런 부적이 내려오는지 모르겠어요."

"선생님께서는 신명 이야기를 쓰신 분이니까 알고 계실 것 같아서요."

"도대체 어느 신명이신지……?"

"예, 이는 천상불사 글문 도사께서 쓰신 글입니다."

"이 시대로 이야기 한다면 아주 법이 높으신 스님이라고 할 수가 있지요."

여기서 스님이라고 칭할 수 있는 것은 스스로 자신을 깨쳐서 타인들에게 가르침을 전할 수가 있다고 하여 스님이라고 높인 단어로 표현하는 것입니다.

"때로는 존자님이실 수도 있고요."

"庚金 상관이란 득도자라고 할 것이며 午火편인(偏印)은 글문이실 것이다."

이는 시주의 庚午에서 읽어야 한다. 즉 득도자라고 하는 것이며 이는 乙未와 合으로 분명히 세존을 모실 것이다.

월주의 辛亥에서 바라보면 丙寅이 合으로 들어오므로 인하여 깊은 산중(山中)에서 홀로 수도하여 뜻을 이루었다고 할 수가 있다. 이때 수발하면서 곁에서 공들인 선녀가 인연되어 이 몸에 들어온 것이다.

어떤 인연 공덕인지 寅木에서 분석하여 보자.
戊土 겁재: ①높고 깊은 산중 청정한 그곳… ⑩곁에서… ⑫희생하면서… ⑭변함없이…
丙火 인수: ⑥인연을… ⑧수도하시는 ⑮수발을 들었다. 그 인연이 할머니요… 그 공덕이… 이어진 것이다.
甲木 정관: ②낙락장송… ⑤삼세… ⑨대감님…
甲己合土: 비견: ③벗삼아… ④가지를 지붕삼아… ⑦한결같이… ⑪자신을… ⑬구름이 휘몰아치고 우레가 번쩍거려도… 선녀의 몸으로…

"높고 깊은 산중 청정한 그곳 낙락장송 벗 삼아 가지를 지붕삼아 삼세인연을 한결같이 수도하시는 대감님의 곁에서 자신을 희생하면서 구름이 휘몰아치고 우레가 번쩍거려도 변함없이 수발을 들었다. 그 인연이 할머니요 그 공덕이 선녀의 몸으로 이어진 것이다."

부적은 乙未에서 분석하여야 한다.
丁火 편인: ②칠성전에… ④붉은 글을… ⑦전한다.
乙木 편관: ①높으신… ③원력으로… ⑥비밀리에…
未土 비견: ⑤선녀로 통하여…

"높으신 칠성전에 원력으로 붉은 글을 선녀를 통하여 비밀에 전한다." 라고 이야기할 수가 있다.

"이 부적은 우리네 인생사가 이렇게 연결된 고리 같다고 표현한 것 같아요."
"역학적으로 해석한다면 지장간의 다양한 표현을 그림으로 연결지어 놓은 것 같아요."
"혹 보살님의 그림을 저에게 몇 점 선물로 주시면 안 되나요."
"많이 비싼데……"
"아니 그런 금전을 지불하고 구입할 생각은 없고요."
"어쩌면 내가 지금 쓰고 있는 지장간 이야기를 그림으로 표현한 것 같아서 책 속이나 표지 그림으로 어울릴 것 같아서요."
"공짜는 안 되는데……"
"그럼 보살님의 지금 사용하고 계시는 휴대폰의 번호가 좋은지 나쁜지 여기서 감정하여 드리면 안 될까요."
"좋아요. 그것도 괜찮은 조건이네요."
"번호가 어떻게 되나요."
"010-XXXX-5646인데요."
"뒷자리 네 개의 합(合)이 얼마지……?"
샘이 빠른 어느 여자수강생이 바로 답을 한다.
"21인데요."
"9로 털어서 나머지가 얼마인가요."
"3입니더."
"3이라면 맹호함정(猛虎陷穽)이니 돌아다니면 어려울 것이고 한 곳에 앉아서 기다리면 귀인을 만날 숫자 입니다."
"그라믄 좋다는 거요 나쁘다는 거요?"
"좋고 나쁜 것은 없어요."
"시소처럼 한쪽이 올라가면 반대쪽은 내려오는 것은 당연하잖아요."
"참으로 신기하네……"
"믿어야 하는지 그렇다고 웃고 말아야 하는지……"

"그냥 재미로 들으면 되지요."

"보살님 이 그림이 부적으로 쓰시는 것이요? 아니면 그림처럼 그려보는 거요?"

"당연히 부적으로 사용하지요."

"제가 굿이나 다른 일이 있으면 사전에 꼭 이런 부적을 먼저 그려놓고 기다리고 있지요."

"그러면 수일 내로 누군가가 찾아와요. 그럴 때마다 신기하고 신령님께 고개가 절로 숙여집니다."

"예 기회가 있으면 이 그림인지 부적인지 한번 분석하고 연구하여 봅시다. 지금으로는 뭐라고 할 수는 없고 다만 내가 쓰고 있는 지장간 이야기의 이미지와 비슷한 것 같아요."

"무슨 이야기인지……?"

"예. 이 부적이 고리 고리 연결되고 또는 끊어지고 한 것이 지장간을 이야기 하는 모습과 비슷하다는 이야기이지요."

"세 글자뿐인 지장간 이야기도 상담자의 질문에 따라 이런 식으로 고리 고리 이어지고 끊어지는 것 같으면서도 또 이어지고 하지요."

"하여간 멀리서 찾아주시어 감사합니다. 그리고 신기한 부적을 이렇게 볼 수가 있어서 참으로 좋습니다."

"한번 시간을 내어서 찾아뵙겠습니다."